特 殊 教 育 专 业 应 用 型 系 列 教 材

融合教育
环境创设

丛书主编：邓　猛

主　　编：彭兴蓬　李玉影

副 主 编：刘文丽　潘娇娇

/////////////////

R onghe Jiao yu

Huan jing Chuangshe

北京师范大学出版集团
BEIJING NORMAL UNIVERSITY PUBLISHING GROUP
北京师范大学出版社

U0645794

图书在版编目(CIP)数据

融合教育环境创设 / 彭兴蓬,李玉影主编. —北京:北京师
范大学出版社,2025.1
ISBN 978-7-303-29576-0

Ⅰ.①融… Ⅱ.①彭… ②李… Ⅲ.①教育环境—教材
Ⅳ.①G40-052.4

中国国家版本馆 CIP 数据核字(2023)第 218324 号

出版发行: 北京师范大学出版社 https://www.bnupg.com
      北京市西城区新街口外大街 12-3 号
      邮政编码:100088
印 刷: 北京盛通印刷股份有限公司
经 销: 全国新华书店
开 本: 787 mm × 1092 mm 1/16
印 张: 19.5
字 数: 399 千字
版 次: 2025 年 1 月第 1 版
印 次: 2025 年 1 月第 1 次印刷
定 价: 49.90 元

策划编辑:余娟平   责任编辑:安 健
美术编辑:焦 丽   装帧设计:焦 丽
责任校对:梁 爽   责任印制:马 洁

▶ 总 序

改革开放以来，党和政府十分关心和支持特殊教育的发展，特殊教育迎来了加速发展的春天。尤其是新时代以来，一系列重要的特殊教育政策纷纷出台，明确了特殊教育发展的战略目标和任务。党的十八大报告明确提出要支持特殊教育；党的十九大报告提出要办好特殊教育，"努力让每个孩子都能享有公平而有质量的教育"；党的二十大报告进一步提出了强化特殊教育普惠发展的目标，阐明了特殊教育的基本公共服务性质，强调特殊教育是教育现代化的重要内容。从"支持""办好"到"强化"，体现了党和政府保障特殊儿童平等教育权利的重大措施，强化对特殊教育的支持和保障，努力使特殊教育发展惠及每一个特殊儿童，促进他们健康成长。

特殊教育要发展，师资须先行。新中国成立70多年以来，我国特殊教育师资培养经历了从无到有、从幼稚到成熟的漫长发展历程。特殊教育师资培养逐步从新中国成立初期的"师傅带徒弟"和"短期培训班"的形式，发展到完整的职前职后相互衔接、互为补充的特殊教育教师培养体系。到目前为止，全国已经有多所高等院校分别开办了专科层次、本科层次、研究生层次的特殊教育专业。我国已经初步构建起了从专科到研究生层次的完整的特殊教育人才培养体系，基本形成了以本科层次为主，以专科层次为补充，研究生层次逐步扩大的人才培养格局。

专业人才的培养是个复杂的、系统的工程，教材的建设是其中关键的一环。从整体发展的角度看，特殊教育教材建设基础薄弱，发展较慢。改革开放以后先是不同版本的特殊教育概论或者导论性质的单本教材出版，后来逐渐有特殊教育相关的系列教材出版。例如，北京大学出版社、北京师范大学出版社、南京师范大学出版社分别出版了针对特殊教育本科生培养的系列教材。这些教材多以理论知识为主、实践技术为辅，比较适合本科生毕业后的继续深造以及就业后的可持续性专业发展，对于特殊教育第一线急需的应用型人才的培养则稍有不足。

在我国教育领域，本专科层次的高等职业院校扮演着重要的角色，它们为国家基础教育培养应用型人才。高等职业教育以适应社会需要为目标，以培养技术应用能力为主线来设计学生的知识、能力、素质结构和培养方案；强调理论教学和实践训练并重，培养学生直接上岗工作的能力。特殊教育的人才培养由 20 世纪 90 年代的中等师范教育发展而来，教师教育特色鲜明。中等师范教育的全科培养、特长培育的教学观以及贯穿全程的实践观等传统一脉相承，为我国的教育发展作出了重要贡献。在特殊教育尚处在初步发展，规模、质量还不够发达的现在，高等职业院校的特殊教育专业建设尤为重要。特殊教育的人才培养以职业岗位需要为依据，着眼于第一线的特殊教育需求，着重培养高素质技术技能人才，为我国不断加速发展的特殊教育学校贡献新生力量。

目前，国内针对本专科层次的高等职业院校特殊教育专业师范生的教材体系建设相对滞后，还没有一套完整的适合高等职业院校特殊教育专业师范生培养的教材；而针对师范大学特殊教育专业本科生的教材体系无法满足其专注实践、面向应用的价值趋向。2020 年以来，在襄阳职业技术学院的具体协助下，应北京师范大学出版社的邀请，我们成立了高等职业院校特殊教育专业师范生教材丛书编写委员会。该委员会汇集了全国特殊教育学术界及部分基层的代表 50 余人，共编写出版 40 多本教材，为高等职业院校特殊教育专业及相关专业的本专科生提供一套理论与实操相结合的教学用书。本套丛书的整体设计特点有如下几个方面。

第一，面向日益增加的残障类型对特殊教育范围进行扩展。例如，随着一系列与现代文明相关的残疾与适应性障碍不断增加，以精神残疾、孤独症、注意力缺陷及多动症、学习障碍、情绪行为困扰等为特征的残障类型不断出现，特殊教育范围不断扩展，从关注感官障碍，到关注各种发展性障碍，进而扩展到关注更为广泛的特殊教育需要的范畴。

第二，着眼于国际融合教育发展的趋势及国内随班就读的实际，以"拿来主义"的方式审视国外特殊教育的各种理论与操作技术，深耕国内特殊教育研究与实践，构建从特殊教育到融合教育演进的专业知识体系。本套丛书涵盖当代特殊教育的基本理念与知识体系，又对融合教育理论与实践进行全面的介绍与探讨；旨在为培养特殊教育专业化程度较高的实践性创新人才服务，使他们毕业后能够在特殊教育学校(机构)从事特殊教育专业实践，并能够在普通教育环境中实施融合教育教学。

第三，从多学科交叉融合的角度出发，培养特殊教育综合性人才。本套丛书综合运用教育学、心理学、医学、康复学、社会学、管理学等多个学科的知识，融会贯通为教育和康复两个领域。从教育的角度出发，包括特殊教育基本原理、融合教育理论与实践、残障儿童心理及行为特点、特殊教育课程及教学实践等内容。从康复训练的角度出发，包括针对各类儿童的康复知识和技能、训练干预技术、支持辅助策略等内容。

第四，基于项目式学习的思路，着重专业应用与实践技术的培养。本套丛书立足建构主义教学观，从实际问题或者案例出发，彰显以学生为中心的设计理念；以活动为基础促进学生主动参与，以情景设计促进师生平等互动；在设计上体现融合教育倡导的通用学习设计理念，以数字技术为基础，通过线上线下混合的方式开展教学活动设计，通过资源优化与扩展带动学生自我学习与成长。

概而言之，本套丛书试图跳出特殊教育学科的理论话语体系，从实践者的视角来构建特殊教育知识与技能，为高等职业院校本专科师范生提供一套操作性强、覆盖面广的基础教材。鉴于该项任务并无前人经验可借鉴，又因为编者水平有限，不足之处难以避免，敬请各位同行批评指正。

2022 年 12 月 12 日于华东师范大学田家炳大楼 711 室

项目一　融合教育环境概述

导语

每个儿童(联合国《儿童权利公约》将儿童定义为 18 岁以下的任何人,本书采用这一定义。)都是独一无二的,都具有极大的发展潜能。特殊儿童作为儿童的一分子,在融入社会的过程中会遇到各种问题。其中,周围人的歧视与拒绝是特殊儿童融入社会的最大阻碍,而社会环境的调整与接纳是特殊儿童融入社会的第一步。因此,营造接纳、宽容的氛围,构建适合特殊儿童生活和学习的环境就显得极为紧迫。在此项目中,我们将了解融合教育环境的基本概念、意义与原则、流程与途径相关的内容。

学习目标

1. 了解什么是融合教育及融合教育环境。
2. 理解创设融合教育环境的意义和原则。
3. 熟悉融合教育环境创设的流程和途径。

思维导图

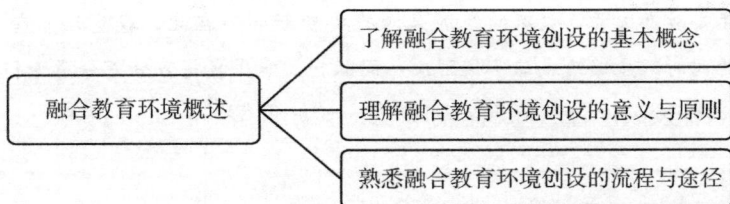

案例导入

2017年，一封名为《一位甘肃高分考生的请求》的信在网上引发热议。信中，来自甘肃省定西市第一中学的考生魏祥希望清华大学帮助他们母子俩解决一间宿舍。部分内容摘录如下：

我叫魏祥，男，汉族，现年19岁，家住苦甲天下的甘肃定西，定西一中高三毕业生。本人因先天性脊柱裂、椎管内囊肿，出生后双下肢运动功能丧失，大小便失禁。两岁左右爸妈带我先后到多家医院就诊，历经两次手术，但病情均未见好转。更不幸的是下岗多年的爸爸又身患不治之症，医治无效于2005年去世，留下年幼无知且身体残疾的我和年轻无助的妈妈。

坚强伟大的妈妈在悲痛欲绝的日子里，竭尽全力为我付出，并省吃俭用。除供我上学之外，她将少得可怜的工资多一分都舍不得花积攒下来，为我治病。2008年6月，妈妈再次背着我踏上了北去的火车，神经外科专家为我实施第三次手术治疗，可仍未能改善我的身体状况，残疾依旧，且随着年龄增长日趋严重。

钢铁般坚强的妈妈，擦干了眼泪，一如既往，风雨无阻背我上学。从小学、初中到高中，12年如一日，妈妈的身影穿梭于我就读学校的大街小巷、校门、教室，好像她从来不知疲倦。12年中妈妈不仅仅是一名在医院上班的护士，更是一位残疾少年求学路上的陪读者、守护神；12年中妈妈身教残儿志不残，历尽沧桑终不悔；12年中我竭尽全力，克服身体残障，刻苦求学，完成了中小学阶段的基础教育，以648分的高考成绩，给了我深爱的妈妈一份殷殷的报恩之礼，同时也给不断关心呵护我、鼓励我、培养我的各阶段的恩师一份比较满意的答卷。

今有幸遇见举世闻名的清华大学老师，且有意圆我大学之梦。得此喜讯，我母子俩狂喜之余，又新添愁云。由于我的身体原因，无论我走到哪里，这辈子都离不开亲人的随身陪护，以照顾我的衣食住行、生活起居。妈妈为了陪我上学无奈放弃工作，仅有的经济来源将要斩断……在此，我恳切希望贵校在接纳我的同时，能够给我母子俩解决一间陋宿，学生我将万分万分感谢!![①]

这封信反映了什么问题？你认为应该如何解决？

---

① 魏祥. 一位甘肃高分考生的请求[N]. 益阳日报，2017-06-29.

▶ 任务一
了解融合教育环境创设的基本概念

一、融合教育的含义

(一)国外融合教育

融合教育经历了正常化运动、回归主流、一体化教育以及融合教育等发展阶段。1984 年，斯坦巴克夫妇第一次提出"融合教育"的思想，1994 年，"融合教育"（又译"全纳教育"）这一概念在西班牙召开的世界特殊教育大会上通过的《萨拉曼卡宣言》中正式提出。文件指出，所谓融合教育是指教育应满足所有儿童的需要，每一所学校都必须接收服务区域内的所有儿童入学，为这些儿童都能受到自身所需要的教育提供各种条件，并通过合适的课程、学校管理、资源利用及与所在社区的合作来确保教育质量。[①] 此后，融合教育在世界范围内得到迅速发展，不同的国家和研究者对融合教育作出了不同的解释和界定。

美国教育研究机构全国融合教育重建中心（亦译"全国全纳教育重建中心"）认为，融合教育就是对所有学生，包括有重大残疾的学生提供有效服务的机会，包括得到需要补充的工具和辅助性服务并安置到附近学校与其年龄相适应的班级，以使学生在社会中像其他成员一样有富裕的生活。[②] 英国的融合教育研究中心认为，融合教育指的是在适当的帮助下，残疾和非残疾儿童与青少年在各级普通学校的共同性学习。融合教育意味着充分发挥学生的能力，使所有学生都能参与到学校的学习和生活中去。尽管学生的能力和学习成绩会有差异，但学生毕业后都要进入社会发挥其作用。[③]

1988 年，英国融合教育专家梅尔·安斯科和托尼·布思认为，融合和排斥是一组紧密相连的概念。学生不断增加参与的过程就意味着减少排斥的压力。融合包括：对学生多元性的文化、政策和实践的重构；所有学生在学习和参与中都要学会应对排斥

---

① 赵中建. 教育的使命：面向二十一世纪的教育宣言和行动纲领[M]. 北京：教育科学出版社，1996：129.

② 朴永馨. 融合与随班就读[J]. 教育研究与实验，2004(4)：37-40.

③ 黄志成. 试论全纳教育的价值取向[J]. 外国教育研究，2001(3)：17-22.

性压力；学校应作出改变，让学生和教职工获得更多参与；学生在当地社区有接受教育的权利；多元是一种丰富的资源，而不是一个问题；学校和社区之间是紧密相连的互助关系；融合教育是融合社会的一部分。① 1995 年，法尔维等认为，融合是一种态度、一种价值和信仰系统，即接纳、归属感和社区感，它强调对每个儿童特殊需要的满足，让每个学生都感到被接纳、安全和成功。② 2001 年，史密斯等认为融合教育是一种价值倾向，所有的特殊儿童都有权利与同龄的普通儿童在一起接受教育，它强调给予学生平等参与所有的学校活动的机会。③

从以上内容可以看出，融合教育的含义在不同历史阶段和不同范畴中不断发生变化，融合教育从理念和思潮逐渐走向具体实践。它强调多元和平等，强调同龄儿童的教育安置环境，强调普通儿童、特殊儿童、家长、教师等多元利益相关者的共赢，强调将特殊教育的知识和技能运用到普通教育之中，在物理环境的融合、社会交往的融合、课程的融合、管理的融合等多个维度实现从学校到社区，再到社会的融合。

(二)国内融合教育

国内对于融合教育的认识既有国际化视野，又有本土实践的探索。一方面，国际融合教育理念不断渗透。早在 20 世纪 90 年代初期，陈云英就将融合教育④介绍到我国，认为融合教育是"以乡村文教办或区教委为单位，在本区管辖之内办学，开展多种办学形式，形成双向互动网络。区内儿童无论其残疾与否，不论学习能力高低，都可以全额收入教育系统受教育，并对课程加以研究，对教材、教法进行改进；区内教师相互合作、校与校之间协作；采取医疗、教育、福利与服务设施对全民开放等措施以实现全纳性教育"⑤。2004 年，黄志成认为，融合教育是一种持续的教育过程，即接纳所有学生，反对歧视和排斥，促进积极参与，注重集体合作，满足不同需求。⑥ 2006 年，方俊明提出，融合教育是一种用来描述障碍学生融入正常学生的班级、学

---

① BOOTH T & AINSCOW M. From them to us: an international study of inclusion in education[M]. London: Routledge, 1998: 56.

② VILLA R A &THOUSAND J S. Creating an inclusive school[M]. US: Association for Supervision and Curriculum Development, 1995: 1-13.

③ SMITH T C, POLLOWAY E A, PATTON J R, et al. Teaching students with special needs in inclusive settings[M]. Boston: Allyn and Bacon, 2001: 20.

④ 当时译为"全纳教育"，参见陈云英. 全纳教育的元型[J]. 中国特殊教育，2003(2): 1-9.

⑤ 陈云英. 全纳教育的元型[J]. 中国特殊教育，2003(2): 1-9.

⑥ 黄志成，等. 全纳教育：关注所有学生的学习和参与[M]. 上海：上海教育出版社，2004: 37-38.

校、社区环境，参加学习和社会活动的专业术语，其基本含义是不要把障碍儿童孤立于隔离的、封闭的教室、学校、交通设施和居住环境之内，主张有特殊需要的儿童能真正地和正常发展的同伴一起参加学前教育、基础教育和高等教育，最大限度地发挥有特殊需要儿童的潜能。[①] 2009 年，邓猛在其著作中写道，融合是基于满足所有学生的多样学习需要的信念，在具有接纳、归属和社区感文化氛围的邻近学校内的高质量、年龄适合的班级里为特殊儿童提供平等接受高效的教育与相关服务的机会。[②] 随着教育事业的不断发展与进步，"融合教育"在 2017 年被写入了《残疾人教育条例》当中，被定义为：将对残疾学生的教育最大程度地融入普通教育。

另一方面，我国也衍生出具有本土特色的随班就读。朴永馨主编的《特殊教育辞典》中将随班就读理解为在普通教育机构对特殊学生实施教育的一种形式。其实，残疾人在普通班级中学习的情况早有记载。例如：1948 年出版的《第二次中国教育年鉴》就记载了盲人罗福鑫在普通大学毕业的事例；20 世纪 70 年代，听觉障碍者黄夷欧、杨军辉、周婷婷等人在普通学校读书。1983 年 8 月，教育部在《关于普及初等教育基本要求的暂行规定》中明确指出，"弱智儿童目前多数在普通小学就学"。但"随班就读"这一概念被正式提出则是在 1987 年 12 月教育部《关于印发"全日制弱智学校（班）教学计划"的通知》中，它指出"在普及初等教育过程中，大多数轻度弱智儿童已经进入当地小学随班就读"。1988 年，国家教委（现为教育部）副主任何东昌在《发展特殊教育的方针》的讲话中指出："要在办好特殊教育学校的同时，有计划地在一部分普通小学附设特殊班或吸收能够跟班学习的残疾儿童随班就读，逐步形成以一定数量的特殊学校为骨干，以大量特殊班和随班就读为主体的残疾儿童教育的格局。"1994 年，国家教委颁发了《关于残疾儿童少年随班就读工作的试行办法》，其中对随班就读的定义是"让具有一定能力的视障、听障、弱智等特殊儿童少年就近入普通学校同普通学生一起学习、一起活动，共同进步"，并提出残疾儿童少年随班就读"是发展和普及我国残疾儿童少年义务教育的一个主要办学形式"。此后，教育部等部门联合印发了《特殊教育提升计划（2014—2016 年）》以及《特殊教育提升计划第二期（2017—2020 年）》，随班就读工作不断推进，随班就读的质量也有了较大提高。2020 年 6 月，教育部印发的《关于加强残疾儿童少年义务教育阶段随班就读工作的指导意见》指出，加强残疾儿童少年义务教育阶段随班就读工作要更加重视关爱残疾学生，坚持科学评估、应随尽随，坚持尊重

---

① 方俊明．融合教育与教师教育[J]．华东师范大学学报（教育科学版），2006(3)：37-42，49．
② 邓猛．融合教育与随班就读：理想与现实之间[M]．武汉：华中师范大学出版社，2009：228．

差异、因材施教，坚持普特融合、提升质量，实现特殊教育公平而有质量的发展，促进残疾儿童少年更好融入社会生活。2022 年，国务院办公厅转发教育部等部门《"十四五"特殊教育发展提升行动计划》指出，到 2025 年，高质量的特殊教育体系初步建立。具体表现为：①普及程度显著提高，适龄残疾儿童义务教育入学率达到 97%，非义务教育阶段残疾儿童青少年入学机会明显增加。②教育质量全面提升，课程教材体系进一步完善，教育模式更加多样，课程教学改革不断深化，特殊教育质量评价制度基本建立。融合教育全面推进，普通教育、职业教育、医疗康复、信息技术与特殊教育进一步深度融合。③保障机制进一步完善，继续对家庭经济困难残疾学生实行高中阶段免费教育，确保家庭经济困难残疾学生优先获得资助，逐步提高特殊教育经费保障水平。教师队伍建设进一步加强，数量充足，结构合理，专业水平进一步提升，待遇保障进一步提高。

从以上内容可以看出，随班就读的发展经历了民众自发的萌芽阶段、行政支持和法律保障的发展阶段、不断深化的质量提升阶段，在实践上取得了巨大的成功，成为我国特殊教育发展的目标和方向。随班就读是我国实现融合教育的一种形式，是参照其他国家的融合教育做法，并结合我国实际情况所进行的一种教育创新。虽然随班就读在某些方面与融合教育相类似，但它并不完全等同于融合教育，二者在含义、实施过程上均有所不同。随班就读的最终目的是实现融合教育，在这方面，我国还有很长的一段路要走，仍需在教育目标、教育对象、方法体系等方面不断完善，以实现真正的融合。

二、融合教育环境的含义

(一)什么是环境

1. 环境的重要性

在中外学者的相关论述中，环境的重要性一直被高度肯定。我国战国时期思想家荀子十分明确地提出并系统地论证了环境对人的影响："蓬生麻中，不扶而直；白沙在涅，与之俱黑。"意思是不同的环境铸造出不同素质的人，强调环境的重要性。他也肯定了人的主观能动性，认为在同样的环境中，人可以成为工匠、商贩或是尧、舜、禹，只是各自积累知识的方向不同罢了。我国儿童教育家陈鹤琴高度重视环境对儿童成长的重要性，他提出"小孩子的知识是由经验得来的，所接触的环境愈广，所得的知识愈多。

所以我们要使小孩子与环境有充分的接触"①。我国教育家陶行知在他的论著中有言：
"培养儿童的创造力要同园丁一样，首先要认识他们，发现他们的特点，而予以适宜之
肥料、水分、太阳光，并须除害虫。这样，他们才能欣欣向荣，否则不能免于枯
萎。"②法国启蒙思想家卢梭从天性、环境和教育的角度论证教育适应自然的必要性；苏
联教育家苏霍姆林斯基在《和青年校长的谈话》中写道，"只有创造并且经常得到充实的教
育人的环境，才能使教育手段收到预期的效果"③；意大利幼儿教育家蒙台梭利认为要为
儿童提供一个"有准备的环境"，即通过成人的帮助提供给儿童一个适合其发展的环境。
这些论述都说明了环境对儿童的教育具有重要作用。

2. 环境的概念

《现代汉语词典》(第7版)将环境定义为"周围的地方""周围的情况和条件"。与人类
生存相关的环境可划分为自然环境和社会环境，囊括了对人产生影响的一切过去、现在
和将来的人、事、物等社会存在。自然环境也称地理环境，是指未经过人的加工改造而
天然存在的环境，是客观存在的各种自然因素的总和，主要指地球的五大圈——大气圈、
水圈、土圈、岩石圈和生物圈。这些是人类赖以生存的物质基础。在自然环境的基础上，
为了不断提高物质和精神生活水平，通过长期有计划、有目的的发展逐步创造和建立起
来的人工环境，如社区、商圈等，称为社会环境。社会环境的发展要受到自然规律、经
济规律和社会规律的支配和制约，其质量是人类物质文明建设和精神文明建设的标志之
一。社会环境有广义和狭义之分。广义的社会环境包括社会政治环境、经济环境、文化
环境和心理环境等；狭义的社会环境指组织生存和发展的具体环境，具体而言就是组织
与各种公众关系网络。社会环境会随着人类文明的演进而不断地丰富和发展，所以也有
人把社会环境称为文化-社会环境。

从心理学的角度讲，环境是指在人的心理、意识之外，对人的心理、意识的形成
发生影响的全部条件，包括个人身体之外存在的客观现实，也包括身体内部的运动与
变化。④ 在现代西方，行为主义心理学把环境与人的关系推向了顶峰。行为主义心理
学认为，环境的质量决定人的质量。典型的行为主义者、环境论者华生将人的发展完

---

① 张剑春，刘雄英，陈欣悦，等. 学前教育专业育人"活环境"创设研究——基于陈鹤琴学前
儿童环境教育理论的实践[J]. 陕西学前师范学院学报，2021(5)：14-19.
② 陶行知. 陶行知文集[M]. 太原：山西教育出版社，2021：32.
③ 德米特里耶娃·安娜. 苏霍姆林斯基环境教育的价值与启示[J]. 黑河学刊，2018(1)：
144-146.
④ 朱智贤. 心理学大词典[M]. 北京：北京师范大学出版社，1989：272.

全归功于环境的影响，忽视了人的主观能动性和客观遗传规律。他在《行为主义》一书中提出了一个著名的论点，即"给我一打健康的婴儿，我可以按自己的愿望培养，我保证把他们培养成我选择的任何特定的类型——医生、律师、艺术家、商人、领袖甚至乞丐和小偷。不拘他的祖先的天才、嗜好、脾气、能力、职业和种族如何"[①]。以华生为代表的行为主义学派将环境的作用推向极致，而以斯宾塞、高尔顿为代表的遗传决定论者，则从生物学的角度定义了人类发展的阈值，即基因遗传质量，他们极力推崇遗传因素的决定作用。

在哲学中，环境是指围绕着人群的空间及其中可以直接、间接影响人类生活和发展的各种自然因素的总体。[②] 马克思和恩格斯认为，环境包括人与自然以及人与人之间形成的社会关系，其中，人与自然之间的关系构成自然环境，人与人之间的社会关系构成社会环境。在对环境进行界定的同时，马克思和恩格斯也对人的本质进行了界定：人的本质不是单个人所固有的抽象物，在其现实性上，它是一切社会关系的总和。正是基于上述对环境和对人的本质的理解，马克思和恩格斯将人和环境的关系进行了辩证统一的认识，即"人创造环境"，同样"环境也创造人"。[③]

从教育生态学来看，范国睿认为学校生态环境本身有许多层面。如果以不同的生态系统为单位，学校内部生态环境，可分为学校生态环境与课堂生态环境；如果以生态系统中的主体为单位，则可分为教师的生态环境与学生的生态环境；如果以生态环境的性质来分，可分为物理环境、社会环境和心理环境等。[④]

在教育领域，王道俊、郭文安认为，环境是人发展的外部条件。对儿童发展而言，环境是指儿童个体生存于其中，其行为活动与心理活动所涉及的与他相互作用、对他的发展产生影响的那一部分外在世界。根据影响人发展的活动对象，他们把环境分成三大类，即自然环境、社会环境、精神文明，并指出社会环境在儿童发展过程中的核心作用。[⑤] "狼孩"的案例告诉人们，社会环境对儿童社会性行为发展有重要意义。

环境的相关理论对我国影响较大的当数社会生态系统理论。美国心理学家布朗芬布伦纳等人最早开启社会生态学理论在心理学研究领域的运用，将影响个体行为的环

---

① 威廉·C.格莱因.儿童心理发展的理论[M].计文莹，江美常，孙名之，等译.长沙：湖南教育出版社，1983：313.
② 冯契.哲学大辞典[M].上海：上海辞书出版社，1992：922.
③ 田友谊.创造教育环境研究[D].武汉：华中师范大学，2007：41-44.
④ 范国睿.教育生态学[M].北京：人民教育出版社，2014：209-210.
⑤ 王道俊，郭文安.教育学[M].7版.北京：人民教育出版社，2016：37.

境因素分为微观系统、中间系统、外部系统、宏观系统。这些不同层次、不同性质的环境相互交织，相互影响。微观系统是指发展着的人在具有特定物理和物质特征的情景中所体验到的活动、角色和人际关系的一种样式，如学校、家庭。中间系统是指由发展的人积极参与的两个或多个情景之间的相互关系。例如，对儿童来说，学校、家庭和社会生活之间的关系。外部系统是指发展的人并没有参与但又影响或受其中所发生的一切所影响的一个或多个环境。例如，父母的职业、受教育程度等，师资水平、教师的学生观、教师观等，学校所在的社区文化水平和人们的交往方式等。宏观系统是指各种较低层次的生态系统(微观系统、中间系统和外部系统)在整个文化或者亚文化水平上存在或可能存在的内容上和形式上的一致性，以及与此相联系并成为其基础的信念系统或意识系统。布朗芬布伦纳认为，任何关于人的发展的研究都必须考察宏观系统的影响。从社会生态系统理论可以看出，不存在一种最好的能适应不同环境背景下所有儿童的教育方案，我们每个人的身上都深深地打上了所属环境的烙印。

结合环境的相关阐述，本书关于环境的界定主要包括物理环境和心理环境。广义的物理环境是指教育产生的自然环境与人工环境中物的要素的总和，包括自然风光、建筑风格、社区绿化、家庭物质条件、室内装修设计等。狭义的物理环境是指学校内部对儿童发展有影响作用的各种物质要素的总和，包括校舍建筑、校内装饰、场所布置、设备条件、物理空间设计与应用、光线、照明、颜色等。心理环境主要是指以师生关系、同伴关系等为核心的学校共同体的文化观念，以一种无形的、动态的方式，潜移默化地与学生发展相互建构，促进学生全面发展。

(二)什么是融合教育环境

1. 基本概念

融合教育环境是指在普通学校环境中，以多元、差异和公平为价值观，旨在促进所有学生成功和教师发展的环境，包括融合教育物理环境、融合教育心理环境。融合教育物理环境强调为所有学生和教师提供适合其出行、就读、就餐等各种需要的物理环境支持，尤其要考虑到特殊儿童的物理环境需要，如光线、温度、颜色等要素符合特殊儿童需要，无障碍电梯、无障碍座位、出入口的坡道、无障碍厕所等设施保障特殊儿童安全、便利出行等。融合教育心理环境强调包容、多元、互帮互助等文化精神，促进所有学生都能获得最大发展，教师也能获得幸福感，如校园文化宣导、班级文化宣导等。在融合教育环境中，特殊儿童不仅能获得通用环境便利，还能获得特殊环境支持，包括为提高学习效果或减轻情绪压力等设置的专用教室，建立同伴支持关系，等等。在学校关系网络建构中，特殊儿童的融合至关重要。在场域上，班级环境是最为关键的要素。同时，学校层面及社区层面的因素也直接影响着特殊儿童的融合。本书主要以特殊儿童为出发点，建构适合特殊儿童和所有普通儿童以及教师的融合教育环境，如图 1-1-1 所示。

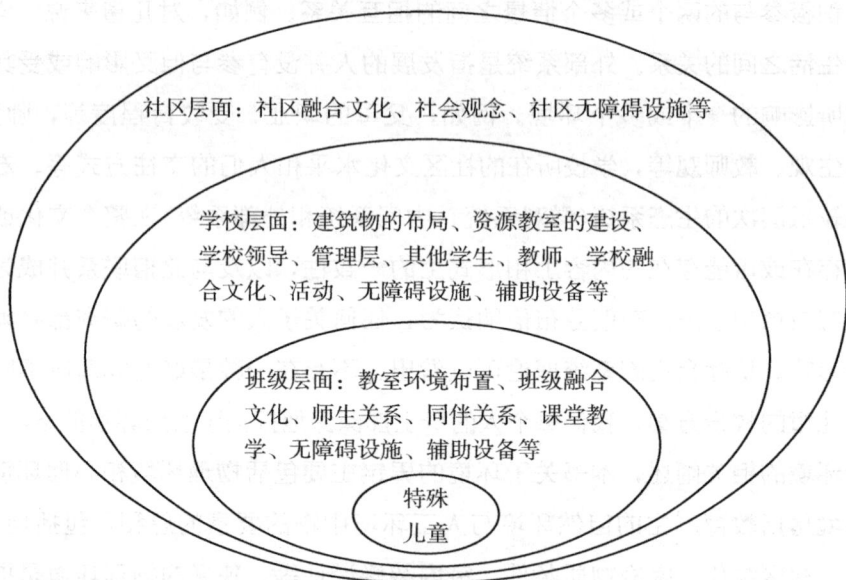

图 1-1-1　融合教育环境的建构

2. 构成要素

(1)融合教育物理环境

学校建筑设施为发生在学习过程中的所有人与物的互动提供场景，同时也决定了学校环境特别是教室环境中最基本的环境要素，如颜色、光线、温度等。在学校环境，尤其是在教室环境中，丰富且合适的色彩、适宜的光线、合适的温度及舒服的座位等，不仅会对学生的生理状况产生相当的影响，而且会对学生的态度与行为产生影响，进而影响教学活动的开展。特殊儿童由于自身特点，可能会对光线、颜色、特定的图案等有偏好，教师可以巧用这些元素来打造学习环境。比如：有的孤独症儿童焦躁不安，教师在教室布置上适度采用蓝色元素，可以让这些孤独症儿童安静下来；对于需要暗光的患白化病的学生，应安排在光线弱的地方，以免其受强光刺激。除关注这些基本要素外，融合教育物理环境还需要完善的物理无障碍设施、辅助设备及信息和交流无障碍建设、资源教室、班级规模和座位排列方式、植物等来进一步为特殊儿童成功融入普通学校学习提供支持与服务。

①物理无障碍设施。

无障碍理念认为，以健全人为中心、忽视残障者需求的社会不是一个正常的社会，主张应通过无障碍设施和技术的支持来帮助残障者达到融入社会的目的。[①] 无障碍包括物理无障碍与信息和交流无障碍。所谓物理无障碍是指城市道路、公共建筑物和居住区的规划、设计、建设应方便残疾人通行和使用。[②] 学校无障碍要求在学校范围内道路、建筑物和居住区的规划、设计、建设应方便普特学生生活与学习。学校常设的物理无障碍设施主要有高低洗手台，无障碍厕所，盲道，教学楼出入口平整有坡道、升降平台，双侧有扶手，大型空间和卫生间的地板有防滑设计，楼梯踩踏处有防滑条设计，公共活动空间梁柱避免尖角，电梯带有盲文及语音播报楼层，宿舍食堂等的障碍设施改造，等等，旨在为学生提供便捷的学习生活环境，如图 1-1-2 至图 1-1-5 所示。

图 1-1-2　深圳市南山区龙苑学校高低洗手台

图 1-1-3　武汉市江夏区无障碍厕所

---

① CARTER J M. Removing barriers for disabled people would be giant leap[J]. BMJ, 2002, 324(7345)：1101.

② 王素芳. 从物理环境无障碍到信息服务无障碍：我国公共图书馆为残疾群体服务现状调研及问题、对策分析[J]. 图书馆建设，2010(11)：19-27, 31.

图 1-1-4　武汉市江夏区特殊教育学校无障碍厕所

图 1-1-5　武汉市江夏区特殊教育学校楼梯扶手、脚印标识及防滑条

②辅助设备及信息和交流无障碍建设。

随着我们进入信息化时代，大数据、人工智能被广泛应用在各行各业，给残疾人带来了福音。无障碍环境的打造不再局限于物理无障碍环境建设，而是越来越重视信息和交流无障碍环境的打造。信息和交流无障碍环境主要要求公共传媒应使听力、言语和视力残疾人等无障碍地获取信息，进行交流。[①] 以信息技术为依托的辅助设备可以有效地减轻特殊儿童的认知和交流障碍，在很大程度上方便特殊儿童的学习和生活。语音转换技术是沟通交往中广泛运用的人工智能技术之一。在使用听觉器官获取信息较为困难时，将声音信息转化为视觉信息呈现可以减轻听障儿童的学习压力，语音转

① 王素芳. 从物理环境无障碍到信息服务无障碍：我国公共图书馆为残疾群体服务现状调研及问题、对策分析[J]. 图书馆建设，2010(11)：19-27，31.

写技术可以实现该要求，以帮助学生更好地融入课堂。北京联合大学特殊教育学院利用"听见语音转写系统"为听障学生授课，把课堂中教师说的每一句话实时、准确地呈现在大屏幕上，有效地提高了听障儿童接收信息的效率。此外，智能手机的一些应用程序可以采集教师的声音转化成文字呈现在手机屏幕上。教学是一个双向互动的过程，除获取知识外，特殊儿童全面参与课堂活动需要自我表达。语音合成是实现文本到语音转换的技术，其与语音识别技术相互配合，可为听障儿童创建无障碍的沟通环境。在线的语音合成平台、语音播放软件、语音合成应用程序等都能实现"变看为听"的功能，满足使用者不同场合的需要。为更好地构建融合教育环境，手语识别技术通过计算机提供符合人类语言习惯的翻译方式，将手语翻译成文本或语音，能够清晰地表达出手势的含义。2022 年 2 月，我国首个为听障人士打造的"冬奥手语播报数字人"系统正式亮相，如图 1-1-6 所示。这些案例都说明，科技的发展对信息和交流无障碍环境建设的意义重大，信息技术与无障碍设施及辅助器具相结合是必然趋势。

图 1-1-6　冬奥手语播报数字人系统[1]

③资源教室。

资源教室在学校融合教育环境建设中作用突出，并且已经成为随班就读支持保障体系中关键的一环。资源教室是学校融合教育技术资源的集中体现，具备个案管理、鉴定评量、教学辅导、支援服务及合作咨询等多方面的功能。2016 年 1 月，教育部出台的《普通学校特殊教育资源教室建设指南》对资源教室的功能以及资源配备进行了详细的规定，资源教室的基本配备应该包括基础办公及学习用具、图书音像、益智类教具学具、肢体运动辅助器具、听觉及沟通辅助器具以及视觉辅助器具等。资源教室还

---

① 孙奇茹. 让无声世界感受冰雪温度 冬奥手语播报数字人"上岗"[N]. 北京晚报，2022-02-10.

应具备促进普通学校教师融合教育专业发展，整合学校、家庭和社区资源，以及学校融合教育管理等方面的功能。长沙市雨花区育新第三小学的资源教室以"温情·陪伴·专业·助长"为目标进行设计，命名为"融爱乐园"，如图1-1-7所示。资源教室内有学习训练区、资源评估区和办公接待区三个区域。学习训练区配置了相应的康复训练器材和学习材料，以满足特殊儿童的康复训练和补救教学所需。同时，该校还根据教学和训练需要自制教具和学具。

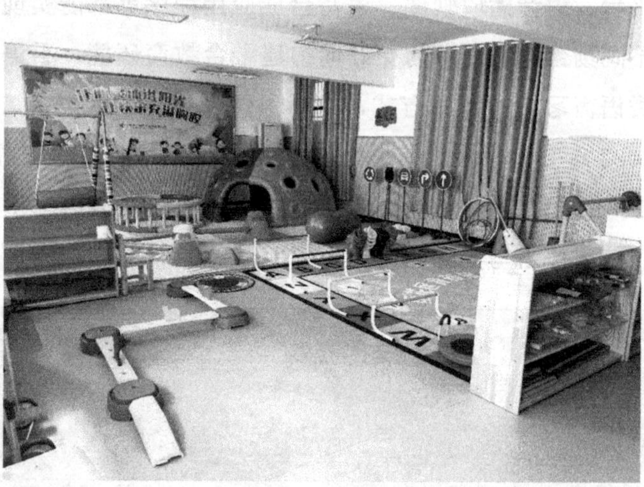

图 1-1-7　长沙市雨花区育新第三小学资源教室

④班级规模和座位排列方式。

班级规模的大小直接影响着特殊儿童的班级参与程度，特殊儿童的班级参与程度越高，其归属感越强，融合的程度也更高。在普通班级里，教师时间和精力有限，很难关注到每一个学生的需要。一般来说，班级规模越小，特殊儿童在课堂上受教师关注的可能性越高。但在现实课堂中，教师很难对整个班级规模进行大幅调整，只能通过小组活动的形式掌控小组规模，以适应特殊儿童的需求。但是，教师可以控制班级以外的教学情境中的人员规模，如资源教室。[①] 座位排列方式也会直接影响特殊儿童的学习。由于特殊儿童存在身体缺陷、认知缺陷等问题，教师需要针对每个特殊儿童的能力现状、偏好，为其安排合适的座位。对于听觉障碍儿童，他们的座位应安排在前排，以便其能听清教师的声音；对于低视力儿童，他们的座位也应安排在前排；对有陪读家长的儿童来说，他们的座位应安排在后排，避免影响其他学生的

---

①　邓猛，赵勇帅，王红霞. 融合教育课程与教学[M]. 北京：北京师范大学出版社，2021：191.

学习。① 除此之外，还有些儿童对强光很敏感，其座位应安排在远离窗户、门口等的位置。

⑤植物。

融合教育的物理环境还包括校园植物。在校园景观设计中寻找具有教育象征寓意的植物，并结合当地的实际来"装扮"校园，使学生置身于大自然之中，这不仅可以使学生保持愉悦的心情，激发学生的潜能，亦可以作为融合教育资源开展教学活动。梅、兰、竹、菊、松树等植物在我国传统文化里具有独特的意义，在校园中种植这些植物可以潜移默化地培养普特儿童良好的审美情趣。学生还可以通过直接观察校内植物四季的变化来感受四季的不同。武汉市江夏区特殊教育学校作为一所普特融合学校，专门开辟了种植瓜果蔬菜的小农场（图 1-1-8）来让普特学生一起劳动，既锻炼了学生的生活技能，又培养了他们热爱劳动的良好习惯，还使他们在劳动的过程中学会了合作与交流等。

图 1-1-8　武汉市江夏区特殊教育学校小农场

（2）融合教育心理环境

人的环境主要是人与人之间的关系。融合教育环境创设涉及的主体较多，社区内居民、校长、教师、学校其他行政及后勤工作人员、普特学生及其家长等，彼此之间的关系错综复杂。融合教育环境的创设需要各个主体的支持和参与。融合教育心理环境的创设重在营造一种相互包容、尊重、接纳、理解的氛围。

①融合文化。

学校要打造融合的文化氛围，学校管理人员、教师及普通学生都要从心理上形成一种平等、接纳的态度，只有如此才能避免心理上的"隐形隔离"。我们要帮助特殊儿童，但又不能过度帮助，要给予特殊儿童足够的尊重。融合文化氛围的营造可以

① 邓猛，赵勇帅，王红霞. 融合教育课程与教学［M］. 北京：北京师范大学出版社，2021：191.

通过物的环境与人的环境来共同打造。学校的一花一木都可以用来营造包容、接纳的融合教育环境。学校的办学理念、所挂的条幅和标语等都对学生具有极强的教育意义。学校可以开展盲文、手语学习活动，也可以建设多功能生命体验馆，使普通学生能够真正感受特殊儿童的世界，使他们懂得用平等、无歧视的眼光去看待身边的特殊儿童。同时，让他们理解世界的多元性、差异性，学习特殊儿童身上乐观、积极向上的精神等。2017年，来自甘肃的残障新生魏祥向清华大学提出申请，请求学校帮助其解决住宿问题以方便其母亲陪读。清华大学给魏祥的回信在各个媒体广泛传播。之后，清华大学将无障碍校园建设写入了学校的"十三五"规划，决定为学生"提供更包容的教学环境，让更多的残疾人能够享受到最优质的教育资源"。由此，我们可以看出社会大众对特殊大学生入学的关注度很高，它也充分体现了清华大学的人文关怀，但在全社会范围内形成真正融合、接纳、包容、尊重的文化氛围还任重道远。

| 案例 |

融合学校建筑物命名大学问①

长沙市雨花区育新第三小学将融合文化用在了学校建筑物的命名上。学校第一栋教学楼名为"融和楼"，寓意融通和美，只有师生融合、家校融合、普特融合才能开出各美其美、美美与共的和谐之花；第二栋教学楼名为"融会楼"，意在引导学生学习贵在融会贯通、学以致用；体育馆名为"融乐楼"，学生们在这里一起运动玩耍，挥洒汗水，呈现出其乐融融的美好景象；资源教室、心理室、劳技室等合称为"融爱小院"，温馨的院子为学生们身心健康成长保驾护航。育新第三小学以"融"为学校发展的底色和特色，以"点亮生命灯火"为教育理念，构建了五育并举的"融美课程"体系和"2+2+1"课后服务模式，以培育有理想、有本领、有担当、有爱心的新时代好少年为办学目标，让每一个学生同在蓝天下，共享雨花生命教育的美好。

②多彩活动。

多彩活动是学生学校生活和学习的重要组成部分。新课标的颁布引发了教育领域的变革，越来越多的学者更加关注"活动育人"。例如，提倡开展活动型学科课程、综

---

① 学在雨花③｜长沙市雨花区育新第三小学[EB/OL]．[2024-04-08]．https：//www.thepaper.cn/newsDetail_forward_18814322.

合实践活动等。活动是人的生命存在。[1] 马克思在关于人"自由的自觉的活动"论述中将"活动"作为人的存在方式，认为"人的类特性恰恰就是自由的有意识的活动"[2]，以"活动"来规定人的现实存在性，用"生命活动"的性质将人与动物进行区分。活动所具有的趣味性、多样性、真实性、具身性等特点正是解决教育中"重理论轻实践"问题的良药。在活动中，教师可以帮助学生认识自我、了解自我、思考角色和明确责任，促进他们对自身与周围环境等关键经验的觉察、体验和感悟。同样，多彩活动也是推进融合教育的重要途径。通过多彩活动，学校可以开展平等、尊重、全纳的融合文化建设、心理健康教育等，让所有人关注到特殊儿童的感受和需求，从而提高对他们的接纳程度。融合学校要依据自身特色开设多种多样的活动，丰富学生的生活，为普特学生交往提供更多的机会。活动的过程可以使学生减少抵触心理，让普特儿童学会合作与交流。例如，江夏区特殊教育学校始终遵循"信善、智慧、融合、绽放"的办学理念，全面推进融合教育。该校通过评选"最美融合宝贝"，开展"融合你我共同成长 百米长卷绘健康——江夏区特殊教育学校 525 心理健康活动日"等一系列活动，极大调动了学生的积极性。参与活动的学生纷纷表示收获颇丰，对特殊儿童有了更深的了解，对特殊儿童的接纳度进一步提高，推动学生之间形成了良好的互帮互助氛围。图 1-1-9 和图 1-1-10 为江夏区特殊教育学校开展的部分多彩活动。

图 1-1-9　江夏区特殊教育学校"百米长卷绘健康"活动

---

① 殷世东 . 综合实践活动育人方式的逻辑与课堂教学重构[J]. 教育科学研究，2021(11)：91-96.
② 马克思恩格斯选集 第一卷[M]. 2 版 . 中共中央马克思恩格斯列宁斯大林著作编译局，编 . 北京：人民出版社，1995：46.

图 1-1-10 江夏区特殊教育学校"一圈到底"活动

| 案例 |

融合小集市 生命大精彩 —— 育新三小一年级游艺测评活动（摘录）①

长沙市雨花区育新第三小学一年级开展以"融"为核心的游艺测评活动（图 1-1-11），普特学生组建成四人学习小组，共同参与语数学科融合活动。学生在导览图的指引下来到集市中，运用集市打卡单到各个店铺打卡，在打卡过程中赚取育新三小专属的"融圆币"。

图 1-1-11 长沙市雨花区育新第三小学一年级游艺测评活动

① 摘自长沙市雨花区育新第三小学微信公众号文章《融合小集市 生命大精彩 —— 育新三小一年级游艺测评活动》。

③课程与教学的融合建设。

学校课程与教学调整是融合教育环境建设的痛点。课程与教学是融合教育环境的关键要素，并且特殊儿童在普通教室学习能否成功很大程度上取决于课程与教学质量的高低。[1] 教师可以根据特殊儿童的需要对教学进行适当的调整。例如：听障学生听力状况不佳，教师在教学的过程中，应尽可能为他们提供视觉化的信息，如带有文字的视频，制作呈现效果清晰、内容明确的课件；智力障碍学生认知水平较低，注意力不易集中，教师在制作课件时应该考虑如何集中学生注意力、激发学习兴趣，可制作色彩鲜明的课件，多采用视频和动画等形象化的媒体资源，少用纯文本呈现信息等；视障学生视力模糊，教师制作课件时应注意字号、字体色彩的对比度。同时，作为与特殊儿童接触时间更长的同班同学也在课堂融合中发挥着重要作用。在融合教育学校里，可采用普特学生同桌、轮流照顾和帮助特殊儿童进行课后补习等形式为特殊儿童提供支持与服务。

④管理制度。

学校或班级是一个小型社会，需要相应的制度来管理。完善的管理制度能够使一个组织井井有条。制度的强制与约束作用在推动融合教育发展的过程中起着重要作用。在学校层面，制定相应的融合教育制度，能够调动班主任、教师推进融合教育的积极性，减少教师的无力感；在班级层面，完善的融合教育制度能够激励同学关心、帮助、爱护特殊儿童。

⑤师生关系。

教师的一言一行对学生的影响巨大。教师不仅要有过硬的专业技能、极高的专业素养，还要时刻注意自己的言谈举止，给学生树立良好的模范。教师还要多关心、了解、尊重学生，做学生的朋友，不仅要关心学生的学业也要关心学生的心理健康。首先，教师要接纳特殊儿童，接受、包容差异，并为其在学校学习提供及时的支持与帮助；其次，教师要尊重特殊儿童，给予他们参与课堂及班级管理等应有的权利，增强其班级归属感；最后，要多鼓励和表扬特殊儿童，增强其自信心。总之，师生关系越融洽，学生感受到的来自教师的尊重、理解、支持越多，他们投入学习的时间就越多，学习也越主动。反之，会形成"隐形排斥"，让特殊儿童成为"一座孤岛"，甚至会造成"回流"。

⑥同伴关系。

同伴交往能满足特殊儿童的社交需求，是他们获得社会支持和安全感的重要源泉。

---

① 王红霞，王秀琴. 北京市海淀区普通中小学融合教育环境调查研究[J]. 绥化学院学报，2018(10)：24-27.

良好的同伴关系能够提供平等的交流机会，使学生学会理解和尊重他人，学会解决冲突，学会协商合作等。良好的同伴关系能帮助特殊儿童融入班集体，提升其学业水平，增强他们的交往自信心，利于其日后更好地融入社会。在融合教育环境中，良好的同伴关系还能减轻教师的工作压力。良好同伴关系的建立，需要教师的正确引导。教师在日常教学过程中，要适时渗透平等、关爱、尊重等优良品质，让学生尊重差异并理解生命的多样性。

⑦融合社区。

社区是由居住在某一地方的人们结成多种社会关系和社会群体，从事多种社会活动所构成的社会区域生活共同体。它的要素不但包括地域、人口、文化和组织，而且包括共同的心理归属。社区是一个社会实体，是一个小型社会，人们的社会活动都是在具体的社区内进行的，一切社会现象都会在社区中得到反映。① 开展融合教育的学校所在的社区对特殊儿童的影响也较大。社区居民对特殊儿童的观念、社区内无障碍设施的建设等也对特殊儿童的社区融合起着重要作用。社区丰富的资源如果能得到有效利用，对特殊儿童生活技能的获得及日后融入社会开展正常生活也具有重大意义。例如，宁波达敏学校坚持以教学为中心，积极采用以生活为中心的单元教育与分层教学相结合的教学形式，成功地实现了课堂教学社区化，并坚持教学内容生涯化、教学方式生态化，使得教学质量不断提高。长沙市培智特殊教育学校积极让社区内普通学校的师生等走进校园，共同参加活动，在活动中加强社区人员对特殊儿童的包容与理解。

| 案例 |

长沙市培智特殊教育学校举办第二届运动狂欢节暨手拉手普特融合特奥活动（摘录）②

长沙市培智特殊教育学校为践行普特融合理念，让特殊儿童能够有机会融入社会，同时加深普通儿童对特殊儿童的理解与支持，在2020年12月10日上午，举办了以"一起来·更精彩"为主题的运动狂欢节暨手拉手普特融合特奥活动。

参与此次活动的不仅有长沙市培智特殊教育学校的三百余名师生，还有来自麓山国际实验小学的一百余名师生及部分媒体工作者。大家欢聚在操场上，沐浴着冬日的暖阳，一起感受着运动带来的欢乐。经过前期的筹划和设计，此次运动狂欢节共有运动狂欢大游行、狂欢舞蹈趴、手拉手仪式、趣味狂欢大比拼、普特亲子共同体闯关大狂欢五个环节。

① 黄兆信，万荣根.社区：融合教育实施的重要场域[J].教育发展研究，2008(23)：79-81.
② 摘自长沙市特殊教育学校望城校区微信公众号文章《一起来 更精彩 | 我校举办第二届运动狂欢节暨手拉手普特融合特奥活动》。

拓展阅读

扫描二维码，阅读《清华回复：人生实苦，但请你足够相信》。

作业 ·····▶

简答题

1. 举例说明学校中的融合教育物理环境有哪些。

2. 举例说明学校中的融合教育心理环境建设需要关注什么。

▶ 任务二
理解融合教育环境创设的意义与原则

一、融合教育环境创设的意义

（一）能够提供适合特殊儿童的教育

对特殊儿童而言，融合教育环境的创设是通过创造最少受限制的环境，为特殊儿童提供适合其特点和需要的教育，为其今后全方位融入社会打下基础，让他们以后可以在社会中正常生存。学校通过融合教育环境的创设，可以扩展特殊儿童的社交空间，让他们接触社会环境，接受高品质的教育，提高他们的自信心，也可以让他们适应不同的教学环境及提升学习的能力。特殊儿童面对不同的教师和同学，可以促进人际沟通能力和共情能力的发展。融合教育环境的创设还可以促进特殊儿童社会适应能力的培养，有助于提高特殊儿童适应自然和社会环境的能力，包括生活、学习、劳动、人际交往等能力。

（二）能够培养普通儿童的爱心和责任意识

对普通儿童而言，融合教育环境的创设使他们主动关心特殊教育并参与特殊教育。融合教育的受益者不只是特殊儿童，而是全体儿童甚至整个社会。一方面，融合教育环境的创设能够培养普通儿童的同理心,可以让普通儿童了解不同障碍的儿童,知道各种障碍儿童的行为表现,当特殊儿童出现一些不受控的行为时能表示理解和尊重。另一方面,融合教育环境可以培养普通儿童的责任心和爱心,学会从特殊儿童的实际情况出发考虑其需求,并提供相应的帮助,增强团结同学的责任意识。

(三)有助于建设开放、包容的校园文化

校园文化(或学校文化)是指一所学校经过长期发展和积淀而形成共识的一种价值体系,即价值观念、办学思想、群体意识、行为规范等,也是一所学校办学精神与环境氛围的集中体现。校园文化建设主要分为三个部分,包括物质文化建设、精神文化建设和制度文化建设。这三个方面建设的全面、协调发展,将为学校树立起完整的文化形象。通过融合教育环境的创设,学校从环境、制度和文化的建设上去推动融合教育进程,渗透融合教育理念。一方面,有利于全校师生贯彻和执行融合教育的宗旨,全面开展融合教育;另一方面,在实际行动上贯彻落实国家的相关政策,向社会展现学校的融合办学理念,有助于营造开放、宽容的校园文化,提升在校师生助人为乐、团结友爱等精神品质,构建良好的社会形象和声誉。

(四)有助于创建和谐与平等的社会环境

融合教育环境是特殊儿童走出家门、参与普通学校学习的基本条件,也是方便其他社会成员的重要基础。加强融合教育环境建设,是物质文明和精神文明的集中体现,也是社会进步的重要标志。在物理环境建设上,坡道可以方便乘坐轮椅的儿童在路上畅行,盲道和声响装置可以让失明的儿童更安全,字幕和手语辅助设备可以让失聪的儿童获得信息。同时,这些融合教育物理环境的创设也可以为老年人、病人、孕妇提供便利。在心理环境创设上,让社会群体全面认识特殊儿童、了解特殊儿童、尊重特殊儿童、接纳特殊儿童,是社会精神文明建设的进步。建设融合教育环境也是和谐、幸福和美好家园的标志,它可以最大限度地改变每个孩子和家庭,极大地提高生活的幸福指数,有利于营造和谐社会。

| 案例 |

长沙市培智特殊教育学校组织"长培小当家,集市庆丰收"普特融合丰收节活动[①]

2021年12月2日下午,师生在校园蔬果文化长廊、橘柚园、金果园和童乐园开展了果蔬采摘活动。2021年12月3日上午,湖南第一师范学院斑马湖小学的领导、教师和102名学生来到我校,和孩子们一起参加美食制作和长培集市活动。本次丰收

---

① 摘自长沙市特殊教育学校望城校区微信公众号文章《第二届丰收节"长培集市"活动来啦!》。

节活动旨在加强普特学生深度交流与融合，提高学生的社会交往和生活适应能力，让师生感受劳动的艰辛与丰收的喜悦，在学习和体验的过程中懂得珍惜劳动成果，在销售和购物的过程中锻炼生活技能。

二、融合教育环境创设的原则

（一）安全性原则

一部分特殊儿童与普通儿童相比存在身体机能缺失或损伤等情况，其身体功能存在障碍，在身体机能上非常脆弱，需要更多的安全性方面的考虑和呵护。这些特殊儿童由于自身的生理性创伤，其心理上往往会出现巨大变化，如产生焦虑、抑郁、孤独等负面情绪。这些心理变化也会对特殊儿童产生影响。所以，满足特殊儿童在生理和心理上的安全性需求是十分重要的。在进行融合教育环境创设的过程中，首先要考虑到安全性原则。例如，在辅助器具的使用中，需要为特殊儿童提供高效率、简单、轻松且不易造成疲劳的操作方法和操作环境，让特殊儿童可以用自然的姿势和合理的力量来完成操作，要尽量减少操作中重复的、烦琐的动作并设法减轻特殊儿童长时间操作所造成的生理负担。此外，在空间设计中要提供无关特殊儿童体态、姿势、能力，或者不用借助辅助工具和协助者，都能够顺利到达的空间。安全是人们对生活的基本要求，在融合教育环境创设阶段就应该从特殊儿童的健康出发，充分考虑使用和操作的安全性，真正体现设计的人性化。

（二）便利性原则

便利性是衡量得到服务的容易程度和方便程度的质量特性。随着融合教育的开展，"合理便利"的理念也应被渗透其中。特殊儿童融合教育环境的创设需要遵循便利性原则，这要求考虑到特殊儿童在无障碍环境中操作是否容易和方便。例如：手扶栏杆的高度是否可以调节，轮椅上行的坡度是否让使用者感到轻松；电梯内的盲文按键是否在盲人可以轻松触摸的位置；座位的安排是否方便特殊儿童进出；等等。在融合教育物理环境中，各个细节的安排都需要考虑到便利性原则。另外，在心理环境建设中，教师要以特殊儿童为中心，在实现普通儿童和特殊儿童教育公平的前提下，尊重、关心特殊儿童，充分为特殊儿童考虑，创设愉悦的学习环境。

（三）补偿性原则

在进行融合教育环境创设时还需要考虑到补偿性原则。因为特殊儿童存在个体差异性，在学习上会存在各种不同的问题，所以融合教育环境创设应遵循补偿性原则。例如：上肢体障碍儿童在学习过程中可能会因为上肢力量不足导致作业完成时间较长，教师可以利用资源教室中的康复设备来训练其上肢力量，同时需要通过下肢训练器械进行下肢力量的缺陷补偿训练；进行功能性视力训练时，合理利用低视力儿童的残余视力，同时充分调动他们的其他感知觉，尤其是听觉与触觉，如开展听觉识别、听觉记忆、听觉理解等训练活动。在呈现学习内容与学习材料的过程中，教师既要考虑到多种呈现方式，又要考虑到视障儿童的特性，同时要注意加强学生的听觉保护，尽可能减少无关干扰，以免损伤其听觉系统。遵循补偿性原则的前提是充分考虑到特殊儿童的需求以及优势能力、劣势能力，在此基础上进行环境创设，对特殊儿童进行缺陷补偿。

（四）个性化原则

由于障碍的类型与程度有差异，特殊儿童的优缺点、需求也存在差异。所以，在进行融合教育环境创设的时候，要考虑个性化原则，满足不同儿童的个性化需求。例如：对于低视力儿童，需要为其提供放大设备；对于重听的儿童，则需要为其提供助听设备以满足他们学习的需求。不同的设备能够适应不同特殊儿童的学习使用习惯，为他们提供多样化的选择。此外，在进行融合教育的过程中，应注重对特殊儿童的个别化教育。这就需要从教育评估开始到个别化教育研讨，再到拟订个别化教育计划，从为特殊儿童量身制定各领域的短期目标、中长期训练目标，再到计划的实施、修正等各个环节都充分探究每个特殊儿童的实际情况与需求，制定个别化教育方案，其中包括康复训练及认知能力、语言交流能力、生活自理能力、学习能力、社会适应和特长等方面的培养，让每个特殊儿童都有个别化教育计划。武汉市青山区钢城第十七小学班主任余婧敏锐地捕捉到班里的孤独症儿童喜欢恐龙的特点，并将其运用到班级融合教育环境的打造（图 1-2-1）上，在教室张贴有恐龙的图片，用恐龙玩具激励这名儿童学习等。这些不起眼的小细节，让这名孤独症儿童有了归属感，促进了全班儿童心理上的融合。

图 1-2-1　武汉市青山区钢城第十七小学班主任余婧融合教育环境的打造

(五)发展性原则

特殊儿童的学习需要建立在特殊的年龄阶段和生活经验基础上，同时充分考虑其优势和劣势，尽可能实现潜能开发，实现残而有为。所以，在进行融合教育环境的创设时，需考虑到发展性原则。首先，心理环境的创设需为特殊儿童提供平等、开放、接纳的环境，缓解其心理压力，让特殊儿童在学习的过程中可以保持愉快的心情，对于在普通学校就读没有过重的心理负担。其次，在物理环境创设上，如辅助器具的设计上，需尽可能融合听觉、触觉、嗅觉等方面的多种辅助方法，将学习的信息迅速而有效率地传递给特殊儿童，提高其学习效率。最后，融合教育环境的创设需充分考虑到不同障碍类别儿童的潜能开发，让特殊儿童在普通的教育环境中能真正有所学、有所成，身心得到全面发展，改变以往那种"随班混读"或者"随班就坐"的状况。

融合教育环境的营造不管是对特殊儿童还是普通儿童都是有益的，甚至对整个和谐社会的创建都起着巨大推动作用。在对融合教育环境进行创建时，学校要秉持安全性、便利性、补偿性、个性化、发展性等原则，同时考虑学校的实际情况，为普特儿童营造一个"共赢、包容、和谐、适当"的融合教育环境。

📖 **| 案例 |**

江苏徐州：融合教育让特殊儿童回归集体①

徐州市津浦西路小学是此次融合教育示范校（园）验收学校中特殊儿童数量较多的学校之一，共有 10 名特殊儿童。学校树立"教育要面向每一个儿童"的观念，帮助特殊儿童从"随班就读"向"全面融合"转变。2021 年是孤独症儿童彬彬（化名）在徐州市津浦西路小学学习的第三年。经过融合教育，彬彬从没有纪律概念，到遵守秩序、安静听课、积极发言；从不敢走出教室，到可以和同学们一起做游戏；从不知道上课内容，到能简单重复教师讲过的话，学会了遇到困难寻求帮助，真正融入了班集体。徐州市津浦西路小学校长赵莉介绍，学校成立了融合教育教研团队，通过研发校本课程、自制特色教具帮助彬彬这样的孩子在学习文化知识的同时进行行为矫正、感觉统合、生活自理能力训练和心理健康辅导。

在徐州市特殊教育学校"聋健合一"幼儿园，听障儿童与普通儿童实行分班教学、合班活动，聋健儿童在相互接触的过程中逐步互相接纳。听力言语等综合素质发展较好的听障儿童则完全融入普通幼儿班，教师在教学中对他们重点关注，在集体教学活动外进行个别训练。徐州市特殊教育学校还创新设立了融合教学部，把"聋健合一"教育延伸到

---

① 摘自徐州教育微信公众号文章《〈学习强国〉点赞 | 江苏徐州：融合教育让特殊儿童回归集体》。

小学阶段，同时招收普通儿童和特殊儿童，采用全融合和半融合两种教育方式，即让完全适应普通班学习的特殊儿童融合到普通班学习，不具备全融合条件的特殊儿童在特教班学习，部分课程与普通班学生一起上，最大限度满足不同学习层次的特殊儿童的需要。

作业 ·····▶

简答题

1. 请思考融合教育环境创设对于特殊儿童家庭有何意义。
2. 请观察某所学校融合教育环境的创设情况。

▶ 任务三
熟悉融合教育环境创设的流程与途径

在融合教育环境创设的具体实践中，不同障碍类别、不同年龄发展阶段的儿童有不同的需求，因而在内容、策略、形式等方面都各不相同。但整体的融合教育环境创设都应建立在儿童对环境个别化需求的基础之上，有计划、有步骤地进行评估、设计、实施、优化等环境创设步骤，以达到科学、规范并真正满足儿童个别化需要的目的。

一、融合教育环境创设的流程

融合教育环境创设的整体流程大致包括：调查基本环境需求、评估现有环境、制定环境创设方案、实施环境创设方案、评量与优化五个部分。具体实施流程如图 1-3-1 所示。

图 1-3-1　融合教育环境创设流程

（一）调查基本环境需求

融合教育环境创设的根本目的在于为所有儿童提供科学、适宜和教育性的环境，除了要遵循儿童发展的一般规律、满足儿童的普遍需求之外，还应该考虑特殊儿童的需求。我们可以通过观察、访谈、调查等方式了解特殊儿童及其家庭对于融合教育环境的基本需求。例如：教师通过观察发现午饭后食堂地面有些滑，某肢体残疾儿童走路小心翼翼；通过访谈家长发现某注意力缺陷学生总是忘记教师布置的作业；通过调查发现，有的家长希望教师在集体活动中对孩子多加关注或引导，在座位安排上予以照顾，提供一些个别化的教学材料。在具体的实践过程中可以根据实际需要，综合运用多种方式进行基本环境需求的调查，可参考表 1-3-1。

表 1-3-1　基本环境需求调查表

填表人：　　　　与学生关系：　　　　联系方式：　　　　　　　填表日期：

姓　名		性　别		出生日期	
家庭住址					
医学诊断	□听障；□视障；□脑瘫；□孤独症；□注意力缺陷多动障碍；□智力落后；□肢体残疾；□其他				
障碍表现及康复经历					
入学时间		教育阶段		＿＿＿＿年级＿＿＿＿班	
主要照顾者	□祖父母；□外祖父母；□父亲；□母亲；□其他人				
健康状况	□很少生病； □常生病，经常是这些疾病：＿＿＿＿＿＿＿＿＿； □从未住院； □曾经住院，因为＿＿＿＿＿＿＿＿＿				
行为表现	①常规表现： □安静；□好动；□爱哭；□爱笑；□容易发脾气；□容易分心；□其他 ②人际互动： □常常自己一个人玩；□只和特定的小朋友玩；□会和任何小朋友玩；□其他 ③异常行为： □吃手、咬衣物；□舔东西；□尖叫；□敲打物品；□敲头或身体其他部位； □攻击性行为；□旋转身体或物品；□其他				

环境偏好	①颜色偏好： □喜欢_____；□讨厌_____；□无 ②声音偏好： □喜欢_____；□讨厌_____；□无 ③味道偏好： □喜欢_____；□讨厌_____；□无 ④图案偏好： □喜欢_____；□讨厌_____；□无 ⑤光线偏好： □喜欢_____；□讨厌_____；□无 ⑥气味偏好： □喜欢_____；□讨厌_____；□无 ⑦其他偏好：_____
学习区 环境需求	①融合教育物理环境： □教室内设备棱角处安装防撞条； □物品摆放位置要相对固定； □教室安装补光设施； □辅助器具的需求：□放大设备；□助听设备；□轮椅；□计算机；□盲文书写工具；□语音转换设备；□其他_____ □墙面使用降噪材料； □视觉信息提示系统； □语音信息提示系统； □其他融合教育物理环境需求_____ A. 课程与教学方面所需调整情况(可多选)： □不需要调整； □课程目标，具体为_____； □学习材料的呈现方式，所需的呈现方式是_____； □改变评价方式，所需的评价方式是_____； □教学内容，具体为_____ B. 座位是否需要调整： □需要；□不需要 若需要，希望调整到哪里(可多选)： □前排；□中间；□后排；□靠窗；□不靠窗；□门口附近；□靠近讲台；□单独座位；□其他_____ C. 课程目标与内容是否需要调整： □需要；□不需要 若需要，需要的调整策略为： □扩充；□精简；□替代

	②融合教育心理环境: A. 是否需要同伴的协助? □需要；□不需要 若需要，需要_____人，希望同伴提供哪些方面的帮助? □学习；□人际关系；□日常生活；□其他_____ B. 是否需要教师课后额外的帮助和支持? □需要；□不需要 若需要，需要教师在哪些方面提供帮助? □学习辅导；□技能训练；□其他 C. 是否需要其他人员的支持? 若需要，需要的相关人员是_____，需要 _____支持。 D. 融合活动的开展: □需要；□不需要 E. 其他融合教育心理环境需求_____。
活动区 (走廊、 操场、 卫生间、 宿舍、 食堂等) 环境需求	①融合教育物理环境需求: □盲道； □走廊扶手； □盲文信息标识； □无障碍电梯； □无障碍坡道等设施； □视觉信息提示系统； □语音信息提示系统； □物品摆放位置要相对固定； □其他_____ ②是否需要同伴的帮助? □需要；□不需要 若需要，在哪些场所需要帮助? (可多选) □走廊；□操场；□卫生间；□宿舍；□食堂；□其他_____ ③融合活动的开展: □需要；□不需要 ④其他环境需求_____
资源区 (如资源 教室、功 能室等) 环境需求	①融合教育物理环境: □教室内设备棱角处安装防撞条； □物品摆放位置要相对固定； □教室安装补光设施； □辅助器具的需求：□放大设备；□助听设备；□轮椅；□计算机；□盲文书写工 具；□语音转换设备；□其他_____

续表

□墙面使用降噪材料； □视觉信息提示系统； □语音信息提示系统； □其他融合教育物理环境需求＿＿＿＿＿＿＿＿＿ ②融合活动的开展： □需要；□不需要 ③其他环境需求＿＿＿＿＿＿＿＿＿

（二）评估现有环境

在了解特殊儿童对学校环境的基本需求之后，我们要对现有环境进行评估，目的在于明确当前环境能否满足上述需求，具体来说就是能否保障学生身心安全、能否确保学生平等地参与各项活动、能否引发学生的兴趣和积极行为。经过环境评估后，对于能满足学生需求的可以巩固和优化；对于不足的地方，需加以讨论并改善。为了便于开展环境评估，我们可以把各个活动区的环境创设要求细化为具体指标。表 1-3-2 为融合教育环境质量评估表，通过细化指标，我们对融合教育环境进行整体评估，以便为后续环境创设做好准备。

表 1-3-2 融合教育环境质量评估表

评估区域：　　　　　　　　评估时间：　　　　　　　　评估人员：

分区情况	环境维度	指　标		现状(有/无或是/否)	满足程度评价 (从 1 到 5 代表满足程度依次提高)				
学习区	融合教育物理环境	①辅助设备能满足学生学习需要	放大设备		1	2	3	4	5
			助听设备		1	2	3	4	5
			轮椅		1	2	3	4	5
			计算机		1	2	3	4	5
			盲文书写工具		1	2	3	4	5
			语音转换设备		1	2	3	4	5
			视觉信息提示系统		1	2	3	4	5
			语音信息提示系统		1	2	3	4	5
			其他		1	2	3	4	5

分区情况	环境维度	指 标		现状(有/无或是/否)	满足程度评价 (从1到5代表满足 程度依次提高)				
学习区	融合教育物理环境	②能保障学生安全学习	教室内设备棱角处安装防撞条		1	2	3	4	5
			出入口进出方便(出入口处有无障碍设计)		1	2	3	4	5
			地面平坦		1	2	3	4	5
			教室内无尖锐等危险物品		1	2	3	4	5
		③室内通透,空气流通,自然光适宜			1	2	3	4	5
		④照明设施能满足学生学习需要	护眼灯具		1	2	3	4	5
			补光设施						
			根据特殊儿童需要额外提供相应的照明器具		1	2	3	4	5
		⑤声音能够满足学生学习需要	无噪声		1	2	3	4	5
			教师讲课音量、音调合适		1	2	3	4	5
		⑥墙面颜色能使特殊儿童安静、放松下来			1	2	3	4	5
		⑦课桌椅高低、大小等能满足特殊儿童的需要			1	2	3	4	5
		⑧教室桌椅布局合理,便于行动和互动			1	2	3	4	5
		⑨特殊儿童在教室的座位能保证其获得学习便利(看得清、听得见、走得进)			1	2	3	4	5
	融合教育心理环境	⑩适合全体学生的课程教学设计			1	2	3	4	5
		⑪所有学生参与学习和集体互动(实时互动,如发言、讨论等)的机会均等			1	2	3	4	5
		⑫特殊儿童能参与小组或集体等各种形式的课堂活动			1	2	3	4	5
		⑬特殊儿童在课堂获得班级规则的平等保护和约束			1	2	3	4	5

分区情况	环境维度	指　标	现状(有/无或是/否)	满足程度评价（从1到5代表满足程度依次提高）				
学习区	融合教育心理环境	⑭特殊儿童在需要时能获得来自教师或同伴的帮助和支持		1	2	3	4	5
		⑮特殊儿童完成目标任务时能及时获得正向且积极的评价		1	2	3	4	5
		⑯特殊儿童在学习区整体体验是安全、愉快和轻松的		1	2	3	4	5
		⑰特殊儿童在学习区能获得自我效能感		1	2	3	4	5
		⑱特殊儿童能积极参与课堂		1	2	3	4	5
		⑲有集体学习互助活动，增强特殊儿童集体感和归属感		1	2	3	4	5
生活区	融合教育物理环境	①有无障碍通道		1	2	3	4	5
		②有无障碍电梯、台阶		1	2	3	4	5
		③有盲道		1	2	3	4	5
		④有无障碍卫生间或无障碍厕位		1	2	3	4	5
		⑤有无障碍紧急逃生通道、紧急求助设施等		1	2	3	4	5
		⑥有无障碍标识及信息系统或引导、提示标识		1	2	3	4	5
		⑦有低位服务设施(高低洗手台等)		1	2	3	4	5
		⑧路口处有缘石坡道，有平坡出入口		1	2	3	4	5
		⑨有轮椅等辅助设施的充电设备		1	2	3	4	5
		⑩有无障碍淋浴间		1	2	3	4	5
		⑪宿舍洗漱区空间和设施适宜		1	2	3	4	5
		⑫宿舍的床位安排合理		1	2	3	4	5
		⑬电器类用品的摆放与学生保持安全距离		1	2	3	4	5
		⑭生活区的材料、物品安全、环保		1	2	3	4	5
		⑮展板、海报、文化墙加入了盲文信息或语言播报		1	2	3	4	5
		⑯各生活区之间的布局合理，方便特殊儿童活动		1	2	3	4	5

续表

分区情况	环境维度	指 标	现状(有/无或是/否)	满足程度评价（从 1 到 5 代表满足程度依次提高）				
生活区	融合教育心理环境	⑰为特殊儿童配备了个人信息卡		1	2	3	4	5
		⑱为特殊儿童配备了生活教师		1	2	3	4	5
		⑲有相应的规则制度来规范学生的活动行为		1	2	3	4	5
		⑳特殊儿童能感到愉悦、安全、便利		1	2	3	4	5
		㉑特殊儿童在需要时能获得来自教师或同伴的帮助和支持		1	2	3	4	5
		㉒特殊儿童能参与学校或班级文化创设活动		1	2	3	4	5
资源区	融合教育物理环境	①配备学生康复和辅助学习、活动所需的可用设备		1	2	3	4	5
		②资源区进行科学合理的功能分区，具备基本的康复区、评估区、活动区、教学区、心理辅导区等		1	2	3	4	5
		③区域内桌椅布局合理，便于特殊儿童行动和教学互动		1	2	3	4	5
	融合教育心理环境	④配备至少 2 名专业的资源教师组织活动和进行资源管理		1	2	3	4	5
		⑤资源区建立完整的活动规则和管理制度		1	2	3	4	5
		⑥所有学生均能公平使用资源区所有资源		1	2	3	4	5
		⑦学生需要获取资源辅助时能够及时获得资源教师的有效帮助		1	2	3	4	5
		⑧无论何种类型的特殊儿童都能在资源区找到适合的学习辅助服务		1	2	3	4	5
		⑨学生在课堂上全程都能获得班级规则的平等保护和约束		1	2	3	4	5

续表

分区情况	环境维度	指标	现状(有/无或是/否)	满足程度评价(从1到5代表满足程度依次提高)				
资源区	融合教育心理环境	⑩学生在有需要时能获得资源区的资源支持和资源教师的帮助		1	2	3	4	5
		⑪资源区能够提供包容、温馨、安全的环境氛围		1	2	3	4	5
		⑫学生在资源区的活动体验是安全、愉快和轻松的		1	2	3	4	5
		⑬学生能在资源区心理功能分区获得倾诉、情绪宣泄、心理求助等服务		1	2	3	4	5
		⑭学生能够共同参与资源区活动，特殊儿童在资源区能建立平等的身份认同		1	2	3	4	5

(三)制定环境创设方案

对于环境评估中"无"和"否"的指标，学校需要根据实际情况、特殊儿童的需求尽快补足或完善。对于满足程度低于或等于3的指标，学校需要对特殊儿童及家长、同伴、教师等相关人员进行访谈，明确满意度不高的原因，并进一步提出改进措施。融合教育环境创设方案需要学科教师、资源教师、行政教师以及学生和家长共同商讨制定，各方围绕融合教育环境创设明确关注重点、达成共识。

(四)实施环境创设方案

环境创设方案完成后，将方案中的目标通过具体措施和策略落到实处的过程即为实施。融合教育环境能否真正让学生受益，关键看方案能否得到落实。在制定环境创设方案以后，相关执行者要将方案具体化。在环境创设的过程中，要形成相应的文本材料，便于具体操作及日后工作的考核。

(五)评量与优化

环境创设方案的制定具有预设性，实施过程具有动态性，因而在实施过程中会因为环境创设的措施不合适、现实条件不满足等，使具体效果难以完全实现。因此，我们需要对环境创设进行阶段性评量。这样不仅可以全面了解环境创设的实施效果，而且可以确定效果未达预期的项目，在分析原因后有针对性地提出优化方案。

二、融合教育环境创设的途径

(一)立足校园文化，丰富环境创设内容

任何一所学校都有自己独特的校园文化，而且随时代变化不断积淀、传承和发展，一方面我们要坚守校园文化的发展内核，另一方面要融入新的时代内容。我国《"十四五"特殊教育发展提升行动计划》提出："加强普通教育和特殊教育融合。探索适应残疾儿童和普通儿童共同成长的融合教育模式，推动特殊教育学校和普通学校结对帮扶共建、集团化融合办学，创设融合教育环境，推动残疾儿童和普通儿童融合。"随着相关政策的不断推进，融合教育接纳、平等的价值观会成为普通学校环境创设的新的生长点。

(二)开展主题活动，创新环境创设形式

融合教育环境不仅需要通过常规的校园活动来营造，也需要通过主题教育活动来升华。主题教育活动富有趣味性、启发性和教育性，通过鲜明的主题、活泼的形式以及较高的参与度发挥育人作用。围绕融合教育，学校可以开展丰富多样的主题教育活动。例如，厦门市同安区云埔小学开展"错袜日"融合教育活动(图 1-3-2)，促进学生之间的相互理解和接纳。

图 1-3-2　厦门市同安区云埔小学"错袜日"融合教育活动

(三)调动多方资源，增强环境创设效果

发展融合教育需要建构全面的支持体系，《残疾人教育条例》强调了各级政府在落实融合教育中所应该承担的责任和义务，进一步明确了其他主体，包括社会组织、普

通学校、特殊教育学校以及残疾人家长所应该承担的责任和义务。① 进行融合教育环境创设，也需要调动多方资源。政府制定更多的优惠帮扶政策、开放更多公共资源、加大购买服务力度；普通学校和特殊教育学校可以合作搭建融创平台、共同开展专业支持，志愿或社会服务机构可以提供相应的资源支持，全面营造融合教育氛围；家长不仅可以建言献策，还可以参与创设。只有调动多方资源，才能实现从校内到校外、从被动到主动、从单一到多元的整体提升。

（四）运用辅助技术，促进环境创设优化

辅助技术的发展为特殊儿童在普通学校就读提供了重要支持，使得开展融合教育的学校的环境创设更加凸显人性化、便利化，而且越来越朝着科学化、智能化的方向发展。语音、图像识别及转换技术和个人成长的数字化系统都已经成为学校物理环境的重要支撑，而且随着人工智能在教育领域的深入应用，辅助技术发挥的作用越来越大。例如，有学者指出人工智能支持听障儿童实现无障碍学习的可行路径主要有用语言转写技术实现知识和沟通无障碍、用深度学习系统和公有云语音转写课堂设备助力理解知识无障碍、用智能导学系统和智能教师助理促进应用知识无障碍。②

| 案例 |

孤独症孩子有了新伙伴（摘录）③

"做得太棒了。"在北京视觉科学研究所儿童教育康复中心，智能陪伴型机器人一边表扬跟着指示做对了动作的孩子，一边上下晃动着屏幕"点头"。显示屏中呈现出微笑的表情，还不时眨眼。这台智能陪伴型机器人，就是孤独症儿童的"新伙伴"。

"在我们的康复课堂上，机器人会通过动作和声音来安抚和鼓励患有孤独症的小朋友。"北京视觉科学研究所儿童教育康复中心康复治疗师孔令雪说。"这是衣服的正面，这是反面，小朋友你来练习一下吧。"机器人显示屏中，一个动画卡通人物拿着衣服演示着。

孔令雪说，以前，她一个人指导孤独症儿童完成仰卧起坐等运动。现在，她只需动手点击设计好的动画课程，根据课程内容引导他们进行训练，大大地提高了康复效率。

① 丁相顺.《残疾人权利公约》与中国残疾人融合教育的发展：《残疾人教育条例》解读[J]. 中国特殊教育，2017(6)：18-24.

② 杨会良，黄璐娅. 人工智能时代听障生无障碍学习路径研究[J]. 现代特殊教育，2020(12)：67-71，76.

③ 畅婉洁，姜姝琪. 孤独症孩子有了新伙伴[J]. 民生周刊，2023(18)：48-49.

作业 ·····▶

简答题

1. 请搜集关于融合教育环境创设的精彩案例。

2. 尝试根据某特殊儿童对融合教育环境提出创设建议。

拓展资源 ·····▶

1. 邓猛. 融合教育理论反思与本土化探索[M]. 北京：北京大学出版社，2014.

2. 李拉. 融合教育学[M]. 南京：南京大学出版社，2022.

3. 蔡蕾. 学前融合教育理论与实务[M]. 郑州：河南大学出版社，2011：81－85.

4. 关文军. 融合教育学校班级环境对残疾学生课堂参与的影响研究[J]. 海南师范大学学报(社会科学版)，2019(3).

5. 孙涛，申仁洪. 融合教育背景下普通学校无障碍校园环境建设研究[J]. 兰州教育学院学报，2019(11).

6. 吴曼曼，刘艳虹. 国外融合教育环境中同伴辅导策略的应用及对我国的启示[J]. 现代特殊教育，2016(8).

7. 梁松梅，朱振云，梁秋勇. 普校融合教育的创新实践：北京市朝阳区新源西里小学的探索[J]. 现代特殊教育，2016(17).

8. 李拉."全纳教育"与"融合教育"关系辨析[J]. 上海教育科研，2011(5).

9. 邓猛，朱志勇. 随班就读与融合教育：中西方特殊教育模式的比较[J]. 华中师范大学学报(人文社会科学版)，2007(4).

小结 ·····▶

本项目介绍了融合教育环境的基本概念以及创设融合教育环境的意义与原则、流程与途径。任务一，对融合教育的含义、融合教育环境的含义展开论述。融合教育环境是指在普通学校环境中，以多元、差异和公平为价值观，旨在促进所有学生成功和教师发展的环境，包括融合教育物理环境、融合教育心理环境。融合教育物理环境主要包括物理无障碍设施、辅助设备及信息和交流无障碍设施、资源教室等；融合教育心理环境主要包括融合文化、多彩活动、课程与教学的融合建设等。任务二，对融合教育环境创设的意义与原则展开论述。融合教育环境创设具有重要意义，能够提供适合特殊儿童的教育，能够培养普通儿童的爱心和责任意识，有助于建设开放、包容的校园文化，有助于创建和谐与平等的社会环境。同时，还阐明在进行融合教育环境创设时，要坚持安全性、便利性、补偿性、个性化及发展性原则。任务三，阐述了融合教育环境创设的流程与途径。融合教育环境创设主要包括调查基本环境需求、评估现有环境、制定环境创设方案、实施环境创设方案、评量与优化五个部分。可以通过如下途径来创设融合教育环境：立足校园文化，丰富环境创设内容；开展主题活动，创新环境创设形式；调动多方资源，增强环境创设效果；运用辅助技术，促进环境创设优化。

项目二　融合教育环境政策法规

导语

　　融合教育已成为世界教育体系的发展趋势之一，在其推进过程中，不少政策法规相继出台，为建设融合教育环境提供了相应的政策和法律支持，保障了特殊儿童的受教育权。不管是各缔约国达成共识的国际政策，还是因地制宜、结合本国实际制定的融合教育环境政策法规，都以尊重、平等、接纳为核心理念，值得我们悉心了解。

学习目标

1. 了解国际、国外、国内融合教育环境政策法规的基本精神与原则。
2. 了解国际、国外、国内融合教育环境政策法规的基本内容。
3. 能依据相关政策法规解决教育教学中出现的问题。

思维导图

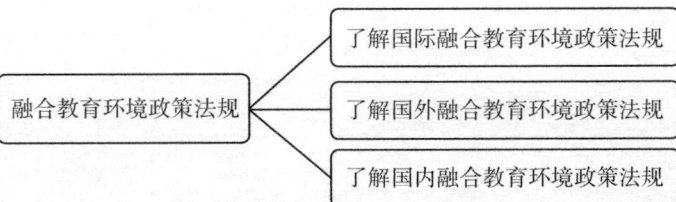

脑瘫学生的合理便利申请

脑瘫学生乔博因需要参加 2018 年 6 月的地理、生物中考，于 2018 年 5 月向厦门市考试招生委员会办公室（以下简称"厦门市招生办"）申请合理便利服务，包括"优先进入考点、考场""根据实际需要延长考试时间""必要时专人代为画图""使用平板电脑代替纸笔答题""单设考场"等。厦门市招生办做出的《考生申请合理便利结果告知书》同意为乔博提供"优先进入考点考场""根据实际需要延长考试时间"的合理便利服务，其余项未予批准。

因不满厦门市招生办做出的决定，2018 年 6 月 4 日，乔博的父母通过行政复议向厦门市教育局申请复核。2018 年 6 月 21 日，厦门市教育局做出《全省初中毕业考试和高中阶段各类学校升学考试残疾考生申请复核意见书》，同意"单设考场"，但拒绝提供"根据实际需要延长考试时间""必要时专人代为画图""使用平板电脑代替纸笔答题"的合理便利。

因不服厦门市教育局的复核决议，乔博的父母以乔博为原告，通过行政诉讼将厦门市教育局告上法庭。2018 年 10 月 9 日，案件开庭审理，一审结果为乔博胜诉。一审判决书于 2019 年 2 月 20 日下达，法院确认厦门市教育局做出的《全省初中毕业考试和高中阶段各类学校升学考试残疾考生申请复核意见书》违法，且厦门市招生办在审查过程中并未组织专家组对乔博进行综合评估形成书面评估报告，违反了相关规定，厦门市教育局作为复核机关，对此也未予以纠正。尽管乔博胜诉，但此时其申请的考试早已结束。[①]

从该案例中，你获得了哪些信息？该生的合理便利要求是否符合政策规定？教育局的做法是否合适？为什么？

---

① 缪泽琳．残疾学生合理便利的司法救济：基于脑瘫学生起诉厦门市教育局的分析[J]．绥化学院学报，2019(10)：7-11.

► 任务一
了解国际融合教育环境政策法规

一、国际融合教育环境政策法规概述

融合教育因蕴含着平等、接纳、包容的观念，经过各国教育者的传播与支持，成为世界各国教育领域共同的价值取向。在这个过程中，国际组织如联合国教科文组织和联合国儿童基金会等，在制定融合教育相关政策法规、宣传融合教育理念、推动融合教育发展上扮演了重要角色。梳理多份国际融合教育政策文件可以发现，政策目标实现了从"普及宣扬融合教育理念"到"开展融合教育实践、提升融合教育质量"的转变，而融合教育环境的创设一直是融合教育政策关注的重要议题。对融合教育环境创设的关注，不仅在多份国际融合教育政策中有所体现，而且呈现出从关注融合教育心理环境，到兼顾融合教育心理环境与融合教育物理环境的发展脉络。国际融合教育环境政策法规及主要内容见表 2-1-1。

表 2-1-1　国际融合教育环境政策法规主要内容（节选部分）

颁布时间	政策法规名称	主要内容
1994 年	《萨拉曼卡宣言》	融合教育心理环境创设：聚焦融合文化。
1994 年	《特殊需要教育行动纲领》	融合教育心理环境创设：聚焦融合文化、课程教学的融合。
2006 年	《残疾人权利公约》	融合教育心理环境创设、融合教育物理环境创设：消除歧视与物理环境障碍。
2013 年	《马拉喀什条约》	保障阅读障碍者平等欣赏作品和接受教育。
2015 年	《仁川宣言》《教育 2030 行动框架》	融合教育心理环境创设、融合教育物理环境创设：以通用设计为基础。
2019 年	《卡利承诺：教育中的公平和包容》	融合教育心理环境创设：聚焦融合文化、课程教学的融合。

（一）《萨拉曼卡宣言》

1994 年，联合国教科文组织在西班牙萨拉曼卡市召开世界特殊教育大会。会议通过了《萨拉曼卡宣言》(以下简称《宣言》)和《特殊需要教育行动纲领》两份政策文件，代表着与会的国家政府、国际组织机构以及非政府组织对融合教育的共识。《宣言》正式确立了"融合教育"概念，重视构建友好、接纳的融合教育心理环境，以助力每一名特殊儿童平等享有进入普通学校就读的受教育权。《宣言》声明：教育制度的设计和教育计划的实施应该考虑到每一名儿童的特性和需要上的广泛差异。这表明不管是学校教育制度的建构，还是教育教学计划的确立，都应当坚持儿童本位，以不同儿童广泛的特性和需要为中心。为达成这一目标，学校需要从自身出发，实现学校教育制度和学校文化的变革。20世纪90年代，美国在教育改革中提出"学校重建"概念。为解决公立学校僵化的管理机制带来的教育质量低下、资源浪费问题，美国政府将市场竞争机制引入公立学校体系，给予家长自主选择孩子就读学校的权利①，特许学校便在这一过程中应运而生。特许学校是公办私营性质，相较于传统公立学校，其最大的变革在于不受学区内统一规章制度的约束，在课程设置、学习评价等方面具有高度灵活性。② 随后，出现了一批以特殊儿童的需要为重点设计课程的特许学校，其加大教师、学生、家长、基层管理者等利益相关者共同参与学校决策的力度，是学校通过自我重建来创设满足特殊儿童发展需要之环境的实践例证。

为保证特殊儿童在学业和生活上融入普通学校，普通学校不仅要实现教育制度与教育计划的根本性变革，还要在全校范围内创设接纳、尊重、平等、包容的融合教育心理环境。《宣言》对这一点做出如下声明，有特殊需要的儿童必须有机会进入普通学校，而这些学校应以一种能满足其特殊需要的以儿童为中心的教育思想来接纳他们。《宣言》要求各国学校拒绝基于隔离安置模式引起的对特殊儿童的歧视，强调特殊儿童应安置于普通学校接受教育，且普通学校应发展出尊重、接纳特殊儿童的融合教育态度，在全校范围内营造出融合、包容的文化氛围。

综上，作为第一份国际融合教育政策，《宣言》关于融合教育的主张凸显出教育观念的转变，如强调特殊儿童享有进入普通学校就读的权利，要求调整教育体系以适应儿童不同的需要，而非要求儿童调整自身去适应教育体系。从这一层面出发，《宣言》重视创建融合教育心理环境，强调形成全校融合文化、树立全校融合教育信念。《宣言》发布后，国际融合教育的方向得以明朗，国际融合教育有了共同发展愿景，各国政

① 项贤明.20世纪90年代以来的美国教育改革[J].比较教育研究，2003(5)：23-28.
② 赵中建.美国"学校重建"中的校本管理和特许学校：与美国学者之间的对话[J].全球教育展望，2001(6)：1-4.

府逐步开始在政策法规文件中正式将"融合教育"确定为特殊儿童接受教育的新安置模式。① 《宣言》对融合教育心理环境创设的强调主要着墨于营造接纳的态度和信念。与《宣言》一同通过的《特殊需要教育行动纲领》则对融合教育心理环境另一个重要组成部分——课堂教学的融合做出重点说明。

(二)《特殊需要教育行动纲领》

《特殊需要教育行动纲领》(以下简称《行动纲领》)为政府设立了国家一级行动的指导方针以及区域与国际两级行动的指导方针,内容涵盖国家层面的政策与组织,学校层面的行政管理、课程教学以及师资队伍建设,社区层面的社区参与、志愿者组织的参与、资源与支持服务的提供等。②

具体来讲,在学校层面的行动准则中,重点强调了从社会融合和课程教学融合这两个层级创设融合教育心理环境。在社会融合上,校风和教育工作者的态度首先被关注到。《行动纲领》指出,每一所学校都应成为对自己每一名学生的成功与失败共同负责的集体,对特殊儿童承担责任的应该是一个教育集体,而不是单个教师。创设融合教育心理环境,需要普通学校全体领导、教职工结成团体,齐心协力承担此重任,生成从上到下一体连贯的融合教育态度与文化。在这一过程中,学校领导应当发挥组织、设计、联通的重任,如《行动纲领》所言,学校领导应发展更灵活的管理措施,调整教学资源,丰富学习内容,发动同伴帮助,为有困难的学生提供支持并且与家长和社区建立密切的联系。

在课程教学融合上,强调课程、教学法、学业评估及课外活动的变革。《行动纲领》指出,普通学校的课程应适应特殊儿童的需要。但这种适应不是指设立两套分开的、截然不同的、分别面向普通儿童与特殊儿童的课程体系,而是以普通教育课程体系为基础,依据特殊儿童的特性与需要,进行调整与加强支持:应使课程适应儿童的需要,而不是使儿童的需要适应课程的设置;学校应为不同能力和不同需要的儿童提供相宜的课程机会;有特殊需要的儿童应在普通课程中得到额外的指导和支持,但不是使用不同的课程。应对有特殊需要的儿童提供连续的支持,包括普通班级中的少量帮助、学校内的额外学习辅导项目,以及专业的特殊教育教师和校外辅助人员的帮助等服务。

---

① 冯超,傅王倩,陈慧星.国际融合教育政策演进路径、特征及其启示:基于联合国组织的融合教育政策文本分析[J].中国特殊教育,2020(11):14-20.

② 昝飞.融合教育:理想与实践[M].上海:华东师范大学出版社,2015:41-50.

为保证课程教学融合的实现，培育融合教育师资成为重中之重。《行动纲领》表明，应当从教师教育、职前培训、在职教育的纵向路径培养普通教育教师的特殊需要教育素养；普通教育教师的培训中应包含能取得附加资格的特殊需要教育的专门培训。值得深思的是，《行动纲领》强调即便在普通学校中就读利于特殊儿童社会化的发展，但仍不可缺少模范残疾人的榜样作用，他们能为特殊儿童提供更多的借鉴与学习意义。如其中提到：残疾学生需要得到与成功的成年残疾者交往的机会，以便能够效仿他们。教育系统应努力招收残疾人做教师或其他教育工作，努力寻求校外残疾人参与对特殊儿童的教育。

《行动纲领》落脚"行动"二字，为各国融合教育实践提供了一份框架性的行动指南，其重视在学校中团结各类教育工作者的力量，从社会融合和课程教学融合两个方面为特殊儿童创设融合教育心理环境。

（三）《残疾人权利公约》

《宣言》作为国际融合教育的明灯，虽然设定了国际融合教育的实践目标，但缺少一定的约束力。此后的十年间，以联合国教科文组织为表率的国际组织相继制定了若干人权公约，但这些公约或是间接涉及残疾人各项权利，或是将对残疾人权利的关注蕴含在一般性的"人权"概念之下，因此无法对缔约国形成明确的法律约束。[①] 在此背景之下，2006 年 12 月 13 日，在第 61 届联合国大会上通过了《第 9 号一般性意见：残疾儿童的权利》与《残疾人权利公约》（以下简称《公约》）。这两份文件明确表明缔约国需履行《公约》中的承诺，保护残疾儿童的权利不受侵犯，对各国政府有明确的约束力：缔约国承诺采取一切适当的立法、行政和其他措施实施本公约确认的残疾人的权利。

其中，《公约》以权利集合的模式强调了残疾人在政治、社会、文化等领域享有的一切权利。在受教育权上，其明确表示残疾人享有与其他人平等的受教育权。因此，融合教育是特殊儿童接受教育的主要方式：缔约国确认残疾人享有受教育的权利，为了在机会均等和不受歧视的情况下实现这一权利，缔约国应当确保在各级教育中实行融合教育制度和终身学习。

为保证特殊儿童更好地接受融合教育，《公约》对融合教育环境的创设也做出说明。《公约》在序言部分提到：确认残疾是一个演变中的概念，残疾是伤残者和阻碍他们在与其他人平等的基础上充分和切实参与社会的各种态度和环境障碍相互作用产生的结

---

① 张爱宁. 国际法对残疾人的保护：兼评联合国《残疾人权利公约》[J]. 政法论坛，2010(4)：139-146.

果。这段话重新定义了"残疾"概念，揭示了残疾人受到的阻碍不仅来源于自身损伤，而且会受到社会大众的态度以及物理环境的影响。据此，为融合教育创设一个良好的环境，需要消除两种障碍，一是社会大众对残疾的歧视，二是外部未健全的物理环境阻碍。这两种障碍的消除，分别对应着融合教育心理环境和融合教育物理环境的创设。

1. 消除对残疾的歧视——创设融合教育心理环境

偏见与歧视是特殊儿童面对的众多障碍的根源，《公约》首先将"不歧视"规定为保护残疾人权利的基本点。[①] 其规定：缔约国承诺立即采取有效和适当的措施，以便加强整个社会，包括家庭，对残疾人的认识，促进对残疾人权利和尊严的尊重。应在各级教育系统中培养尊重残疾人权利的态度，包括从小在所有儿童中培养这种态度，确保残疾人不因残疾而被排拒于普通教育系统之外，以确保其获得融合的优质、免费初等教育和中等教育。可以看出，《公约》要求学校教育系统乃至社区环境中的所有儿童、青少年、成年人养成尊重、接纳残疾人进入普通学校就读的态度，不得出现排斥特殊儿童接受融合教育的情况。同时，《公约》重视达成课程教学层面的融合，规定普通学校应当按照有教无类的融合性目标，提供适合残疾儿童情况的支持措施。

2. 消除物理环境阻碍——创设融合教育物理环境

校园里物理环境对特殊儿童造成的阻碍，不仅是传统意义上的空间障碍，还包含着信息障碍。在融合教育物理环境的创设中，《公约》强调，应打通物理环境无障碍和信息沟通无障碍渠道。例如，缔约国应当确保，在学校环境内残疾人无障碍地进出物理环境、使用交通工具、利用信息和通信。为达成这一目标，《公约》对各缔约国应采取的具体措施做出规定：缔约国应当确保提供合理便利以满足特殊儿童的需要，应当为特殊儿童学习盲文，替代文字、辅助和替代性交流方式、手段和模式，定向行走技能等提供便利。缔约国应当聘用有资格以手语和盲文教学的教师，包括残疾教师，并对各级教育人员进行培训。

各缔约国需定期提交《履约报告》给残疾人权利委员会审核，监测履约情况。《公约》使得融合教育成为各缔约国一项接受法律约束的义务。在内容上，其对创设融合教育心理环境与物理环境的强调，促进各缔约国在各自的教育政策法规之中制定有关融合教育环境创设的政策，我国的《残疾人教育条例》便是在《公约》的影响之下出台的。

---

① 张爱宁. 国际法对残疾人的保护：兼评联合国《残疾人权利公约》[J]. 政法论坛，2010(4)：139-146.

（四）《马拉喀什条约》

《残疾人权利公约》提出的无障碍原则在其他国际政策中得到了重申。为特殊儿童创设融合教育环境，除了传统的代表着空间实体的物理环境，打通残疾人享有、接受知识与信息的渠道，也是融合教育环境创设的重要一环。

为了在国际层面消除残疾人获取作品的版权障碍，世界知识产权组织自 2004 年起推动缔结相关条约。2013 年 6 月 17 日至 28 日，世界知识产权组织在摩洛哥马拉喀什召开会议。经过激烈讨论，《关于为盲人、视力障碍者或其他印刷品阅读障碍者获得已出版作品提供便利的马拉喀什条约》（以下简称"《马拉喀什条约》"）于 2013 年 6 月 27 日通过。《马拉喀什条约》要求缔约国规定版权限制与例外，以保障视力障碍者和阅读障碍者平等欣赏作品和接受教育的权利，是世界上迄今为止唯一一部版权领域的人权条约。

《马拉喀什条约》所有的权利主张可以归结为一点：通过加强国际法律框架，为一切阅读障碍者最大范围地提供作品的无障碍格式版，使其成为无障碍信息服务的受益人。[①] 这里的作品是指文学和艺术作品，涵盖文字、符号、图示或有声读物等各类形式。所谓作品的无障碍格式版，是指采用替代方式或形式，让受益人能够使用作品，包括让受益人能够与无视力障碍或其他印刷品阅读障碍者一样切实可行、舒适地使用作品的作品版本。作品的无障碍格式版的受益人，包括盲人，有视觉缺陷、知觉缺陷或阅读障碍者，以及在其他方面因身体残疾而不能持书或翻书或者不能集中目光或移动目光正常阅读的人。

《马拉喀什条约》的特征在于其实践性。[②] 大部分国际融合教育环境政策的内容为宣示性，对如何保障相关权利的实现规定并不具体。例如，《残疾人权利公约》虽然宣告了残疾人的受教育权利，但特殊儿童在学校行使《残疾人权利公约》规定的受教育权利，如合理便利权等，难免会遇到各种各样的障碍。《马拉喀什条约》从人权的角度强调应当基于阅读障碍者的特殊需要，为其提供在原作品基础上替代或调整的无障碍格式版；又从实践的角度强调与各国著作法的变革衔接，在不损害著作者知识产权的基础上，形成残疾人平等欣赏作品和接受教育的法律保障框架。例如，《马拉喀什条约》在序言部分写道：认识到有必要在作者权利的有效保护与更大的公共利益之间，尤其

---

① 闫宇晨.《马拉喀什条约》实施背景下公共图书馆无障碍信息服务版权风险研究[J]. 残疾人研究，2022(03)：68-74.

② 郭锐.《马拉喀什条约》的人权属性及其实践意义[J]. 人权，2022(5)：129-141.

是与教育、研究和获得信息之间保持平衡，而且这种平衡必须为有效和及时地获得作品提供便利，使视力障碍或其他印刷品阅读障碍者受益。

传授知识与信息是学校教育的重要使命。从此种意义上来说，消除特殊儿童接触知识与信息的障碍，便是消除特殊儿童进入融合教育环境的障碍。2022 年 5 月 5 日，《马拉喀什条约》对我国生效，中国成为该条约的第 85 个缔约方。

（五）《仁川宣言》

2015 年 5 月，联合国教科文组织发布《仁川宣言》。这是一份涉及全民教育的总览性文件，提出在 2030 年实现新的教育愿景，即实现包容和公平的全民优质教育和终身学习。在这份文件中，融合教育的内涵超越了传统的特殊儿童范畴，转而成为全民教育的下位概念。基于全民优质教育的美好愿景，《仁川宣言》向世界各国宣告：除非所有人都达到目标，否则任何教育目标都不能被视为已经达到。我们承诺对教育政策进行必要改变，将工作重点放在最弱势者，尤其是残疾人方面，确保不落一人。

（六）《教育 2030 行动框架》

2015 年 11 月，联合国教科文组织在巴黎通过了《教育 2030 行动框架》，其中有两个可持续发展目标与创设融合教育环境相关。第一个目标是，到 2030 年，确保残疾人平等地获得各级教育和职业培训。这里的"平等"，要求在准入、参与、完成和学习结果方面消除对特殊儿童所有形式的排斥、边缘化、不公正的差异性、脆弱性和不平等。第二个目标是建立和改善兼顾儿童、残疾和性别平等的教育设施，为所有人提供包容和有效的学习环境。

得益于全民教育的需要，《教育 2030 行动框架》对融合教育环境的创设不仅要求适应特殊儿童的特性与需求，同时兼顾其他处境不利的弱势群体，最终打造一个以通用设计为基础的融合性教育环境。《教育 2030 行动框架》表示，应当满足对健全的有形基础设施和安全、包容的环境的需求。不论学习者的背景或残疾状况如何，这样的设施和环境都可以促进全民学习。此外，《教育 2030 行动框架》对融合教育师资培训提出进一步的要求，它表明，需要向教师提供信息与通信技术支持以保障教师在课堂上的胜任力。让教师具备管理信息与通信技术和社会网络的适当技术技能，培训教师如何应对有特殊教育需求的学生的挑战。

相比《公约》，《教育 2030 行动框架》对创设融合教育环境的政策规定不够具化，操作性较弱。但是《教育 2030 行动框架》将融合教育概念推向全民教育的范畴，尤为强调通用设计在融合教育环境创设中的应用。

（七）《卡利承诺：教育中的公平和包容》

2019年，为纪念《宣言》发布25周年，在哥伦比亚卡利市召开"教育中的包容和公平国际论坛"，发布《卡利承诺：教育中的公平和包容》（以下简称《卡利承诺》），呼吁世界各国加快推进融合教育实践。《卡利承诺》进一步指明，"融合教育"和"教育公平"理念相通，两者均以每个学习者都很重要且同样重要为核心，以"尊重和重视多样性，消除教育中存在的以及通过教育实施的一切形式的歧视"为基本原则。基于此认知，《卡利承诺》在学校融合教育心理环境的创设上提出了具体的策略。第一，注重营造全校融合教育文化氛围，强调要让所有学生都得到认可、尊重与被接纳，他们的个性应受到重视，他们的声音能够被听到，他们受到欢迎，他们有机会与同龄人一起参与一切，并且没有任何区别。第二，通过多种手段实现课程教学层面的融合：开设包含文化、艺术和体育，适应文化与语言多样性的课程，营造安全、欢迎、没有任何形式的暴力的学习环境，向所有学习者开放信息技术在教育中的融合与应用。

综上，自1994年以来，联合国教科文组织、联合国儿童基金会等国际组织一直通过组织召开国际会议的方式，加强全球、区域和国家间的融合教育利益相关者对话，出台国际融合教育政策法规。在多份国际融合教育政策法规中，创设融合教育环境是其重要目标与命题。

这些国际政策法规各有侧重，如：《萨拉曼卡宣言》强调特殊儿童接受教育的起点公平，文本中涉及学校融合教育态度或文化的内容占比最多；《特殊需要教育行动纲领》则着手建构融合教育环境的具体措施，强调贯穿学校组织文化、学校教育制度、课程教学、师资培训等方面的融合教育环境创设；《残疾人权利公约》以其法律约束力，督促各缔约国消除社会大众、学校中对残疾人的歧视，通过无障碍设施的建构消除环境障碍；《马拉喀什条约》从消除作品版权障碍的角度保障特殊儿童平等享有作品与接受教育；《仁川宣言》《教育2030行动框架》强调为包括特殊儿童在内的所有处境不利儿童创设安全、包容的融合教育环境；《卡利承诺：教育中的公平和包容》以差异性公平为价值取向，关注为每一个儿童提供最适合他们的教育计划与课程。早期的国际融合教育政策以宣言形式为主，多强调为各国开展融合教育创设良好的氛围。随着融合教育理念的更新与发展，国际融合教育政策法规开始关注融合教育实践，注重融合教育质量的提升，因此，逐步从促进各国立法、建立无障碍环境设施、提供合理便利、深耕课堂融合、培养融合教育师资多方面，出台行动准则，为各国创设利于融合教育发展的环境提供指导。

二、国际融合教育环境政策法规的基本原则

(一)通用设计原则

通用设计是一种广泛适用的设计理念,在考虑产品或建筑设计的使用对象时不局限于残疾人,也考虑到老人、儿童等普通群体。即在产品、环境或建筑设计之初就以"全体大众"为出发点,考虑到所有人,无论其身体状况、年龄、障碍程度,让设计的产品、环境、空间能适合所有人的需要。① 通用设计不是要在产品设计中强加上某些东西,而是提醒设计师考虑产品的广泛适用性,关注所有使用者的潜在需求。这一理念最早出现在建筑领域,而后被《公约》吸纳,越来越广泛地被应用于融合教育之中。《公约》指出,通用设计是指尽最大可能让所有人可以使用,无须做出调整或特别设计的产品、环境、方案和服务设计。通用设计不排除在必要时为某些残疾人群体提供辅助用具。同时《公约》给缔约国规定了研究和开发通用设计的义务,要求缔约国"尽最大可能"从事或促进研究和开发"所有人都可以使用"的通用设计的货物、服务、设备和设施,以便仅需尽可能小的调整和最低的费用即可满足残疾人的具体需要,促进这些货物、服务、设备和设施的提供和使用,并在拟订标准和导则方面提倡通用设计。通用设计的突出特点,在于它在满足多样化群体需要的同时将这种体现差异的需求视为正常,而非异常或另类需求。② 通用设计在一定程度上能减轻对残疾人的社会歧视,它不像辅助产品或设施那样人为地将残疾人与普通人区分开来,不会突出残疾人某方面的残疾和衰弱③,而是强调所有人共同使用,使所有人受益。例如:进出口处的坡道,不仅方便了坐轮椅的人,也方便了拉行李箱的人;楼梯上的防滑条及扶手亦兼顾了所有人群的需要;等等。

(二)无障碍原则

反对歧视并创设接纳的环境是《宣言》的五项原则之一;《公约》在序言处便将无障碍原则作为其基本原则,在第二十二条明确指出"确认无障碍的物质、社会、经济和文化环境、医疗卫生和教育以及信息和交流,对残疾人能够充分享有一切人权和基本自由至关重要"。从某种意义上讲,为特殊儿童创设融合教育环境,便是创设无障碍环

---

① 李斌,万莉君. 从无障碍设计迈向通用设计[J]. 包装工程,2007(8):186-188,225.
② 邓猛,赵勇帅,王红霞. 融合教育课程与教学[M]. 北京:北京师范大学出版社,2021:73.
③ 何灿群. 通用设计的理念与方法探析[J]. 包装工程,2007(2):119-121.

境。根据保障特殊儿童实现融合所需的环境类别，可将无障碍环境分为物理环境无障碍、信息交流无障碍、文化环境无障碍三个层级。

1. 物理环境无障碍

物理环境无障碍是无障碍环境建设的前提，校园物理空间的无障碍应当遵循"最少受限制原则"，最大限度提高校园道路、建筑、物品等的便利程度，为特殊儿童提供便利的学习和生活环境。

《公约》将无障碍原则单独以第九条的形式呈现出来，指明各缔约国应当"采取适当措施，确保残疾人在与其他人平等的基础上，无障碍地进出物质环境，利用信息和通信，包括信息和通信技术和系统"。在校园物理环境中，其"建筑、道路、交通和其他室内外设施"应当遵循"最少受限制原则"，做好无障碍建设工作。例如，在各处设置无障碍指示牌，修建空间宽大的无障碍厕所，为各处道路铺设专用盲道等。在建设无障碍物理环境时，学校应采取因地制宜的策略，完善校园内道路、楼梯、厕所、食堂、教室等地方的无障碍设施建设，为校内的每个人提供便利的物理环境。

2. 信息交流无障碍

信息交流无障碍也是无障碍环境建设的目标之一。所谓信息交流无障碍，即指公共传媒应使特殊儿童，包括听觉障碍、视觉障碍、言语障碍的儿童无障碍地获取信息、进行交流。20 世纪 90 年代之前，无障碍环境建设主要集中在物理环境层面，20 世纪 90 年代以来，随着信息技术的迅速发展，信息交流无障碍的理念应运而生。从狭义上来看，信息交流无障碍主要指信息技术软件本身的无障碍设计。例如，公共网页内容的无障碍设计，以使信息技术和网络为更多人所利用。广义上的信息交流无障碍是指实现任何人群在获取信息时的便利性与低成本性。

《公约》第九条中便有"促进向残疾人提供其他适当形式的协助和支助，以确保残疾人获得信息"，"促使残疾人有机会使用新的信息和通信技术和系统，包括因特网"，"促进在早期阶段设计、开发、生产、推行无障碍信息和通信技术和系统，以便能以最低成本使这些技术和系统无障碍"等规定。21 世纪以来，残障人士获取信息、便利使用信息交流工具和技术等的无障碍也成了融合教育环境建设中的一项重要内容。今日学校，大量学习资源或社会活动资源都会依附于信息技术，丰富多元的数字学习资源向学生免费开放。若不考虑信息交流无障碍建设，特殊儿童便不能享有与普通儿童相等的学习机会，将特殊儿童拒之门外，是融合教育环境创设中的一层隔阂。

《公约》第二条中，对"交流"一词做出如下定义："'交流'包括语言、字幕、盲文、触觉交流、大字本、无障碍多媒体以及书面语言、听力语言、浅白语言、朗读员和辅助或替代性交流方式、手段和模式，包括无障碍信息和通信技术。"可见，残障人士的交流便利表现在多个交流层次、多种交流渠道，只有实现全方位交流便利的覆盖，才能达成残障人士信息交流无障碍这一目标。在校园环境中，图书馆建设、实验室建设、信息化生活和学习环境优化是信息交流无障碍建设的重点。各类特殊儿童应能平等、顺畅地获取各类信息资源，平等地参与学校学习与生活。例如：学校图书馆应为视障学生提供大字号的书籍或有声书籍，电子阅览室及机房应配备语音读屏软件；配有耳机的场所应为听障学生提供可以连接视听播放设施与学生助听器或电子耳蜗的设备；校园内张贴的各类公告应兼顾视障学生的阅读需要；校内教育教学网页或平台应进行无障碍改建，增加相关插件；校内大型活动场所应提供音频转文字的转换系统；等等。

3. 文化环境无障碍

学校作为文化传播与继承的场所，建设浓厚的校园融合文化氛围是学校环境建设的重要一环。在融合教育背景下，学校应致力于建设尊重、接纳的融合教育文化，包括培养融合性的学校领导者、教师、学生以及形成消除歧视的学校价值观等。物理环境和信息交流的无障碍是创设融合教育环境的基础，而创设融合教育环境的根本在于文化环境无障碍，即形成尊重、接纳的文化氛围和心理意识。

《宣言》提出："有特殊教育需要的儿童必须有机会进入普通学校，而这些学校应以一种能满足其特殊需要的儿童中心教育学思想接纳他们"，"以全纳性为导向的普通学校是反对歧视态度，创造受人欢迎的社区，建立全纳性社会以及实现全民教育的最有效途径"。反对歧视并创立平等接纳的文化环境是《宣言》的五项原则之一，也是国际上对融合教育发展的必然要求。《公约》的第三条规定了公约的基本原则，分别为"不歧视""尊重固有尊严和个人自主""充分和切实地参与和融入社会""尊重差异，接受残疾人是人的多样性的一部分和人类的一分子"。可见，融合教育背景下，国际政策将学生的自我发展、被尊重、被认可作为重点，表明这些国际政策强调教育事关人的发展，教育政策的制定应关注人本质的、内在的、有尊严的发展。

在校园中，学校要善于营造无障碍的校园文化，应在教职工、普通学生以及家长中广泛开展尊重生命、接纳差异、促进健康的教育，使普通学生了解无障碍环境相关知识、身心障碍类别与特点，消除对特殊儿童的歧视和偏见，营造和谐、关爱和支持的无障碍文化环境。

4. 无障碍监管措施

为保障融合教育环境建设的质量、实现长远发展，关于无障碍建设的前期规划、培训和后期监管、反馈措施也十分重要。《公约》第九条规定：在进行无障碍建设之前，应"拟订和公布无障碍使用向公众开放或提供的设施和服务的最低标准和导则，并监测其实施情况"，并且就"残疾人面临的无障碍问题向各有关方面提供相应培训"。制定无障碍建设质量标准和监测体系，是预先保障、同步评估、巩固增强无障碍建设的重要措施。

(三)合理便利原则

"合理便利"是指根据具体需要、在不造成过度或不当负担的情况下，进行必要和适当的修改和调整，以确保残疾人在与其他人平等的基础上享有或行使基本自由和一切人权。教育领域是为残障人士提供合理便利的重要领域，《公约》规定："各缔约国应在各级教育中提供合理便利以满足个人的需要"，"按照有教无类的包容性目标，在最有利于发展学习和社交能力的环境中，提供适合个人情况的有效支助措施"，"缔约国应当使残疾人能够学习生活和社交技能，并为其提供便利"，包括"为特殊学生学习盲文、手语等辅助性和替代性语言和行动与定向等技能提供便利"以及"为残疾人之间的相互支持和指导提供便利"。由此可见，合理便利在《公约》中的定义范围从消除物理障碍扩大到与残障人士密切相关的各个领域，为保障其一切、贯穿其一生的方方面面提供合理便利，其最终目标是保证残障人士与其他人一样平等享有一切人权和自由，彰显人权精神。

在校园融合教育环境建设之中，合理便利实践也十分重要。例如，在考试之中，需保障特殊儿童的考试合理便利，尤其是普通学校招生考试合理便利，其与教育机会均等、教育公平理念等息息相关。在我国高考的具体实践中，也有给残疾考生提供盲文试卷、免除外语听力考试、适当延长考试时间等几种合理便利措施。此外，《公约》还明确规定拒绝提供合理便利即构成对残疾人的歧视，加大了对残疾人合理便利的法律保障力度。

作业 ┈┈▶

一、单项选择题

1. 下列哪一个政策文件中首次正式提出融合教育概念？（　　　）

A.《萨拉曼卡宣言》　　　　B.《残疾人权利公约》

C.《特殊需要教育行动纲领》　　D.《卡利承诺：教育中的公平和包容》

2. 根据本任务的内容，国际融合教育环境政策法规所体现的主要基本原则有哪些？（　　　）

A. 通用设计原则　　　　　B. 无障碍原则

C. 合理便利原则　　　　　D. 以上都是

二、简答题

1. 简述《萨拉曼卡宣言》中关于融合教育环境的主要理念。

2. 简述《残疾人权利公约》为创设融合教育环境提出的具体要求。

3. 请搜索并阅读相关资料，谈谈国际融合教育环境政策法规的演变特征。

▶ 任务二
了解国外融合教育环境政策法规

世界各国融合教育发展进程各不相同，但从其发展历程来看，融合教育相关政策法规的出台是其发展强有力的保障。各国虽无专门的融合教育环境立法，但从融合教育相关政策法规中也能窥见融合教育环境创设的相关要求和措施。融合教育环境政策法规涉及残障人士生活的诸多领域，除残疾人公共教育相关政策法规外，还涉及交通、建筑、信息等方面的政策法规内容。本任务按融合教育环境作为残障人士权利的法律和对利用设施（包括建筑物和交通设施等）规定的无障碍环境的法规，并辅之以无障碍环境行业标准，对美国、英国和加拿大的融合环境政策法规进行梳理。

一、美国的相关政策法规

（一）美国融合教育环境相关政策法规

1954年5月，美国最高法院对布朗诉托皮卡教育委员会一案裁定，在公共教育领域，分而治之的教育体系是不平等的，隔离教育本质上是不平等的。此后，融合教育开始在美国兴起。美国在1966年设立残障儿童教育司，专门负责特殊儿童教育规划和具体安排；1972年修正《开端计划》，要求幼儿园给特殊儿童提供10％的招生名额，这是美国最早让普通儿童与特殊儿童融合的安置方式。

时至今日，融合教育历经几十年的发展，依然是美国教育改革的热点与重点。为推进融合教育更好发展，美国颁布了一系列政策法规，如《残疾人教育法案》《康复法案》《所有残疾儿童教育法》等，为构建融合教育环境，保证每个学生享有平等的受教育权提供了重要保证。

1.《残疾人教育法案》

20 世纪 60 年代，在美国社会各界维护公民权利的人士的努力下，虽然特殊儿童教育权逐步得到认可，相关立法逐渐增多，特殊儿童教育得到改观，但实际状况仍不乐观。根据美国教育部的资料，在 1970 年，部分州仍存在拒绝特殊儿童入读公立学校的法律。许多特殊儿童被送进社会收容机构，而他们的教育被忽视了，只有五分之一的特殊儿童接受教育。但自从特殊儿童的父母们说服国会实施《残疾人教育法案》以来，该法案对于改变整个社会对特殊儿童的看法发挥了积极的作用。[①]

1970 年，美国通过了《中小学教育法修正案》。该法案的第六部分综合了过去有关残疾儿童教育的法律法规，因此，又称为《残疾人教育法案》。该法案增加了发展资源中心、盲聋儿童服务中心、特殊学习障碍儿童计划。法案特别提出有关残疾儿童的权利问题，规定提供教育资金给残疾儿童，以保障残疾儿童的受教育权利。该法案为残疾儿童教育提出了许多原则，最重要的一条是让所有残疾儿童拥有免费的适合的教育，为每个残疾儿童提供广泛的、无差别的评价。该法案促使教育部门对残疾儿童进行科学合理的分类和安置，制订个别化的教育计划，保障残疾儿童平等接受教育的机会。

2.《康复法案》

1973 年《康复法案》，是美国残疾人的第一项民权法，也是美国有史以来第一次以立法形式消除对残疾人的歧视。该法案明文规定基于残疾的歧视非法，并适用于联邦机构、公立大学、联邦承包商和任何其他接受联邦资金的机构活动。每个机构都有与其对应的法规集，这些法规的共同要求包括为失能雇员提供合理的便利，程序无障碍，与有听觉或视觉障碍者进行有效沟通，以及具备可及性的新建和改造建筑。

504 条款不允许"其他方面合格的残疾学生"在任何接受联邦资助的项目或活动中受到歧视。它要求对残疾人给予合理的安置，规定接受政府补助的新建筑和相关公共设施应确保行动障碍者使用无障碍，1977 年以后配备的学校设施必须是无障碍的。该项规定不仅能保护学生不被歧视，也能保障教师、行政人员以及其他人的合法权益。联邦基金的接受者应为一名在其他方面合格的残疾人申请者或雇员的已知身体上或精神上的局限提供合理便利，除非接受者能证明这些便利会对其计划的实施带来困难。

《康复法案》第 508 条款由《劳动力投资法》修改而来，被称为 508 无障碍法案。在电子与信息技术方面，联邦政府不仅提出了无障碍要求，而且定义了技术类型的标准

---

① 尼尔森，福斯特，拉斐尔.特殊需求孩子的正面管教[M].甄颖，译，北京：北京联合出版公司，2016：7.

覆盖并提出了建立无障碍最低标准的条款。标准覆盖联邦部门电子与信息技术的全部范围，包括在通信、复制、计算机、储藏、表演、控制、运输和生产等部门的运用。

3. 《所有残疾儿童教育法》

为保障特殊儿童的教育权益，规范学校中的特殊教育，1975 年美国国会通过了《所有残疾儿童教育法》，即公法 94-142。该法案堪称美国特殊教育发展的里程碑，为特殊儿童接受平等而适当的教育提供了法律支持。法案确立了保障特殊儿童及其家长权益的 6 条基本原则：零拒绝、无歧视性评估、个别化教育、最少受限制环境、合法的程序以及家长的参与。法案要求最大限度地将特殊儿童安置在普通班级与普通儿童在一起生活和接受教育。将特殊儿童安置在普通班级里，与普通学生共同参加普通教育教学计划中的非学术性学科的学习，这段时间占其全部学习时间的一小部分；而学术性学科的教学需将普特学生分开进行。

该法案的颁布与实施，在一定程度上能保障为每个残疾儿童提供免费、适当的公共教育。该法案强调为特殊儿童提供能满足其独特需求的相关服务、协助各州和地区为所有特殊儿童提供教育和评估等内容。该法案对美国各个州的数百万残疾儿童产生了巨大的积极影响。

4. 《美国残疾人法案》

1990 年 7 月，美国国会通过了《美国残疾人法案》，即公法 101-336，布什总统称其为"世界上首个为残疾人伸张平等权利的广泛宣言"。法案规定，任何拥有、租赁或运营公共设施的人都不得因残疾歧视任何个人，应当使他们享受到充分而平等的商品、服务、设备、优惠、好处及食宿。即公共和私营实体——包括学校、商店、餐厅和酒店、图书馆和其他政府建筑，以及公共交通当局——提供"合理的便利措施"，让残疾人能够充分参与社区和国家生活。同时，法案支持具有学习困难或其他残疾的人申请一些便利，如延长考试时间、增加休息时间及考试分多天进行等。一般而言，接受公共资助的学校必须接受《美国残疾人法案》第二章的规定，接受私人资助的学校必须满足《美国残疾人法案》第三章的规定，但宗教学校，如私立的天主教大学可以排除在外。该法案一方面要求学校为所有的残疾人提供平等的受教育机会，甚至要求大学在必要时必须同等对待残疾学生和正常学生；另一方面要求学校必须满足残疾学生的特殊需要。

5. 《残疾人教育法》

1990 年 10 月，美国国会第三次修订《所有残疾儿童教育法》，布什政府将其改名为《残疾人教育法》，即公法 101-476。其中对特殊教育法的专业术语作了修订，将残疾儿童(handicapped children)改为障碍者(individuals with disabilities)。handicap 这个词代表残废,具有歧视的意味,而 disability 意为能力有所不足,是比较中性的词。另外,该法强调制定由隔离教育向融合教育的个别化转衔计划,在学习中注重引导特殊儿童从学校生活过渡到社会生活,在学校中体验来自社会的合作与竞争。学校为特殊儿童提供资源课程(特殊儿童每天必须去一次资源教室,以此得到特殊教育教师的专业帮助)、咨询课程(针对不同情况的特殊儿童,为其制定特殊的个性学习策略,为其课堂学习提供支持)、融合课程(学校组建特殊教育团队为有不同需要的特殊儿童提供个别化教育计划)等课程。

1997 年,美国国会第四次修订《所有残疾儿童教育法》,克林顿政府将其改名为《残疾人教育法修正案》,即公法 105-17,使其正式成为美国联邦法律。该法案要求改革现有的隔离的特殊教育教学模式,积极探索普通教育与特殊教育有效合作的路径。该法案规定为特殊儿童提供免费、适宜的公共教育;特殊儿童必须尽可能与非残疾的同龄人在一起,并尽可能在最少受限制的环境中接受教育,学校系统必须采取保障措施以维护这一权利。该法案旨在为残疾学生提供公平接受免费义务教育的机会,不断满足残疾学生的学习与就业需要。

6.《不让一个孩子掉队法》

为进一步提高美国基础教育质量,美国国会于 2002 年第六次重新授权《初等和中等教育法》,并将之命名为《不让一个孩子掉队法》。设定了 2014 年美国基础教育领域学生学业成绩所需达成的目标要求,建立了基于学生学业成绩的末位淘汰的绩效问责制,曾引起国际教育界的关注,被认为是里程碑式的改革。强调关注弱势学生的学业进步,并制定了相关的学业标准。联邦教育部就公立学校和私立学校提出了具体要求,评选的第一个标准中,要求申请学校至少有 40% 来自不利家庭的学生,包括低收入家庭学生、不能熟练掌握英语的学生、少数民族裔学生、移民家庭学生、残疾学生等。此外,要求提名学校必须是认真执行《残疾人教育法》的学校,确保残疾人也能接受良好的教育。

7.《障碍者教育促进法》

2004 年,布什总统签订《障碍者教育促进法》,即公法 108-446。强调特殊教育中不能区别对待语言表达和文化习惯方面存在差异的学生,并给出了相关的评价原则。同时,要求各学区要向视盲或无法使用印刷材料的特殊儿童提供他们可使用的教材版本。特殊儿童应在同龄人收到教科书的同时,以无障碍的方式接收材料。该法为了让特殊群体能够接受教育,强制性地为他们提供了教育经费。由于该法的强制性,政府不仅加大了对他们教育经费的投入，而且对相关技术支持、人员调动以及孩子和家长等项目的投入也进一步加大。

8.《改革蓝图——中小学教育法修订》

2010年，联邦教育部通过了《改革蓝图——中小学教育法修订》，致力于解决基础教育领域内的公平问题。强调为贫困学生、特殊儿童和无家可归儿童提供资助；对教学成效低的学校提供充分支持和有效干预，努力提高其学生的学业成绩。

9.《每个学生成功法》

2015年，美国颁发的《每个学生成功法》是20世纪60年代《初等和中等教育法》的第七次重新授权。《每个学生成功法》替代《不让一个孩子掉队法》，并对《不让一个孩子掉队法》不当的教育政策进行了改革。《每个学生成功法》颁布实施在很大程度上就是要削减《不让一个孩子掉队法》中过于频繁的测验和严苛的惩罚性制度，增强学校问责制度的弹性和灵活性，重申最初法案的愿景：出身不应该决定一个学生的教育质量。针对被界定为连续表现不佳的学生亚群体，《每个学生成功法》规定，学校要在学校利益相关者(包括校长和学校的其他领导、教师和家长)的合作中共同制定和实施校级的有针对性的支持和改善计划，以提高学生的成绩。假如按该计划执行若干年后，学生成绩仍未获得进步，地方教育机构有权采取额外的干预与行动，以此帮助表现不佳的学生亚群体提高成绩。此外，还提出了一个新的教育目标，即不论收入、性别、种族、语言背景和残疾状况，每一个学生都应该完成高中学业，并能够为升学或就业做好准备。

(二)美国无障碍环境相关政策法规

在推进无障碍物理设施的建设方面，美国以保证残疾人平等参与社会政治、文化生活和共享社会公用福利设施条件为原则。在美国的法律和司法实践中，针对特殊儿童学习的合理需求，政府需要构建无障碍环境，为其提供合理便利。合理便利既包括物质性便利也包括各种非物质性便利。物质性便利主要指物质方面的"修改和调整"。根据个案具体情况，物质性便利包括的内容非常广泛，环境、场所、设备、装置等调整是高度概括的表达。为残疾人提供的非物质性便利包括对通常的程序、规则、政策、标准、要求、期限等非物质性要素做出调整，或为残疾人提供人员方面的特别协助。[①]

---

① 中国人权研究会. 人权研究文集：中国人权研究会优秀研究成果[M]. 北京：五洲传播出版社，2018：190.

| 案例 |

布洛克哈特诉伊利诺伊州教育委员会案

1983年，由于未能通过低能力测验，一些残疾学生没能拿到高中毕业证书。他们提起了一份诉讼声称其已经完成了个别化教育计划，具备获取毕业证书的资格。他们认为测验在程序方面存在问题。特别是残疾学生（包括那些具有学习障碍的）可能在规定时间内完成测验方面存在困难。在其判决中，联邦法院要求学校为这些学生提供合理便利。然而，法院也认为不需要为确保因残疾而无法学习的人通过测验而对测验进行修改。[①]

在信息交流无障碍方面，在电子信息系统无障碍建设和服务方面特别值得称道的是美国公共图书馆系统。美国残疾人服务国家图书馆网络以美国国会图书馆盲人及身残人服务部为核心。它的主要功能是通过与各州和地方图书馆网络的积极合作，为盲人和身体受限残疾人服务。同时，美国设置无障碍委员会作为无障碍服务机构。其致力于开发和制定建筑环境、交通工具、电信设备以及电子信息技术等方面的标准，也为无障碍设计提供技术援助和训练。该委员会的主要职能是协调各联邦机构在无障碍建设方面的行动，并直接代表公众（尤其是残疾人）的利益。[②]

以圣哈辛托山学院为例，该校设有残疾学生项目和服务部门，由两位专职教师和部分志愿者为三个校区中的约1000名各种障碍类型的残障学生提供学习服务。当一位聋生申请课堂同步手语翻译时，该部门将从志愿者库中调出相关手语翻译人士为其进行课堂同步翻译，帮助其顺利完成课堂学习。该学院还建有各种残障学生资源教室，为其学习提供帮助。比如，为学习技能不足的学生设有学习技能资源教室，当学生在学习技能资源教室学习时，残疾学生项目和服务部门会指派专业的教师指导其提高学习技能。在圣哈辛托山学院，聋生在进行同样的课程考核时可以申请延长50%～100%的时间；盲生可以申请盲文试卷，也可以申请让一位读卷教师和一位帮助其答卷的教师协助其进行课程考核。通过这些灵活多样、不拘一格的措施，每名残障学生都可以全身心地投入学习中，也保证了学习质量。[③]

[①] 卡普兰，萨库兹. 心理测验：原理、应用和问题（英文版·原书第7版）[M]. 郑日昌，导读. 北京：机械工业出版社，2010：465.

[②] 姚建平. 美国的残疾人福利服务制度[J]. 中国民政，2015(19)：56-59.

[③] 何胜晓，单娟. 美国高校的无障碍环境支持及启示[J]. 现代特殊教育，2018(18)：77-80.

(三)美国无障碍环境行业标准

1961 年，美国国家标准协会颁布了世界上第一部"无障碍标准"——《便于肢体残疾人进入和使用的建筑设施的美国标准》。其规定建筑设计与建设的技术参数主要基于人体测量学、人体工程学和人类行为学的数据，使无障碍建设标准建立在坚实的基础上。1968 年，美国国会通过《建筑障碍法》，成为世界上最早的建筑物无障碍法，是美国公共建筑和设施的无障碍设计基本法。规定使用联邦资金设计、建造、改建或租借的建筑设施必须无障碍，包括邮局、社会保障办公室、监狱和国家公园等。该法也适用于接受联邦资助的非政府设施，如学校、公共房屋和大众运输系统。同时，美国无障碍委员会还颁布了详细的实施细则，对坡道、电梯、洗手间、饮水机、火灾报警装置和其他无障碍建筑设施提出了具体要求和标准，以便残疾人能和正常人一样出入各种场所，利用各种设施和参加各种活动。同时，残疾人在通过和使用设施时如果遇到障碍和问题可进行投诉，被投诉的部门会受到罚款处理。

1990 年，《美国残疾人法案》逐渐取代《建筑障碍法》的核心地位，其规定所有障碍者享有参与就业、公众设施、交通、政府机构和大众系统等无障碍环境的权利。《美国残疾人法案》第二章关于通过美国教育资助的公共服务歧视法，包括解决投诉和提供技术援助，以及关于国家和地方政府卫生和社会服务机构的法律和歧视投诉。美国教育部负责教育及学校的有关残疾人和无障碍事务，卫生部主要负责政府计划、社会服务或老年护理、学前教育或医疗保健计划(包括医学、牙科、护理和其他健康相关领域的学校)有关残疾人和无障碍事务。1990 年，美国制定《美国残疾人法案执行指南》指导《美国残疾人法案》的实施。例如，《建筑及设施无障碍导则》要求新建筑和对旧建筑进行改造时都要满足无障碍需求。2010 年，联邦司法部对 1990 年版《美国残疾人法案》第二章和第三章进行修订，通过了经修订的、可执行的无障碍标准，被称为"2010《美国残疾人法案》无障碍设计标准"，提出要为特殊儿童创设良好的环境，如整修无障碍通道、为行动不便的学生改装厕所、规范电梯使用标准、区分成人和儿童尺寸设计洗手池和就餐台，以及为视觉障碍学生铺设盲道、为听觉障碍学生设置可视化铃声等。

在交通无障碍方面，美国无障碍委员会与交通部及其他相关部门合作，共同制定了《美国残疾人法交通车辆无障碍细则》，从而提供了交通无障碍最低实施细则和标准。其根据不同的交通设施明确规定了最低标准。例如，对于公共汽车系统的规定包括升降辅助装置、门、台阶、门槛、内部通道、扶手、支柱、老弱病残专座标志、照明设备、售票箱、公共信息系统、公共汽车站要求、终点和路线设计等。

在信息交流无障碍方面，1998 年的《康复法修改法案》第 508 节要求所有联邦机构在开放、获得、维持或使用电子信息技术时必须遵守该法案，联邦支持的电子和信息技术必须实现无障碍化。在网页无障碍推动小组发布《网页内容无障碍规范 1.0 版》之后，美国于 2000 年 12 月重新修订并公布 508 条款。该条款就是根据《网页内容无障碍规范 1.0 版》制定的网站应该满足无障碍的要求修订的。

二、英国的相关政策法规

（一）英国融合教育环境相关政策法规

1941 年，英国教育委员会颁布绿皮书《战后教育》，以"健康和身体健康儿童的福利"为题，专章讨论有关特殊儿童的照顾和教育。该绿皮书建议，应立法做出规定，使大多数儿童在普通学校接受教育。《1944 年教育法》规定，地方教育当局有责任为每个残疾儿童提供合适的教育，轻度残疾儿童可以在普通学校接受教育。英国出现了关注残疾儿童教育的融合教育雏形。

1.《沃诺克报告》

1978 年，英国提出《沃诺克报告》，这是英国第一次全面地讨论特殊教育的相关议题。报告中提出的建议主要包括：①约有 20％的学龄儿童具有特殊需求，其中 2％的儿童正在特殊学校就读。建议计算有特殊教育需求的学生人数基准，定为学生总人数的六分之一。②在对象界定上，使用"有特殊教育需要儿童"取代"障碍儿童"，用"学习困难"界定各种学习异常或需要特殊医疗干预的儿童。③改变传统固定的安置方式，让特殊儿童可以在某些特定时间内接受所需的特殊教育。④在特殊儿童的安置上，主张融合的教育安置，也可以设立特殊教育学校。普通学校应设立资源中心等，以满足学生某些特殊需要。⑤特殊教育向学前教育和高等教育延伸。⑥由专门人员负责特殊儿童的评估，以确保特殊儿童能够获得足够且适当的服务，评估者必须受过专业训练。⑦为实施融合教育，师范教育中应设置特殊教育课程，端正师范生对特殊儿童的态度。

该报告将教育关注点从学生转移到学校，提出普通学校要招收有特殊教育需要的学生，并为其改革学校课程、提供知识和技术支持、实施特殊教育教法。报告还针对特殊教育需要评估、教师培训、家长参与等一体化教育中涉及的问题给出了具体建议。该报告标志着英国融合教育得到了进一步发展，对特殊儿童教育安置有重要的深远影响。

2.《1981 年教育法》

英国《1981 年教育法》对特殊儿童评估、家长参与、地方教育当局的责任进行了规定。①采纳《沃诺克报告》的提议，以"有特殊教育需要儿童"取代"障碍儿童"。②必须提供细致、严谨的评估以鉴定儿童的需求，并向程度较严重的儿童提供一份确认书。确认书被视为儿童接受特殊教育服务的资格保证。确认书必须包含下列内容：学生的特殊教育需求；满足学生需求的特殊教育服务；学生适合就读的学校；如果在学校以外的地方接受教育，其所需要的特别服务；其他非教育性的服务；教育官员的签名。③强调家长参与，规定家长可以参与的内容有评估工作、学生应接受的服务项目和安置措施决定、获得学生的相关信息。④地方教育当局要保证特殊儿童尽可能在普通学校就读。唯有下列三种情形，才能考虑隔离安置：非在特殊学校无法满足其教育需求；其他同学因此无法获得有效的教育；资源无法有效运用。

3.《1988 年教育改革法案》

英国《1988 年教育改革法案》的主要内容有：实施全国性课程，保留 20%～30%的教学份额由学校自由调配。原则上每个 5～16 岁的学生都要学习国家课程。除此以外，满足以下情况之一的，可作为特例：在教育部的允许下为某些特定个案或情境所做的调整，如让肢体障碍学生从事比较安全的活动；对有确认书的学生，如果为了实施确认书上的特殊教育服务，而国家课程又不合适时，可以不使用国家课程或对国家课程加以调整；对于没有确认书的有特殊教育需求的学生，也可在校长的决定下调整或暂时不用国家课程，但第一次以 6 个月为限。

4.《1993 年教育法》

《1993 年教育法》描述了普通学校中特殊教育需要的鉴定和评估，规定每所普通学校都应配置一名或多名特殊教育需要协调员，确保学校按照实施章程规定的五阶段模式进行教学；撰写个别化教育计划；向教师提供帮助；为相关人员进行培训等，满足学生的特殊教育需要。该法案从法律上明确了地方教育当局的责任，规定了学校实施章程的必要性。

5. 绿皮书与白皮书

1997 年，教育与就业部颁布的第一本白皮书《学校中的成功》指出，政府在提高教育标准上具有优先权，大力支持融合教育。组建国家咨询小组，针对如何参与到特殊教育需要中进行考察，并于同年由教育与就业部公布了题为《所有儿童的成功：满足特殊教育需要》绿皮书，再次声明要提高所有学生的教育标准，包括有特殊教育需要的学生。重新修订实施章程，特别是早期鉴别、干预和预防学习困难以及教师专业发展结构等内容。

6.《特殊教育需要和残疾人法案》

2001 年，英国颁布《特殊教育需要和残疾人法案》。它主要是为融合教育提供详细框架，要求学校公平对待有特殊教育需要的学生，保护其避免受到歧视，满足其提出的合理的教育需求。法案规定，禁止在学校和其他教育机构中对残疾学生有歧视。它也规定了类似的"合理便利"，要求中小学校、学院、大学、成人教育的提供者、法定青年服务机构和地方教育当局采取"合理便利"的手段，以确保残疾人或有特殊教育需要的人获得与非残疾人同等接受教育的机会与权利。

7.《消除成功的阻碍：特殊教育需要的政府战略》

2004 年颁布的《消除成功的阻碍：特殊教育需要的政府战略》强调，不管学生的家庭背景、身体状况和学习能力如何，都要为其消除学习障碍，提供满足其发展需求的支持，为其成年生活奠定基础。这些规定改变了英国融合教育政策着重强调满足学习困难和身体残疾的儿童、青少年的特殊教育需要，但将母语为非英语及家庭处于弱势地位的儿童、青少年排除在特殊教育需要群体之外的历史。健康、医疗等社会公共服务项目在融合教育中的开展进一步保障了特殊儿童的受教育权。该战略提出，儿童的早期干预要在融合环境下进行，要制定早期支援试验计划，即健康、教育和社会保健部门密切合作，对有特殊教育需要的儿童进行评估和干预。2015 年，《特殊教育需要实施章程：0～25 岁》对教育、健康和护理计划有了更详细的规定，要求为 0～25 岁有特殊教育需要的学生的学习与转衔提供教育、健康和护理计划。

(二)英国无障碍环境相关政策法规

1995 年，英国通过了《反歧视残疾人法案》，禁止在就业、贸易、教育等方面歧视残疾人。该法案规定，如果残障人士不能或者非常难以利用公共设施或交通设施等，设施所有者有提供合理便利的义务，需要采取调整措施以满足残疾人多元化的服务需求，否则可以对设施所有者进行诉讼。2005 年，英国对《反歧视残疾人法》进行修订，增加了强制执行和制裁措施。对设施所有者的要求做出了修改，设施所有者需要拆除、改造对残疾人来说有障碍的设施以方便残疾人，如为听障者配备耳麦，为乘坐轮椅的人设置等待区等。对不符合无障碍建设要求的经营者，有关当局负责对经营者下达整改的通知，如果整改超过期限或整改之后仍然不符合规定，国务大臣有权征收罚款，而经营者也可提出反对意见，甚至向法院提起诉讼。

2010 年，英国通过了《平等法案》。该法案编纂整理了复杂而众多的法案和法规，主要包括 1970 年的《平等薪酬法》、1975 年的《性别歧视法》、1976 年的《种族关系法》、

1995 年的《反歧视残疾人法》和三项主要法定文书，消除因宗教或信仰、性取向和年龄的差异而存在的歧视。《平等法案》明确表示学校有权对残疾学生教育进行合理调整，以使残疾学生与非残疾学生能更平等地学习。同时，学校还有许多其他职责，包括对学生的照顾义务，以及提供宗教教育或性和关系教育等课程的关键领域的职责。

　　同时，中央政府鼓励地方政府任命规划局的一名官员作为专门的督查官员，在残疾人无障碍问题上提供准确的条款。地方督查官员在残疾人与设计者和议会成员之间充当了协调者的角色。[①] 例如，英国《16 岁后教育实施细则》提供了实例：一名修读三年制学位课程的学生精神健康状况不佳，他的状况导致他在一段时间内无法听课和上交作业。这名学生与学校讨论可能提供的最适当调整。结果这名学生享有了一段和残障有关的短暂休假。学校为他安排了渐进的复课计划，由他的个人导师安排学习任务。学校的残障办公室支持他达到大学生活的其他要求。

（三）英国无障碍环境行业标准

　　在建筑无障碍方面，20 世纪 60 年代初，英国建筑师协会制定了无障碍设计指南以提供特殊福利服务的方式满足肢体残疾者的需求。1967 年，英国建筑师协会提出非强制性标准《建筑无障碍标准》和《英国标准应用守则》两个全国性的技术规范。1979 年，英国提出强制性建筑标准技术规则增订部分《残疾人无障碍》，提出公众使用的建筑物和人行道应修建残疾人使用的无障碍设施。1987 年出台《建筑规则：M 部分：残疾人通道》，要求在办公室、商店、工厂的主要楼层，教学楼及公共经营场所提供残疾人通道和设施。1992 年，英国《建筑规则 M 部分修正案》正式生效，其中增加了视觉和听觉残疾无障碍的内容。在英国大学的图书馆里，残疾人通道几乎百分之百覆盖，通道的设计也满足了方便轮椅通行的需求。甚至还有大学为残疾人开辟了单独的紧急逃生的通道，如英国伦敦大学。

　　在信息交流无障碍方面，英国《反歧视残疾人法案》提出在 2004 年强制实施遵循万维网联盟的标准，研究网络无障碍的规范、标准、检测表和无障碍技术，英国依照"e 政府互通性方案"推动信息交流无障碍。"e 政府互通性方案"是英国政府发布的一项技术政策和相关规则，其中的一个重要目的是使英国境内的政府机构之间实现交互操作和通信技术系统的连贯性。这项政策的另一个重要目的在于制定建设英国电子化政府的策略和技术标准，以帮助英国政府推进互联网信息时代的电子化进程。这一政策外化为文本形式的成果便是《英国政府网站指南》，它对英国政府网站设定了一系列的技

---

　　① 潘海啸，等 . 无障碍与城市交通[M]. 沈阳：辽宁人民出版社，2019：21.

术规范与标准。例如，网站页面尽可能简洁，使用通用的字体，尽量避免使用图片，缩短网页加载时间，并减少图片在放大时出现模糊的可能性，针对难以使用鼠标操作的人设置键盘快捷键，等等。这些规定与标准体现了从用户使用感角度出发进行网站设计，实现让用户融入网络环境中，提供用户所需要的信息和服务来满足用户的需求，进而提供普遍的网络无障碍环境。

三、加拿大的相关政策法规

(一)加拿大融合教育环境相关政策法规

加拿大宪法规定，加拿大各省有权决定本省的教育制度，颁布本省的教育法律与政策，联邦政府不单独设有全国性的教育管理机构。教育立法权为省政府所有。在诸多法案中，《加拿大人权法》《人权和自由宪章》《教育修正法案》的影响较大。

1.《加拿大人权法》

1977年，加拿大出台实施《加拿大人权法》，赋予所有人应享有平等机会的原则以实际的效力，推进公民权利和自由的实质平等。《加拿大人权法》第二条阐明立法的目的——禁止歧视，并确立了所有个体均应与其他个体一样平等地享有根据自己的愿望和能力进行生活的机会，平等地享有与其作为社会成员所应承担的义务和责任相一致的满足自身需求的机会的原则，规定不得因种族、民族、国籍、肤色、宗教信仰、年龄、性别、婚姻及家庭状况、遗传特征、残疾以及获得赦免的罪行等对个人实施歧视的政策。根据《加拿大人权法》，如果残疾人认为自己在学校受到歧视，可以向人权委员会提出申诉。人权委员会会根据情况进行调查，如果情况属实，将对涉嫌歧视的有关个人、学校或各级政府进行处罚。如果双方不接受人权委员会的决定，申诉案将移交人权法庭判决。人权申诉是免费的，有利于残疾人利用法律来保护自己的权益。

2.《人权和自由宪章》

1982年的《人权和自由宪章》是加拿大1982年宪法的主要部分，被加拿大奉为"加拿大最高法律"，具有最高法律权威，任何法律都不能与其抵触。《人权和自由宪章》明确了公民的广泛权利，规定每个人生来平等，不因种族、肤色、宗教、性别、年龄和身心残缺而受到歧视，平等地享有法律保护和合法权益，保护公民信仰、表达、生命自由、人身安全等权利。《人权和自由宪章》的第一章具体阐述了特殊教育方面的服务条款。同时，第15条指出教育系统有义务为有特殊教育需要的身心障碍儿童提供"合理便利"，但是在具体情况下什么样的"便利"是适当的要根据具体情况来确定。

《人权和自由宪章》的颁布，不仅对加拿大社会具有深刻而广泛的影响，而且对加拿大教育影响深远，被加拿大学者认为是对当代加拿大教育最有影响的政策法规。《人权和自由宪章》颁布之后，教育不仅是公民的基本义务，而且被视为公民的基本权利之一，残障个体也应充分享有平等地受教育的机会，不应受到任何理由的歧视。学校意识到特殊教育服务不是可做可不做的善举，而是重要法律的规定。各学校开始自觉地重新审视本校的教育现状与教育计划是否违背宪章所规定的"法律保护人人享有平等利益"，开始进行融合教育尝试，构建融合教育环境。

3.《教育修正法案》

在省级和地区立法和实践中，融合教育被理解为，为支持需要帮助或从额外的关注和方法中受益的学生而实施的特殊方案、服务及提供的资金和政策。1980年，加拿大安大略省颁布了《教育修正法案》（第82号法案）。该法案强调，融合教育环境的构建主要包括早期和持续的鉴定与评估、入学鉴定、安置与审查委员会的评估、父母或监督人的参与等内容。法案规定所有公立学校有责任接纳特殊儿童，学校委员会为特殊儿童提供特殊教育项目和服务。

（二）加拿大无障碍环境相关政策法规

加拿大从20世纪40年代开始就一直为保护残障人士和其他弱势群体的平等权益而努力。各省及联邦政府通过了一系列保护残障人士权益的立法，无障碍法规逐步完善，涉及残障人士社会生活的各个方面。在无障碍环境方面，从政府部门到文化、体育、娱乐等公共场所，都有方便残疾人的无障碍设施，并且标志明显。商店、码头、公路边都设有坡道，电梯内有盲文和语音提示，公共汽车可以供轮椅自由上下，停车场有专门的位置供残疾人停车，等等。①

2005年颁布的《安大略省残疾人无障碍法》强调制定和发展残疾人无障碍标准。在2025年1月1日或之前，安大略省要使残疾人能无障碍地就业或使用各种商品、服务、设施以及住房等建筑物、构筑物或处所。同时，加拿大还设立无障碍委员会推进无障碍建设。无障碍委员会是为贯彻各省、市的无障碍法规或标准而建立的促进无障碍工作的机构，是在政府或相应机构授权下工作的志愿者组织。学校和教育局的无障碍委员会通常负责校园无障碍、课程无障碍、学习无障碍和学生日常生活无障碍方面

---

① 喻洪流，等. 国际康复辅助器具产业与福利政策[M]. 南京：东南大学出版社，2015：72.

的事务。① 在安大略省，女王大学一方面遵循《安大略省残疾人无障碍法》和《安大略省建筑规范》以及《网页内容无障碍指南》等法律法规和技术标准的要求；另一方面设立了隶属于主管副校长的委员会，负责监督和推进学校无障碍环境建设的规划和实施。学校还制定了《女王大学设施无障碍设计标准》，并在校园设施新建、改建过程中加以运用。②

（三）加拿大无障碍环境行业标准

《加拿大交通与建筑环境无障碍规定》要求普遍可达性，在联邦层面实现强制性、自愿性政策工具的结合，规定和支持残疾人无障碍地进入建筑环境。一般来说，加拿大现有的建筑环境可达性的规定重点在于新建筑物以及进行重大翻新的建筑物。障碍被认定后，清除障碍要逐个进行。"建筑环境"和"不动产"用语包括室内和室外环境、设施和结构，要符合2010年《国家建筑规范》。该规范在加拿大是强制性的，其中第3.8节为无障碍设计。2012年实施的《无障碍设计插图指南》为《国家建筑规范》第3.8节的补充，学校不动产和建筑环境同样要遵循此规定。

2006年11月，《加拿大不动产无障碍标准》正式生效，其建立在《加拿大人权法》的基础上，防止在大众常用的商品、服务、设施或住宿房间方面造成歧视，防止因个体不利产生歧视。《加拿大不动产无障碍标准》强调管理人员起码应提供进入和使用入口处、载人电梯、公共地方、联邦工作区、内门和走廊、洗手间、公用电话、无障碍停车场等设施的方便。

《加拿大无障碍信息与沟通规范》要求在2025年，实现对残疾人的全方位"信息与沟通无障碍"。建立"信息与沟通无障碍"有助于促进"通用设计"的发展，其对于各个社会机构的要求如下：一是在考虑对方的残障弱点的基础上，以合适的方式与之交流；二是结合事态的紧急状况，要给残障人士充分的时间来理解、回应和使用信息；三是提供同等质量（新鲜、完整、准确）的信息，充裕的时间和空间给残障人士。联邦政府部门和公共机构网站必须遵守万维网联盟发布的《网站内容无障碍指南2.0》。

从美国、英国、加拿大等国家融合环境政策法规发展历程来看，融合教育环境政策法规的关注点由保障特殊儿童受教育权到提升特殊儿童的教育质量。融合教育环境的发展得益于对特殊儿童权利的保护，同时也需要各行业无障碍意识和无障碍标准的发展，使特殊儿童在最少受限制的环境中，在无障碍环境中接受个别化教育、支持服务和适宜的教育。

---

① 郑俭.加拿大残疾人辅助技术保障中的法规政策与政府的作用[J].中国康复理论与实践，2011(6)：589-591.
② 邵磊，等.无障碍与校园环境[M].沈阳：辽宁人民出版社，2019：33-34.

简答题

1. 说一说美国融合教育环境相关政策法规的内容。
2. 说一说英国融合教育环境相关政策法规给你的启示。
3. 说一说加拿大融合教育环境相关政策法规的内容。

▶ 任务三
了解国内融合教育环境政策法规

一、内地(大陆)融合教育环境政策法规

20 世纪 90 年代以来，内地(大陆)陆续出台了多份融合教育政策法规文件，对创设融合教育环境有所涉及。本任务根据项目一融合教育环境的定义，从融合教育物理环境与融合教育心理环境两个维度对内地(大陆)融合教育政策法规进行梳理，具体见表 2-3-1。通过梳理发现，内地(大陆)融合教育物理环境相关政策法规要求主要集中在为学生提供无障碍设施、资源教室、辅助器具等方面，融合教育心理环境相关政策法规要求主要集中在营造良好的校风、班风，合理调整课程设置、教材、教学方法及评价方法等方面。

表 2-3-1　内地（大陆）融合教育环境政策法规及主要内容

政策法规	融合教育物理环境方面的主要内容	融合教育心理环境方面的主要内容
1994 年《关于开展残疾儿童少年随班就读工作的试行办法》	设立辅导室，配备助视器、助听器等辅助用具。	良好的校风和班风，弹性选择教材、课程内容和教学方法以及评价方式。
2008 年《中华人民共和国残疾人保障法》	提供特殊教育的机构应当具备适合残疾人学习、康复、生活特点的场所和设施。	适度的课程设置、教材、教学方法。
2012 年《无障碍环境建设条例》	无障碍设施建设；无障碍信息交流；无障碍社区服务。	—

政策法规	融合教育物理环境方面的主要内容	融合教育心理环境方面的主要内容
2014 年《特殊教育提升计划(2014—2016 年)》	加强特殊教育资源教室和无障碍设施的建设。	探索建立特殊教育学校与普通学校定期举行交流活动的制度;改革教育教学方法;加强个别化教育,增强教育的针对性与有效性;健全课程教材体系等。
2016 年《普通学校特殊教育资源教室建设指南》	资源教室场地、环境、区域设置、配备目录等。	—
2017 年《第二期特殊教育提升计划(2017—2020 年)》	加强特殊教育资源教室和无障碍设施建设;普通高等学校积极招收符合录取标准的残疾考生,进行必要的无障碍环境改造,给予残疾学生学业、生活上的支持和帮助;加强特殊教育信息化建设和应用,重视教具、学具和康复辅助器具的开发与应用;加强特殊教育学校图书配备等。	营造关心和支持特殊教育的氛围,宣传实施特殊教育提升计划的重要意义,宣传特殊教育改革发展成就和优秀残疾人典型事迹,引导学生和家长充分认识特殊教育对促进残疾人成长成才和终身发展的重要作用。动员社会各界采用多种形式扶残助学,提供志愿服务,形成关心和支持特殊教育的良好氛围。推进差异教学和个别化教学,增强教育教学的针对性。开展书香校园活动,培养残疾儿童良好阅读习惯等。
2017 年《残疾人教育条例》	优先在部分普通学校建立资源教室,推进学校无障碍校园环境建设等。	对残疾学生的学习要求要适度弹性、提供考试必要支持条件和合理便利。
2020 年《关于加强残疾儿童少年义务教育阶段随班就读工作的指导意见》	加强资源教室建设,发挥资源中心的作用。	注重课程调适;完善残疾学生评价制度;加强校园文化建设等。
2021 年《"十四五"特殊教育发展提升行动计划》	加强特殊教育资源教室和无障碍设施建设;支持特殊教育学校和普通学校资源教室配备满足残疾学生需求的教育教学、康复训练等仪器设备和图书等。	创设融合教育环境,推动残疾儿童和普通儿童融合。

续表

政策法规	融合教育物理环境 方面的主要内容	融合教育心理环境 方面的主要内容
2023 年《中华人民共和国 无障碍环境建设法》	提高无障碍设施建设和改造 要求; 丰富无障碍信息交流; 扩展无障碍社会服务范围。	设保障措施和监督管理专章。

(一)《关于开展残疾儿童少年随班就读工作的试行办法》

1994 年 7 月，内地(大陆)颁布了《关于开展残疾儿童少年随班就读工作的试行办法》，探索具有我国特色的融合教育实践模式。该文件在随班就读管理、教学、教学对象和师资培养等方面做出了明确规定，是各地开展随班就读工作的重要依据。其中，在教学方面的规定充分体现出了融合教育物理环境和融合教育心理环境建设要求。在融合教育物理环境上规定，"有条件的乡镇中心小学或随班就读残疾学生人数较多的学校要逐步设立辅导室，配备必要的教具、学具、康复训练设备和图书资料"。在融合教育心理环境上规定："逐步形成普通学生与残疾学生互相关心、互相帮助的良好校风和班风。"教师可根据学生的实际情况弹性选择教材、课程内容和教学方法，要运用多种方式从多方面(思想品德、文化知识、缺陷矫正和补偿以及社会适应能力)来考核评估残疾学生的学习情况和能力。

(二)《中华人民共和国残疾人保障法》

1990 年出台了《中华人民共和国残疾人保障法》，是内地(大陆)第一部残疾人保障专门法，明确规定要保障残疾儿童的教育权益。2008 年，对该法予以修订。此次修订为残疾人享有平等的教育权提供了更加有力的保障，重点强调为随班就读残疾学生提供学习便利和帮助。例如，第二十三条规定："残疾人教育应当根据残疾人的身心特性和需要，按照下列要求实施：(一)在进行思想教育、文化教育的同时，加强身心补偿和职业教育；(二)依据残疾类别和接受能力，采取普通教育方式或者特殊教育方式；(三)特殊教育的课程设置、教材、教学方法、入学和在校年龄，可以有适度弹性。"第二十六条明确指出："提供特殊教育的机构应当具备适合残疾人学习、康复、生活特点的场所和设施。"2018 年，对该法进行了修正。

(三)《无障碍环境建设条例》

内地(大陆)无障碍环境建设从 20 世纪 80 年代起步，2012 年《无障碍环境建设条例》颁布实施，为包括残疾人、老年人在内的全体社会成员参与融入社会生活、共享改革发展成果起到了重要作用，展示了我国经济社会发展和人权保障的成就。校园无障碍环境是特殊儿童进入普通学校随班就读的前提与基础。随着教育改革走向深入，学校无障碍环境建设与改造如火如荼地进行。《无障碍环境建设条例》对无障碍环境的定义、范围、建设标准进行了具体规定，是各级各类学校无障碍环境建设的指南。其中，无障碍环境建设是指，"为便于残疾人等社会成员自主安全地通行道路、出入相关建筑物、搭乘公共交通工具、交流信息、获得社区服务所进行的建设活动"。《无障碍环境建设条例》将无障碍环境建设分为无障碍设施建设、无障碍信息交流和无障碍社区服务三个部分，其中前面两个部分对学校无障碍环境建设提供了建设性意见，具体表现为：在无障碍设施建设上，规定县级以上人民政府应当优先推进特殊教育、康复等机构进行无障碍设施改造；公共交通工具应当达到无障碍设施的要求等。在无障碍信息交流上，规定"国家举办的升学考试、职业资格考试和任职考试，有视力残疾人参加的，应当为视力残疾人提供盲文试卷、电子试卷，或者由工作人员予以协助"，"举办听力残疾人集中参加的公共活动，举办单位应当提供字幕或者手语服务"。这些规定对校园无障碍环境建设与改造具有重要作用。除此之外，为了提高无障碍社区服务水平，《无障碍环境建设条例》第二十七条至第三十条作了以下规定：一是社区公共服务设施应当逐步完善无障碍服务功能；二是地方各级人民政府应当逐步完善报警、医疗急救等紧急呼叫系统，方便残疾人等社会成员报警、呼救；三是对需要进行无障碍设施改造的家庭，县级以上地方人民政府可以给予适当补助；四是组织选举的部门应当为残疾人参加选举提供便利，为视力残疾人提供盲文选票。在某种程度上，学校也是一个社区，学校生活也包含社区生活的各种要素。《无障碍环境建设条例》中有关无障碍社区服务建设的具体规定，为学校融合教育环境建设提供了借鉴。学校要为残疾学生参与学校与班级事务管理提供合理便利，培养残疾学生的主人翁意识，增强其学校与班级归属感。

进入 21 世纪后，内地（大陆）无障碍环境建设虽取得了巨大进展，但总体来看，无障碍环境建设整体水平与经济社会发展成就尚不匹配，需要制定一部专门法律，对无障碍环境建设进行集中规范。2022 年 10 月 27 日，《中华人民共和国无障碍环境建设法（草案）》提请第十三届全国人大常委会第三十七次会议初次审议。2023 年 6 月 28日，十四届全国人大常委会第三次会议表决通过《中华人民共和国无障碍环境建设法》，自 2023 年 9 月 1 日起施行。制定《中华人民共和国无障碍环境建设法》是保障残疾人与老年人权益、推动人权事业发展进步的内在要求，是提升无障碍环境建设质量、提高人民生活品质的有力保障。《中华人民共和国无障碍环境建设法》是内地（大陆）第一部无障碍环境建设的专门法律，是对《无障碍环境建设条例》的丰富和发展，将《无障碍环境建设条例》中经实践证明行之有效的规定上升为法律并予以充实，在内地（大陆）法治建设和社会治理中具有里程碑意义。

《中华人民共和国无障碍环境建设法》扩展了受益人群范围，在保障残疾人、老年人的基础上更好地惠及全体社会成员。同时，为在实践中准确把握无障碍环境的受益对象，《中华人民共和国无障碍环境建设法》提出了"残疾人、老年人之外的其他人有无障碍需求的，可以享受无障碍环境便利"。对无障碍设施建设和改造提出了更高要求，明确了工程建设、设计、施工、监理、审查、验收备案各单位的相应职责，要求地方政府制定对不符合强制性标准的既有设施进行无障碍改造的计划并组织实施。《无障碍环境建设条例》偏重于无障碍环境的建设和改造，强调无障碍环境建设目标是为残障人的出行与生活带来更多的便利和安全，着重点是物理环境本身的便利性和安全性。《中华人民共和国无障碍环境建设法》进一步丰富了无障碍信息交流内容，要求政府及其有关部门在提供公共信息、发布突发事件信息时应采取无障碍方式；强化影视节目、图书报刊、网络应用、硬件终端、电信业务、公共图书馆等提供无障碍信息的要求；鼓励药品等商品外部包装配置无障碍说明书，并对国家通用手语和通用盲文的推广使用作出要求。《中华人民共和国无障碍环境建设法》扩展了无障碍社会服务范围，明确了根据残疾人、老年人的特点，保留现场指导、人工办理等传统服务方式。此外，《中华人民共和国无障碍环境建设法》还设"保障措施"和"监督管理"专章。在保障措施专章中，对无障碍环境理念宣传教育、无障碍环境标准体系建设作出规定。规定将无障碍环境建设情况作为文明城市、文明村镇等创建活动的重要内容。在"监督管理"专章中，对政府及其有关部门的监督检查、考核评价、委托第三方评估、信息公示、投诉举报处理答复等相关工作机制作出规定。明确有关组织和个人有权对无障碍环境建设进行监督以及对违法行为进行投诉和举报。

（四）特殊教育提升计划

2014 年至今，为了进一步提升特殊教育质量，积极推进普特融合发展，教育部等七部门制定了三期特殊教育提升计划，分别为 2014 年的《特殊教育提升计划（2014—2016 年）》、2017 年的《第二期特殊教育提升计划（2017—2020 年）》和 2021 年的《"十四五"特殊教育发展提升行动计划》。每一期的特殊教育提升计划都是在上一期的特殊教育发展基础上制定的，关于融合教育环境的创设内容也是如此。

1.《特殊教育提升计划（2014—2016 年）》

《特殊教育提升计划（2014—2016 年）》正式提出"全面推进全纳教育，使每一个残疾孩子都能接受合适的教育"的目标，首次从政策角度为随班就读赋予融合教育的含义，明确了中国式融合教育的"适合"特性，形成了"建立布局合理、学段衔接、普职融通、医教结合的特殊教育体系"以及"建立财政为主、社会支持、全面覆盖、通畅便利的特殊教育服务保障机制"的特殊教育发展格局，初步体现了本土化融合教育的特色。①《特殊教育提升计划（2014—2016 年）》指出，"尽可能在普通学校安排残疾学生随班就读，加强特殊教育资源教室、无障碍设施等建设，为残疾学生提供必要的学习和生活便利。有条件的儿童福利机构可设立特教班"，"支持承担随班就读残疾学生较多的普通学校设立特殊教育资源教室（中心），配备基本的教育教学和康复设备，为残疾学生提供个别化教育和康复训练。支持特殊教育学校配备必要的教育教学、康复训练等仪器设备，开展'医教结合'实验，探索教育与康复相结合的特殊教育模式。加大对薄弱特殊教育学校配备教育教学和康复设施的支持力度"，"加强特殊教育教材建设，新编和改编盲、聋和培智三类特殊教育学校的义务教育阶段课程教材，覆盖所有学科所有年级"。这些规定推动了特殊教育资源教室（中心）、康复训练、教材、教具、辅具等的建设，进一步完善了学校融合教育物理环境建设。同时，《特殊教育提升计划（2014—2016 年）》进一步强调"改革教育教学方法。加强个别化教育，增强教育的针对性与有效性"。除此之外，其还强调活动育人，以活动为抓手，"探索建立特殊教育学校与普通学校定期举行交流活动的制度"，提供普特学生之间交流的机会，营造相互理解、尊重的融合教育心理环境。

2.《第二期特殊教育提升计划（2017—2020 年）》

《第二期特殊教育提升计划（2017—2020 年）》进一步提出"全面推进融合教育"的目标，明确提出"坚持统筹推进，普特结合"的基本原则，规划了"以普通学校随班就读为主体、以特殊教育学校为骨干、以送教上门和远程教育为补充，全面推进融合教育"的特殊教育发展格局。扎实推进随班就读工作，不仅是特殊教育领域的一个重要命题，也是普通教育的一项重要使命。《第二期特殊教育提升计划（2017—2020 年）》对融合教育环境建设也做了一些规定。在融合教育物理环境建设上，《第二期特殊教育提升计划（2017—2020 年）》指出"普通高等学校积极招收符合录取标准的残疾考生，进行必要

---

① 张玲，邓猛. 新时代我国融合教育发展的本土模式与实践特色：基于《"十四五"特殊教育发展提升行动计划》的解读[J]. 残疾人研究，2022(1)：40-47.

的无障碍环境改造，给予残疾学生学业、生活上的支持和帮助"，"以区县为单位统筹规划，重点选择部分普通学校建立资源教室，配备专门从事残疾人教育的教师(以下简称'资源教师')，指定其招收残疾学生。其他招收残疾学生5人以上的普通学校也要逐步建立特殊教育资源教室"，"加强特殊教育信息化建设和应用，重视教具、学具和康复辅助器具的开发与应用。加强特殊教育学校图书配备"，等等。在融合教育心理环境建设上，要"营造关心和支持特殊教育的氛围。各地要广泛宣传实施特殊教育提升计划的重要意义，宣传特殊教育改革发展成就和优秀残疾人典型事迹，引导学生和家长充分认识特殊教育对促进残疾人成长成才和终身发展的重要作用。动员社会各界采用多种形式扶残助学，提供志愿服务，形成关心和支持特殊教育的良好氛围"，"推进差异教学和个别化教学，提高教育教学的针对性"。

3.《"十四五"特殊教育发展提升行动计划》

《"十四五"特殊教育发展提升行动计划》描绘了2025年初步建立高质量特殊教育体系的宏伟蓝图，"适宜融合"成为"十四五"特殊教育事业发展的重要标志。其明确提出要"创设融合教育环境"，积极探索适应残疾儿童和普通儿童共同成长的融合教育模式，推动特殊教育学校和普通学校结对帮扶共建、集团化融合办学，促进残疾儿童与普通儿童融合。此外，对资源教室的配备提出了建议，"支持特殊教育学校和普通学校资源教室配备满足残疾学生需求的教育教学、康复训练等仪器设备和图书"。

(五)《普通学校特殊教育资源教室建设指南》

1994年颁布的《关于开展残疾儿童少年随班就读工作的试行办法》首次将资源教室正式写入随班就读政策文本。资源教室建设在北京、上海等地不断摸索发展，形成了不同的资源教室发展模式。例如，北京市于2005年颁发了《北京市随班就读资源教室建设与管理的基本要求(试行)》，规定资源教室的功能主要包括个案管理、学习训练、康复训练、心理咨询、巡回辅导、资源中心、转介服务。对资源教师准入制度做出了详细规定，资源教师必须持有《教师资格证书》；必须经过一定学时的专业培训，取得上岗证书，或有过一年以上资源教室工作经历。它还要求设置1～3名资源教师的编制，提高资源教师的待遇。

广东省于2012年颁布《广东省特殊儿童少年随班就读资源教室建设与管理实施办法(试行)》，规定"各县(市、区)教育行政部门应根据特殊儿童少年随班就读的实际需要，划片选点确定随班就读基地学校，在基地学校建设随班就读资源教室，辐射本片区随班就读学校。具体要求如下：城区以3—5所学校为一片，选择其中1所作为随班就读基地学校，建设随班就读资源教室。4万人口以上的乡镇，以乡镇中心学校为随班就读基地学校，建设随班就读资源教室；4万人口以下的乡镇，可以单独或由县(市、区)教育行政部门统筹确定随班就读基地学校，建设随班就读资源教室"。它还要求资源教室的面积在80平方米以上；"教室应按无障碍设施设计，满足日照、采光、朝向、通风、防噪条件，设置有学习、游戏活动、康复训练的空间"；并具体规定资源教师每周负责的辅导课以10～12课时较为适宜，其他时间主要用于资源教室的管理、为随班就读教师和家长提供咨询与指导服务。

上海市于2015年印发了《上海市普通学校特殊教育资源教室装备配备指南(试行)》，指出资源教室是在普通学校建立的集课程、教材、专业图书以及教具、学具、康复设备和辅助技术于一体的特殊教育专用教室，具有开展评估、课程实施、康复训练、个案管理、资源储备、专业支持等基本功能，是为各类残疾学生在普通学校接受特殊教育提供专业支持的重要场所。其规定"学校应根据《无障碍设计规范》GB 50763的有关规定，并结合随班就读学生的残疾类别和实际需求，创建全方位的校园无障碍环境"。对于资源教室的基本设备做了具体说明，如以学科维度列举了部分资源教室教具学具，并对各教具学具的主要功能及适用学段做了具体说明；康复设备应根据学生的残疾类别和残疾程度针对性地配备，康复设备的型号、尺寸应与学生的体型和能力水平相适应；资源教室的图书音像资源包括普通教育和特殊教育的专业图书与期刊、儿童读物、音像资源等，便于随班就读教师、学生取用。

为进一步加快内地(大陆)特殊教育发展，尤其是中部和西部地区的特殊教育发展，亟须在普通中小学大规模建立资源教室。2016年教育部办公厅印发了《普通学校特殊教育资源教室建设指南》，为资源教室的规范性建设提供了指导性意见。例如：资源教室建设的服务对象主要为肢体残疾学生、视障学生、听障学生、智障学生等；在建筑标准上不少于60平方米；在楼层位置上尽可能选择一楼；功能分区主要分为学习训练区、资源评估区、办公接待区；在资源配备上根据不同残疾类型学生配备不同学习用品和辅具，并详细列举了资源教室的基础配备与可选配备，如办公桌椅、电脑、课桌椅(含肢体残疾学生使用的轮椅桌及矫形椅和低视力学生使用的升降桌及椅子)等基础设备，特殊教育专业书籍及杂志、一般教育/心理书籍、盲文类等图书音像资料，益智类教具和学具类(橡皮泥、棋子、画笔等)，肢体运动辅助类(步态训练器、支撑器、分指板、抓握练习器、套圈等)，听觉及沟通辅助类(训练听觉功能的各种产生不同频率、响度、声音的物品等)，视觉辅助类(盲文板、盲文笔及盲文纸、视功能训练工具及材料)等可选配备；在教师队伍上明确指出资源教室应配备适当的资源教师，并将资源教师纳入特殊教育教师管理中，在绩效考核、评优评先和职务（职称）评聘中给予倾斜；在管理规范上明确开放时间、经费投入、制定日常管理制度、落实指导评估工作。这些规定对我国推进融合教育环境建设起到了至关重要的作用。

（六）《残疾人教育条例》

《残疾人教育条例》于1994年8月23日颁布实施，由国务院批准。《残疾人教育条例》是我国第一部有关残疾人教育的专项法规，它的颁布实施，从法律上进一步保障了我国残疾人平等受教育的权利，促进了残疾人教育事业的发展。2017年修订的《残疾人教育条例》首次以法律形式确立了融合教育概念，融合教育事业翻开了新篇章。该条例中多处规定了融合教育环境的创设要求。在融合教育物理环境方面，该条例提出优先在部分普通学校建立资源教室、逐步推进各级各类学校无障碍校园环境建设和将残疾学生合理编入班级，缩减班级数额；在融合教育心理环境方面，该条例指出对随班就读残疾学生的学习要求要适度弹性，对残疾人参加国家教育考试需要提供必要支持条件和合理便利。

（七）《关于加强残疾儿童少年义务教育阶段随班就读工作的指导意见》

2020年印发的《关于加强残疾儿童少年义务教育阶段随班就读工作的指导意见》，是新时期办好人民满意教育的重要指导性政策，是系统性推进随班就读工作的文件，标志着新时期特殊教育从完成普及向完善体制机制、内涵发展的转型升级，有利于促进残疾人群体全面发展、更好地融入社会生活。该文件对普通学校创设融合教育环境也提出了要求。在融合教育物理环境方面，要加强资源教室建设，提升资源教室的使用效率，发挥资源中心的作用。在融合教育心理环境方面，要落实教育教学关爱，主要体现在：①注重课程教学调适，要根据残疾学生的实际情况，合理调整课程教学内容，选择科学有效的教学方法；②完善残疾学生评价制度，采用综合素质评价和个别化评价相结合的方法对残疾学生的学习情况进行评价，对有条件参加中考的随班就读残疾学生应提供合理便利条件；③加强校园文化建设，最大限度创设融合校园文化，建立同伴互助制度，创设有利于残疾学生和普通学生共同成长的良好课堂环境。

通过对以上政策法规中有关融合教育环境建设内容的梳理，我们发现，早在《"十四五"特殊教育发展提升行动计划》明确指出"创设融合教育环境"之前，就有多个政策法规涉及融合教育环境建设的内容。政策法规对融合教育物理环境建设方面的规定丰富且具体，如《普通学校特殊教育资源教室建设指南》《无障碍环境建设条例》等相关具体规定对学校资源教室建设、校园无障碍环境建设与改造提供了标准与依据。这些政策法规中对融合教育心理环境建设方面的规定少且零散，学校不易将政策法规中有关融合教育心理环境建设方面的规定落到实处。如何进行有效的课程与教学调整，从而在课堂教学中营造良好的融合教育心理环境，是融合教育实践的一大难题。总之，融合教育环境建设既要从有形的环境着手，又要关注无形的环境对学生潜移默化的影响。

二、我国香港地区融合教育环境政策

我国香港地区自20世纪70年代开始关注融合教育，并颁布了一系列政策来促进融合教育的发展。例如：1995年发布了《平等齐参与展能创新天》白皮书；1996年发布了《残疾歧视条例》，成立了平等机会委员会，以落实相关政策；1997年出台了《融合教育先导计划》；1999年发布了《迈向21世纪香港特殊教育课程发展路向检讨》。随着香港地区融合教育政策法规完善和实践推进，其形成了特有的融合教育模式——全校参与模式。其中，有关融合教育环境的政策法规主要集中在《残疾歧视条例》中。《残疾歧视条例》的目的是消除和防止对残疾人士的歧视。《残疾歧视条例》特别提及在教育范畴中应确保残疾人士享有平等机会，以获得及有意义地参与香港地区的教育。

平等机会委员会根据《残疾歧视条例》制定了《残疾歧视条例教育实务守则》（以下简称《守则》）。《守则》并不是新法律，它是为教育工作者和小学生及其家长而设的辅助工具。它可以使教育工作者了解《残疾歧视条例》中规定的何种行为会构成违法，它也有助于学生家长认识他们在《残疾歧视条例》中的权利与责任。平等教育机会原则是该《守则》的基础，这也与全世界的融合教育理念相吻合。《守则》支持香港地区所推行的融合教育计划，但《守则》并不是有关融合教育的指引，而是就《残疾歧视条例》的规定提供指引。《守则》对融合教育环境所做的规定也可分为融合教育物理环境和融合教育心理环境两个方面。融合教育物理环境包括进出处所的安排和货品、服务及设施的提供等。在进出处所安排上，需要为残疾学生提供进出无障碍的环境，如：主要通道（正门、升降机位置和洗手间等）要有清楚的标志，设计安全火警和疏散程序等安保问题要考虑残疾学生的需要；在货品、服务及设施的提供上，如文件、通知、宿舍、辅导、交通与科技等，要满足残疾学生的特殊需要。以下是有关服务或设施的例子。

· 如果教师用相容的短波扩音机授课，可令配戴助听器的学生清楚听课。

· 图书馆电脑资料库连接到一部可以放大字体的显像屏，可利便有视障的学生找资料。

- 在电脑上装置声音控制器，以便让因残疾而不能使用键盘的学生可以上网。
- 可放大字体的影印机可为有视障的学生放大笔记、工作纸和试卷等的文字。

融合教育心理环境包括录取学生（招生以及甄选标准与程序）、课程、考核以及纪律四个方面。在录取学生方面，根据《残疾歧视条例》，教育机构有责任确保其招生程序没有歧视残疾人，如在招生时要以多种方式（如点字、大字贴、录像带或电话了解）让有特殊需要的人获取相关资料。在课程安排上，除了需要做出迁就的个别学生外，教育机构应确保所有学生都学习相同的课程，包括课外活动和课余活动，如露营、校外教育活动和参观等。此外，教育机构也要根据残疾学生的需要对课程做出相关调整，以此来满足其特殊需要。在考核方式上，教师需运用不同的方法，以便让所有学生（包括残疾学生）展示他们的能力，如允许不能手写的学生用录音笔作答、为有严重视障的考生准备点字设备等。在纪律处分上，规定了所有学生都有权在安全及有秩序的环境中学习。当残疾学生违反纪律时，教育机构应先谨慎考虑再执行处分，不能因学生有残疾而使其免受处分。但如果残疾学生因残疾才违反纪律，残疾学生则无须受到纪律处分。例如，对有读写困难的学生，尽管教师对其进行更正，但其写字、做功课时仍经常把字写在格子外，他们便不应该像其他学生一样受到处分。

三、我国澳门地区融合教育环境政策

1996 年，澳门特区政府颁布了《特殊教育制度》，强调平等机会及适切教育，进一步鼓励、协助特殊儿童融入学校及社会。2006 年，澳门颁布了《非高等教育制度纲要法》，强调特殊教育优先在普通学校内以融合的方式实施，旨在为特殊儿童提供适合身心发展的教育机会，这标志着澳门特殊教育正式迈向融合教育的发展阶段。2020 年，澳门地区根据《澳门特别行政区基本法》第五十条（五）项以及《非高等教育制度纲要法》第十二条第六款的规定，经征询行政会的意见，制定了补充性行政法规《特殊教育制度》。该政策对融合教育发展做出了更加具体的规定，对澳门地区融合教育学校具有指导性的作用。以上政策法规是澳门地区 20 多年来推进融合教育的主要依据。

澳门地区以 2020 年《特殊教育法》作为开展融合教育活动的主要法规，相较于1996 年《特殊教育制度》，它更加强调融合教育环境的重要性。《特殊教育法》首次使用了"无障碍校园环境"的名称来替代 1996 年《特殊教育制度》中的"学校硬件之配合"，指出学校应增设适当的无障碍设备，消除建筑上的障碍或重建学校的设施，提供适当的教材、教具及辅具。这在融合教育物理环境建设上做出了重大的修改，为特殊儿童进

入融合学校做出了最基本的环境准备。在融合教育心理环境方面，1996年的《特殊教育制度》仅在学校科目的选择上规定了要符合特殊儿童学习的特质，可适当地减少或替换部分科目内容以及选择符合学生进度的教法，但并未特指是特殊儿童在融合学校而做出的规定。2020年的《特殊教育法》第一次提出了"融合生"的概念，指被评估为智力在一般范围，具身心障碍特质，经适当辅助，可于普通班就读的学生。该法第十五条和第二十二条分别规定了融合生的课程和评价依据。融合生的课程需通过个别化教育计划制定学习目标、调适学生有学习困难的学习领域或科目的教育活动时间和内容；融合生的评价要以正规教育相应教育阶段所定的目标及相关基本学历要求为依据，但不影响按学生的具体需要进行适当的调整，为其制定个别的学习目标。

四、我国台湾地区融合教育环境政策

台湾地区非常重视通过立法来促进融合教育的发展。台湾主管教育的行政部门于1984年颁布了第一部特殊教育专项法规——《特殊教育法》，对特殊教育的发展目标和努力方向做出了明确规划，体现了台湾当局对特殊教育的重视，标志着台湾地区特殊教育发展步入新的阶段，也体现着台湾地区特殊教育立法进入新的阶段。经过多次修订后，台湾地区特殊教育更加符合适性化、个别化、社区化、无障碍及融合的理念。除此之外，台湾地区还制定了《身心障碍学生无法自行上下学交通服务实施办法》《身心障碍学生考试服务办法》《身心障碍学生支持服务办法》等政策来促进《特殊教育法》的实施。台湾地区政策法规中有关融合教育环境内容的规定见表2-3-2。

表2-3-2 台湾地区融合教育环境政策法规及主要内容

政策法规	融合教育物理环境方面的主要内容	融合教育心理环境方面的主要内容
1980年（2021年修正）《身心障碍者权益保障法》	公共建筑物、活动场所及公共交通工具无障碍，公共资讯无障碍； 辅助科技设备及服务； 无障碍阅读格式图书资源； 各级教育主管机关办理身心障碍者教育及入学考试时，应	社会宣导及社会教育； 不得有歧视之对待； 依服务需求之评估结果，提供个别化、多元化之服务； 学校所建网站，应通过第一优先等级以上之无障碍检测，并取得认证标章等。

续表

政策法规	融合教育物理环境方面的主要内容	融合教育心理环境方面的主要内容
	依其障碍类别、程度、学习及生活需要，提供各项必需之专业人员、特殊教材与各种教育辅助器材、无障碍校园环境、点字读物及相关教育资源，以符合公平合理接受教育之机会与应考条件等。	
1984年《特殊教育法》	提供无障碍环境、资源教室、教育辅助器材及相关支持服务等。	特殊教育课程、教材及教法应保持弹性，适合学生身心特性及需要。
1986年（2010年修正）《特殊教育课程教材教法及评量方式实施办法》	运用各种辅助器材、无障碍设施、相关支持服务与环境布置等措施，提供最少限制之学习环境；各级主管机关应聘请学者、专家、教师等研发各类特殊教育教材、教法及评量方式等。	弹性运用教材及教法，调整课程、科目、教学时数；各级主管机关应视实际需要，协助学校、学术研究机构、民间团体等，举办特殊教育学生学习辅导、研习营、学艺竞赛、成果发表会及夏/冬令营等活动。
1999年《高级中等以上学校提供身心障碍学生教育辅助器材及相关支持服务实施办法》	提供教育辅助器材，设立资源教室，营造无障碍环境等。	—
1999年《各级主管教育行政机关提供普通学校辅导特殊教育学生支持服务办法》	—	采用弹性评量方式，必要时延长考试时间等。
2002年《高级中等学校就读普通班身心障碍学生安置原则及辅导办法》	校园环境无障碍。	—
2012年《身心障碍学生考试服务办法》	无障碍考场，辅具服务，多种类型的试卷。	试题(卷)调整服务，作答方式调整等。
2013年《身心障碍学生支持服务办法》	教育辅助器材，校园无障碍，特殊学生适用性教材等。	学习及生活人力协助。

续表

政策法规	融合教育物理环境 方面的主要内容	融合教育心理环境 方面的主要内容
2013年《身心障碍学生无法自行上下学交通服务实施办法》	购置无障碍交通车，增设无障碍上下车设备或提供其他交通工具等方式。	—
2015年《高级中等以下学校特殊教育课程发展共同原则及课程大纲总纲》	安排合适的学习区及座位，为特殊儿童提供其学习所需的人力、辅具、行政资源及自然支持，使其在校园中学习无障碍、通行无障碍。	教材内容及呈现方式要考虑不同障碍类别及程度学生的特殊需求，调整课程内容、教学方法，评量方式弹性化等。

  对以上政策法规梳理发现，在融合教育物理环境方面，主要集中在为残疾学生提供教育辅助器材上：为听障学生提供调频助听器、为视障学生提供盲用计算机、扩视镜、放大镜、点字书籍，还有其他协助身心障碍学生克服生理机能障碍、促进其学习的器材等；建设资源教室，营造无障碍校园环境（含无障碍交通工具）；为其提供无障碍教材及阅读书籍，如提供有声书籍与其他点字、触觉式、色彩强化、手语、影音加注文字、数字及电子化格式等学习教材，提高残疾学生的学习质量；为其提供多种类型的试卷或试题，如放大试卷、点字试卷、电子试题、有声试题、触摸图形试题等；为其提供无障碍考场环境；为其提供丰富多样的作答方式，如计算机输入法作答、盲用计算机作答、放大答案卡（卷）、计算机打字代誊、口语（录音）作答及代誊答案卡等服务。

  在融合教育心理环境建设方面，《身心障碍者权益保护法》明确要进行社会宣导及社会教育，不得有歧视之对待，为残疾学生营造良好的融合教育环境。台湾地区积极为残疾学生提供试题（卷）调整服务，如调整试题与考生的适配性、题数或比例计分，调整考试时间，提供叫醒服务及试场服务，以便能在考场上营造良好的融合教育心理环境，保障残疾学生的合法权益。台湾地区注重信息无障碍环境建设，如"学校所建网站，应通过第一优先等级以上之无障碍检测，并取得认证标章"。除此之外，台湾地区特别强调提供人力协助来营造互助和谐的融合教育心理环境。例如，通过教师助理员、特教学生助理人员、住宿生管理员、教保服务人员、协助同学及相关人员，为残疾学生提供学习及生活方面的帮助，如录音与报读服务、扫描校对、提醒服务、手语翻译、同步听打、代抄笔记、心理和社会适应、行为辅导、日常生活所需能力训练与协助及其他必要支持服务。由此可见，台湾地区对融合教育环境建设的政策法规的规定繁多而细致，尤其注重教育中的适性化和个别化，对学校创设融合教育环境具有很强的指导意义，从而保障残疾学生真正实现最终的融合。

通过对内地（大陆）、香港、澳门、台湾地区融合教育相关政策法规的梳理，我们可以发现，融合教育环境的建设都从物理环境和心理环境两方面入手，根据残疾的类别提供不同的辅助器具、考试合理便利，建设无障碍的校园环境，以及适当调整课程、教材、教法、评价方式等，从而使残疾学生能够顺利融合。尽管建设水平有所不同，但从融合教育环境建设相关内容在融合教育相关政策法规中占比越来越大，可以看出人们逐渐认识到了在融合教育中创设安全、便利的学习环境对于残疾学生的重要性。良好的融合教育环境不仅是特殊儿童"进得来"的基础与前提，还是让特殊儿童"留得住""学得好"的重要工具。融合教育环境的创设绝非易事，需要政府、学校师生、社会各界人士共同努力，真诚接纳每一名残疾学生，营造平等、尊重、包容、友爱的融合校园，促进每一名学生健康成长。

作业……▶

简答题

1. 我国内地（大陆）地区有关融合教育环境创设的政策法规有哪些？请举例详细说明。

2. 我国港、澳、台地区的融合教育环境创设有什么异同点？

3. 请搜索我国融合教育环境创设的相关诉讼案例并进行分析。

拓展资源……▶

1. 张爱宁. 国际法对残疾人的保护：兼评联合国《残疾人权利公约》[J]. 政法论坛，2010(4).

2. 曲相霏.《残疾人权利公约》与中国的残疾模式转换[J]. 学习与探索，2013(11).

3. 冯超，傅王倩，陈慧星. 国际融合教育政策演进路径、特征及其启示：基于联合国组织的融合教育政策文本分析[J]. 中国特殊教育，2020(11).

4. 黄志成，等. 全纳教育：关注所有学生的学习和参与[M]. 上海：上海教育出版社，2004.

5. 王定华. 美国基础教育：观察与研究[M]. 北京：人民教育出版社，2016.

6. 苏雪云. 加拿大特殊教育立法与实践[J]. 中国特殊教育，2004(12).

7. 兰继军. 加拿大大西洋诸省特殊教育发展特点[J]. 外国中小学教育，1996(5).

8. 庞文. 改革开放以来我国融合教育的演进脉络、经验反思与未来展望[J]. 残疾人研究，2020(4).

9. 赵德成. 台湾地区特殊教育法律的特点及启示[J]. 中国特殊教育，2013(2).

10. 卢乃桂. 融合教育在香港的持续发展：兼论特殊学校的角色转变[J]. 中国特殊教育，2004(11).

11. 黄永秀，吴婕. 我国融合教育政策的动力变迁及其优化路径[J]. 现代特殊教育，2021(14).

12. 孙秀华. 香港融合教育面面观[J]. 现代特殊教育，2014(Z1).

小结 ·····▶

本项目主要介绍了国际、国外、国内融合教育环境相关政策法规。任务一，主要通过梳理《萨拉曼卡宣言》《特殊需要教育行动纲领》《残疾人权利公约》《马拉喀什条约》《2030年教育：仁川宣言与行动框架》《卡里承诺：教育中的公平和包容》等在融合教育发展过程起着奠基作用的政策法规，来了解国际融合教育环境政策法规的概况。我们发现国际融合教育环境政策法规体现了通用设计、无障碍及合理便利原则。任务二，主要通过对美国、英国、加拿大三国融合教育政策法规的梳理，来了解国外融合教育环境政策法规的发展历程。通过梳理发现，随着时间的推移，国外融合教育政策法规的关注点由保障特殊儿童基本的受教育权到提升特殊儿童接受教育的质量。任务三，主要梳理了我国内地（大陆）、香港、澳门、台湾的一些重要政策法规，并从融合教育物理环境、融合教育心理环境等方面对政策法规的内容进行简要介绍。通过对国际、国外、国内政策法规的梳理与分析，可以发现虽然缺乏关于融合教育环境创设的专门立法，但关于创设融合教育环境的要素及要求在相关政策法规中均有体现。总之，融合教育环境的创设在推动融合教育事业发展过程中起着重要作用，而相关政策法规为建设良好的融合教育环境保驾护航。

项目三　校园通用融合环境创设

导语

　　校园环境是师生等学习、工作与生活的客观世界，包括影响师生等各类人员的全部条件和各种因素。校园环境直接体现学校的精神面貌和组织管理水平，也直接影响学生的心理状态和学校秩序，它既是学校精神文明的标志之一，也是构成学校校风的重要部分。我国倡导并推行融合教育多年，特殊儿童进入普通学校接受融合教育已成为普遍现象。但普通教育和特殊教育各自独立实施的观念在人们的思想中根深蒂固，至今许多人仍不接纳融合教育或虽接纳但不愿实施融合教育，特殊儿童进入普通学校仍存在各种问题。不少研究者发现，特殊儿童进入普通学校面临的首要问题就是物理环境障碍和同学排斥。作为一名融合教育工作者，你将如何创建或改造一所学校，使其成为融合学校，你又将如何建设校园融合教育环境呢？

学习目标

1. 了解校园通用融合环境创设的含义。
2. 能结合实际对校园通用融合心理环境进行创设。
3. 能结合实际对校园通用融合物理环境进行创设。
4. 能结合实际对校园通用融合制度环境进行创设。

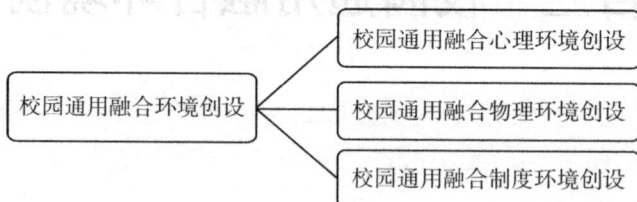

校园通用融合环境创设 —— 校园通用融合心理环境创设

校园通用融合物理环境创设

校园通用融合制度环境创设

案例导入

校园融合环境创设，对支持特殊学生的发展有重要意义。厦门市某小学打造以家校合作为特点的校园融合氛围。一是建立融合书吧，让普特学生有共读空间。学校定期举办读书分享会，普特学生以及家长都有机会在台上展示风采、分享自己的所思所感，培养自信心、责任感。二是成立家长志愿服务队，将随班就读学生家长也纳入学校志愿服务范畴。培训陪读家长担当资源教室教学课堂上的帮手，写观察日志、做研究笔记，从而更好地服务资源教师做课程调整。三是开设家长课堂。学校充分利用家庭教育资源来开展教育，邀请家长定期举办家长课堂，主题涵盖子女教育、亲子沟通，从而让普特学生家长有互相交流育儿经验、敞开各自心扉的机会。此外，学校在物理环境上，配备了资源教室和无障碍电梯，学校以"雅"为文化，将融合教育融入校园宣传栏、文化墙以及学生的班队活动。

图 3-0-1 是厦门市同安区云埔小学课堂环境。想一想：如果你们学校要建设融合学校，你将从哪些方面建设校园融合环境呢？

图 3-0-1　厦门市同安区云埔小学课堂环境

▶ 任务一
校园通用融合心理环境创设

一、校园通用融合心理环境创设的内涵

(一)校园心理环境的内涵

心理环境是指对人的心理发挥着实际影响的社会生活环境，包括对人产生影响的一切人、事、物。人生活在极其广阔的空间中，周围现实的各种要素，在形成人的心理品质上都起着特殊的作用。客观环境中的各种事物不以人的意志为转移而客观存在，但它们只有在为人所感受和体验时，才能对人的心理与行为产生影响。心理环境是这些对人的心理产生了实际影响的环境因素被反映到心理世界中来，在人的头脑中形成的环境映象，它是一种无形的软环境，主要以社会各种心理气氛和人际关系表现出来。

在学校场域中，虽然个体的心理环境是因人而异的，但有为大家所共有的、对师生心理和行为具有普遍影响的心理环境。其原因是生活在同一学校环境中，师生所受的刺激大体相同，此外人们之间的相互影响和团体规律所引起的类化作用、共同感受也导致了师生对心理环境在主观选择方面的一致。[①] 校园心理环境主要指学校中各种人际关系的处理和建设，包括师生之间、生生之间、学校教职员工与学生家长之间的关系。[②]

(二)校园融合心理环境创设的内涵

在融合学校场域中，校园融合心理环境创设是为特殊儿童创设能与同伴、教师、家长有效互动的内在环境。融合教育强调所有儿童都应被无条件地接纳，包括特殊儿童，所有儿童在相同学校和班级中一起学习，并获得必要的服务和支持。校园融合心理环境创设实质就是构建融合学校良好的文化环境，通过校园文化环境潜移默化地形成和发展人的融合教育理念。法尔维等人指出，融合教育是指全部的接纳，通过一切手段为社区内每个儿童提供接纳的权利和机会。融合学校基本理念可以简称为 ABC，

---

① 车文博.心理咨询大百科全书[M].杭州：浙江科学技术出版社，2001：679.
② 王雁.学校教育与学生健康[M].北京：教育科学出版社，2006：176.

A 指的是"接纳"（acceptance），B 指的是"归属"（belongs），C 指的是"社区感"（community）。[①] 校园融合文化本质上是对多样性的异质文化的包容与接纳，融合校园是每个学生都有归属感、每个学生都被接受和认可、每个学生的教育需要都被了解而且都尽可能得到满足的地方。

为建设校园融合心理环境，学校应该致力于在学生、教职员工与家长之间建立密切合作的关系，形成学习共同体。学校应该把重点放在支持和满足每个学生的特殊需求以及如何让学校集体中的每个成员感觉自己是受欢迎的、安全的，并在此基础上获取学业成功。在教育过程中，学校集体中的每个人都在为别人提供支持并且也能得到别人的支持。融合学校文化应充分体现尊重、平等、接纳等人本主义精神。构建这样的校园文化，有助于构建师生之间、学生之间以及学校管理者和教师之间和谐、融洽的人际关系。

（三）校园通用融合心理环境创设的内涵

依照中文解释，"通用"之意为没有时、地、人的限制，可以共同使用。在环境设计中，通用设计（universal design）理念是由美国建筑师梅斯于 20 世纪 80 年代初期在国际残障者生活环境专家会议上提出的，含义是为尽可能多的人提供没有障碍的环境，更广泛地包容人类的各种活动。通用设计原始的定义为：与性别、年龄、能力等差异无关，适合所有生活者的设计。1998 年，通用设计中心将其修正为：在最大限度的可能范围内，不分性别、年龄与能力，适合所有人使用方便的环境或产品设计。住宅、公共设施、工业产品、生活用品、教育及环境设计等都受到其积极的影响。

在我国，我们常见的有关 universal design 的翻译有"通用设计""全方位设计""人本设计"等词。"全方位"为不拘泥于一处，考虑及包容每个层面。"人本"强调以人为本的精神。"以人本精神为基础的通用设计"比较接近其含义，因为设计的本身就是从以人为基点的考量来进行设计活动，所以"通用设计"可包括"全方位设计""无障碍设计""全人关怀"等词的意义。[②]

校园通用融合心理环境创设是以人本精神为基础对校园进行通用设计，使校园成为每个学生都有归属感、每个学生都被接受和认可、每个学生的教育需要都被了解而且都尽可能得到满足的地方。

---

① 邓猛. 金钥匙视障教育理论与实践[M]. 北京：教育科学出版社，2008：25.
② 陈媛媛. 环境艺术设计原理与技法研究[M]. 长春：吉林美术出版社，2018：40.

二、校园通用融合心理环境创设的内容

我国医学心理学家丁瓒教授曾指出：人类的心理适应，最主要的就是对人际关系的适应。所以人类的心理病态，主要是由于人际关系失调而来。[①] 构建融合心理环境需要采用一定的策略和途径使特殊儿童能与教师、同伴建立良好的人际关系。图 3-1-1 所示为厦门市同安区官浔小学利用内外墙面营造通用融合心理环境。

图 3-1-1　厦门市同安区官浔小学利用内外墙面营造通用融合心理环境

（一）师生关系的培养

在融合教育实践过程中，教师担负着极其重要的角色，他们对特殊儿童的接纳态度直接关系到融合的有效性和真正意义上的融合教育的实现情况。有特殊教育需要的儿童能否成功融入班级中，教师的态度至关重要。

1. 教师树立融合教育理念

特殊儿童与普通儿童在融合学校接受融合教育是世界教育发展的趋势，是社会文明进步的表现。"有教无类""因材施教"历来是人类教育的理想。融合教育强调教师对差异性的适应。教师的教育理念应从应试教育模式向素质教育转变，教学要求面向全体，全面发展，主动发展。教师要主动了解差异，承认差异，尊重差异，因材施教，使每一个儿童都能学有所得、开发潜能、各展其长。

2. 教师尊重、理解、关爱学生

教师有关心和爱护全体学生、尊重学生人格、促进学生全面发展的义务。融合班

---

① 汪勇，吴恺，乔向阳. 医学心理学[M]. 6 版. 西安：西安交通大学出版社，2021：142.

级的教师不仅要关心、爱护每一个学生，还要尊重和理解每一个学生。这可能体现在很多的教育细节上，如：对于智力障碍儿童要协助，不要过度保护，只要他们的能力所及，就应尽量让他们自己做；要加强指导，而绝不能苛责，不增强智力障碍儿童的挫败感。[1] 同时，教师要确保对环境和课程的安排做一定的调整，对普特学生一视同仁、同样重视，对成绩差的学生和成绩好的学生一样重视，对有情绪或行为问题的学生和其他学生一样重视，让所有学生都有机会展示自己的强项。

3. 教师主动交往，善于沟通

有的特殊儿童害怕、不愿意或者不懂得如何与教师交往。遇到这样的学生，融合班级的教师要主动引导。当他们默不作声或欲言又止的时候，教师可用讲故事、玩游戏的方式引出他们真正的想法，了解其需要、愿望、意见与感受，努力营造比较轻松、愉快、自然的谈话氛围。同时，还要乐于倾听，给特殊儿童表现自我、成就自我的机会，让其产生一定的归属感，增强交往的配合意识和主动交往的积极性，让他们畅所欲言。

(二)同伴关系的培养

同伴关系指年龄相同或心理发展水平相当的儿童在交往过程中建立和发展起来的一种人际关系。对特殊儿童而言，同伴关系具有非常重要的价值。费尔斯克等人的研究指出，对特殊儿童来说，来自同伴的友谊和来自教师的支持同样重要，同伴的接纳能够增加特殊儿童与普通儿童社会交往的机会，满足特殊儿童的需要，帮助他们提高自尊，促进情感发展。[2] 因此，特殊儿童与同伴建立平等融洽的伙伴关系十分重要。

1. 增进普通儿童对特殊儿童的理解和接纳

特殊儿童在认知和情感层面被接纳的程度较高，但行为上的接纳程度相对较低。学校和班级需要开展丰富多样的主题活动进行宣传，增进普通儿童对特殊儿童的认识、理解和接纳。对小学生而言，可以开展欣赏有关特殊儿童的主题电影、阅读有关特殊儿童的主题图画书、参与体验等活动，也可以组织征文比赛、班级主题活动等；对于初高中阶段的学生，还可以采取角色体验、交流讨论及主题探究的方式进行融合教育活动。学校也可通过设计障碍体验活动使普通儿童与特殊儿童相互了解，具体活动见表3-1-1[3]；抑或是学校资源教室向普通儿童开放，消除其对资源教室

---

① 慕雯雯.对培智教育中师生关系的探讨[J].新课程研究(下旬刊),2010(4):30-32.
② 朱楠,赵小红,刘艳虹.随班就读学校氛围案例研究[J].中国特殊教育,2009(3):24-28.
③ 李晓华,刘海荣.瑞典"特殊支持需要儿童"政策:特点及启示[J].幼儿教育,2016(33):51-55.

的不良印象，提高对特殊儿童的接纳程度。

表 3-1-1　障碍体验活动举例

障碍类型	体验活动
视障	①要求儿童闭上眼睛将书翻至第 20 页。 ②要求儿童戴上眼罩走路。
听障	要求儿童戴上耳机借着读唇传话。体验读唇时，如果教师或同伴的头不停地转动，会有什么感受。
写障碍	要求儿童戴着大手套，使用非惯用手写字。
智力障碍	①为儿童读一段很难执行的指令，要求儿童做出指令要求的动作。 ②为儿童读一段指令，要求儿童做出与指令相反的动作。
孤独症	①让儿童戴着耳机，耳机中反复要求儿童走某一条路线，但教师和同伴则要求其不能走这条路线。 ②让儿童说出喜欢别人用什么方式对待自己，不喜欢别人用什么方式对待自己，进而协助他们了解班上的孤独症同学也有他们喜欢和不喜欢的方式，如不喜欢别人的身体触碰。

2. 促成普通儿童与特殊儿童结为学习伙伴

在增进普通儿童对特殊儿童理解、接纳的基础上，应进一步增强双方在学习上的关联性，建立学习伙伴关系。例如，厦门市同安区官浔小学资源教师为每一个随班就读学生配备了学习伙伴。学习伙伴由班级成绩优异、表达能力强的普通学生主动报名，经选拔后方能担任。学习伙伴需要在课上辅助随班就读学生学习知识、完成作业，课下领着随班就读学生主动参与游戏、改善与班级其他同学的关系。

3. 学生家长共同促进普特学生相互接纳

特殊儿童家长作为特殊儿童的主要照料者，在改善特殊儿童和普通儿童之间的关系方面起着举足轻重的作用。特殊儿童家长要做到积极配合学校教师的工作，积极参与到孩子的教育中，接受专业的指导意见，促进孩子的发展。同时，家长应该处理好与同事和邻居的关系，给孩子正面的示范和指导，让孩子学会处理人际关系，与普通儿童保持和谐的关系。

普通儿童的家长应该做好榜样示范作用：通过家长会等方式，了解班级特殊儿童的家庭和学习情况后，可在家庭教育中向孩子渗透特殊教育的简单知识；在了解的基础上进行情感教育，引导孩子学会包容和尊重差异，平等地对待特殊儿童；以适合的方式与特殊儿童进行友好的交流、帮助特殊儿童，成为融合伙伴。学校还可以定期举办融合教育讲座、教师论坛、家长培训班、普特家长座谈会等活动，让家长有机会了解融合教育、理解特殊儿童，对普特儿童如何共同学习和生活形成积极的态度，从主观意识上消除对障碍的偏见，形成对教育公平的认同。

| 案例 |

厦门市同安区云埔小学融合环境

2015年，厦门市同安区被确认为国家特殊教育改革实验区，随班就读成为国家级实验项目之一。在同安区委区政府的领导下，同安区于2016年建成"一个中心，四个试点校"的资源教室，同安区云埔小学就位列首批。位于厦门市同安区莲花镇腹地的云埔小学是一所典型的农村学校。这里高山环绕、绿水青山。在资源教室建设之始，同安区的融合教育探索之路就从乡村起步，逐步发展适合区域自身的融合教育建设模式。

受高山地域和教育环境所限，云埔小学资源教室聘用两名专职资源教师，服务于来自周边农村学校、高山教学点的随班就读学生。资源教师按照地域远近、障碍特点和年级分布，将学生分组，每天下午安排个训课、生活适应、鼓圈、排舞等适合的资源课程。同时，资源教师还承担了学区内的巡回指导工作。在学期初、学期中分别去往各农村学校进行指导，协助其任课教师开好个别教育计划会议，制定适合随班就读学生的课程调整方案。学期末则收集教师相关教学材料，完善"一生一档"。

云埔小学从多方面塑造融合的校园氛围。一入校园，就是学校融合教育标语和学生活动展板。校内道路两侧处处可见的校园宣传栏，时常展示着普通学生和随班就读学生的美术、书法作品。对这些作品，并没有做特意的区域划分，从而让平等、包容的理念在不经意间体现。来到教学楼前，草坪上立着一块刻有"融合园"的石碑，课下普特学生就在这里的草坪上嬉闹玩耍。顺着楼梯往上走，墙壁两侧是学校融合教育的发展历程展览，上级领导莅临、巡回指导教师听课、学校教研活动等都一一展现其上。融合文化宣传长廊从一楼一直延伸至二楼走廊尽头，贯穿了普通教室、资源教室、舞蹈教室等外墙，并在每个教室外做了对应的文化展示，真正让融合融入学校环境、学生生活。

除校园物理环境布置外，融合文化环境也深深地扎根在校园中。每周一升旗后，都有国旗下讲话时间，普通学生和随班就读学生均有展示的机会。需要特别支持时，教师还会和随班就读学生一起共读讲话稿，让其获得自信心、成就感。大课间活动时，学生们拍着篮球围操场跑步。对于运动能力强的随班就读学生，教师就请他们当领跑员，展示自己的篮球才艺，开发潜能，找到新的能力增长点。此外，融合鼓圈活动也是该校闻名全国的一个亮点，普通学生和随班就读学生围成一个圈，在鼓点的带领下自由展示肢体动作、恣意释放自己的内心情感，拉近了普特学生的心灵，做到了真融合、真融入。

作业 ·····▶

简答题

1. 简述校园通用融合心理环境创设的内涵。
2. 简述校园通用融合心理环境创设的内容。
3. 简述校园通用融合心理环境创设中师生关系培养的措施。
4. 通过调查了解校园通用融合心理环境创设还可以从哪些方面进行。

▶ 任务二
校园通用融合物理环境创设

一、校园通用融合物理环境创设的内涵

(一)校园物理环境的内涵

校园物理环境是指那些在自然环境基础上经过人改造加工的、直接属于"人化"产品所构成的环境。[①] 学校作为特殊的社会组织，需要占据一定的物理空间，处在一定的地理环境之中。学校是学生学习、活动的主要场所，因此，对其所处的物理环境有较高的要求。一般来说，学校的物理环境要具有安全、宁静、幽雅、空气清新、阳光充足、交通方便、周边区域广阔等特点。

校园物理环境包括许多层面。洛克林从构成环境的要素是否可以移动的角度将学校物理环境分为建筑设施和可安排的环境两个主要因素。学校建筑具有永久性的特征，不能随意移动，而诸如桌椅等学校设施需要经常布置或更换。[②] 校园物理环境首先取决于校园的宏观布局，其次才是学校的建筑、设备布置，此外还涉及照明、颜色、

---

① 王健，刘涛. 校长如何管理学校：现代学校管理 100 问[M]. 上海：学林出版社，2009：154.
② 范国睿. 教育生态学[M]. 北京：人民教育出版社，1999：202.

噪声等环境因素。这些因素都会影响学校各项教育教学活动的开展，影响学生的学习和行为。总体来说，校园物理环境包括学校场地的选择、校园的规划、绿地的建设以及其他各种设施的配置与安排。

（二）校园通用融合物理环境创设的内涵

融合学校建设方向就是建立起能容纳所有学生的支持性和无障碍的校园物理环境。物理环境的创设是为特殊儿童创设限制最少、安全、有效的外在环境，其最低水平应是无障碍物理环境的创设。校园通用融合物理环境指的是一个既可畅通无阻又易于接近的理想的物理环境。校园通用融合物理环境创设的核心是各类建筑和公共设施的创设秉承以人为本的原则，体现对每个人的关怀和服务。无障碍物理环境创设在设计原则上，应在考虑各类特殊儿童需求的基础上实现科学性、人文性、先进性，使各类特殊儿童扩大参与社会的范围，平等享受社会文明。图 3-2-1 为厦门市同安区汀溪中心小学资源教室。

图 3-2-1　厦门市同安区汀溪中心小学资源教室

二、校园通用融合物理环境创设的内容

为了给特殊儿童提供无障碍的生活和学习环境，《中华人民共和国残疾人保障法》第五十三条强调，无障碍设施的建设和改造应当符合残疾人的实际需要。新建、改建和扩建建筑物、道路、交通设施等，应当符合国家有关无障碍设施工程建设标准。这就要求融合学校无障碍校园环境创设应按照 2012 年国务院颁布的《无障碍环境建设条例》进行。该条例的规定为特殊儿童融入学校、社区和社会提供了条件保障。对于校园通用融合物理环境创设，这里主要从学校层面的通用融合物理环境创设和班级层面的

通用融合物理环境创设进行论述。

(一)学校层面的通用融合物理环境创设

校园物理环境是学校生态环境的一个有机组成部分，它有许多层面，包括校址选择、校园面积规划、学校建筑群的分布及教室布局等空间布局条件和颜色、光线、温度、噪声等物理条件。[①] 学校层面的物理无障碍环境创设是系统工程，既包含学校无障碍需求确定又包含对既有建筑的改造，须通过整体专项规划进行，具有前瞻性的通用无障碍设计、建设成本远低于未来无障碍改造的成本。

1. 学校选址与规模

融合学校的选址除需服从普通中小学的一般规定，即《中小学校设计规范》(GB 50099—2011)的规定外，还需符合特殊教育学校建设的相关规定。特殊教育学校在我国除基本教育功能外，还承担了为周边社区、市区乃至全省范围内的特殊教育资源服务的功能。因此，就这一点来说，融合学校的选址越靠近市中心越方便，但市中心区域由于城市化发展，用地成本很高，学校建筑用地受到限制。

就学校用地而言，应有不少于学校规模所需的用地面积、适于建校且较为规整的地形与较为平坦的地貌。如遇地形不平整，应该顺应地形，合理设计。学校对有较大的自然地形高差的地方进行无障碍改造，可采取"先整体，后局部"的改造方式，优先实现建筑出入口无障碍环境改造，建立与校园就近出入口之间完整的无障碍慢行体系。对校园整体空间来说，至少保障连通校园学习、就餐、就寝"三点一线"的无障碍慢行路径改造，并尽可能建设一条串接校园特色建筑、特色空间的无障碍路线。[②] 同时，融合学校选址要求交通方便，与主干道之间的距离要适当。除此之外，不应有废气和噪声的污染，优美的自然环境有利于残疾儿童的身心健康。

2. 校园建筑设计

(1)校舍布局

融合学校校舍建设应紧凑集中、布局合理、分区明确、使用方便、易于识别；必须利于安全疏散；学校校舍的功能分区、替补组合、水平及垂直联系空间应简洁明晰、流线畅通，严禁采用弧形平面组合，避免曲折及圆形等空间给特殊儿童空间和方位的感知带来干扰。对于新建校舍的校园无障碍环境创设应以国家标准《无障碍设计规范》

---

① 贾会彦.浅谈学校物理环境存在的问题及其优化策略[J].成才之路,2009(12):13.
② 邵磊,等.无障碍与校园环境[M].沈阳:辽宁人民出版社,2019:47.

为基础。

（2）校门设计

在融合学校的校门设计中，校门的尺寸应根据学校的规模、人流通过量的多少而定。车辆与行人出入口必须分别设置。校门的位置应退后城市干道红线 5.00 米以上，形成相应的缓冲空间。同时，校门及两侧围墙的形式、绿化空间等，应结合校门周围的空间环境设定。除此之外，校门外应设置车辆慢行、注意避让等指示牌。选用手动门或电动门时，应保证安全性；校门的行人出入口应设置盲道，并应与城市道路的盲道相通。中小学校园应设置 2 个出入口，出入口的位置应符合教学、安全、管理的需要，出入口的布置应避免人流、车流交叉，有条件的学校宜设置机动车专用出入口。

| 案例 |

打通无障碍环境的最后一段路

厦门市某中学为方便低视力残疾学生入校，申请将盲道延伸至学校便门，并安排专门伙伴每天轮流带低视力的同学入校乘坐电梯去班级。学校还在便门前设置了无障碍缓坡，方便肢体残疾的学生推轮椅。校门口周边设置了禁停黄线，并有电动防撞柱、水马围挡保护学生上下学安全。

（3）前庭广场设计

校园前庭广场应规划好车辆与行人的交通流线，设置全天候校车接送学生的上下车场所。在前庭广场内应设置师生使用的自行车存放处和外来机动车辆的停车场。停车台数可根据学校的规模和校车的台数设定，在前庭广场内设置标识向导图或分布图、引导牌等。标识向导图的设计应简洁明了，让小学生也能清楚理解。招收盲生的学校应设置触摸式向导图，文字要有凹凸且大，高度设置合理，以便盲生能通过触摸把握其内容。主要目的地以外的诱导标志，如询问处、卫生间、避难出入口、火灾报警器等，应设置在很容易看到的地方。对于身体残疾者不能通过的路，一定要有预先告知标志。[①]

（4）道路规划

学校应合理规划校园内交通路线及消防车道，道路宽度、形状及路面铺装材料应根据学校的规模及使用学生身体残疾特征确定。招收盲生的校园内应当设置盲道，校

---

① 刘连新，蒋宁山．无障碍设计概论[M]．北京：中国建材工业出版社，2004：21．

园内的道路应创造无障碍通行环境。道路有高差变化时，坡度不超过 1：12；高差超过 0.60 米时，坡道两侧应设高度为 0.60～0.65 米的扶手。同时，中小学校园应设消防车道，校园道路每通行 100 人道路净宽为 0.70 米，每一段路的宽度应按该段道路通达的建筑物容纳人数之和计算，每一路段的宽度不宜少于 3.00 米。校园内人流集中的道路不宜设置台阶。设置台阶时，不得少于 3 级。人行道与建筑入口的连接，需要设置安全的入口空间。要注意通道的连续性，避免与车道交叉。人行道的高差规定为 20 毫米以内，在此高度内可使用楔形缘石消除。道路地面的铺设应避免使用砾石等难以通行的材料，应使用雨天也可防滑的材料进行地面处理。[①]

3. 校园无障碍设计

融合学校作为特殊儿童集中生活的公共空间，其无障碍设计须满足法规要求。通用无障碍设计的目标是推动全社会平等、包容与充分参与，关注所有利益相关者以及各种行为与感知有不同障碍的群体，不仅仅限于性别、年龄、文化、身心障碍等方面。

既有建筑的整体格局限制室内空间改造。校园无障碍改造会受到现有整体风貌、建筑结构、建筑管线等因素的制约，进而增加了无障碍化的难度。在改造过程中，应充分尊重建筑的整体设计理念，利用巧妙的设计实现通用环境的建造。例如：在建筑入口空间无障碍坡道改造时，可选择接近外部无障碍联系通道且不影响建筑主立面形象的入口进行改造；建筑内部的无障碍流线应充分考虑现有功能布局，形成连通建筑主导功能单元、无障碍卫生间、无障碍电梯、无障碍坡道、无障碍席位等的无障碍流线，既不能破坏建筑结构，又要合理控制造价成本，最终满足使用者需求。[②]

节点周边无障碍改造会受到长度、宽度、高度等空间因素限制，难以在空间规模上得到保障。因此，建议通过调整空间功能、设施类型让功能更复合、设施更加通用化。例如，建筑出入口周边用地局促，入口坡道长度和宽度不够，增设过程中需要协调周边道路红线、停车场用地、绿化休憩空间等获取更多的改造空间。因此，在保证各类功能正常使用的前提下，可通过协调入口处理方式来实现安全、美观的无障碍整体环境。

校园建筑无障碍环境改造时序可根据实际情况参照如下步骤安排。一是障碍群体高频率使用建筑的系统无障碍环境改造，即涉及衣食住行的建筑，主要包括宿舍、食

① 李志民，宋岭. 无障碍建筑环境设计[M]. 武汉：华中科技大学出版社，2011：181-182.
② 邵磊，等. 无障碍与校园环境[M]. 沈阳：辽宁人民出版社，2019：48.

堂、专业教学楼、专业图书馆等；二是师生高频率使用的建筑，主要包括公共教学楼、公共图书馆等；三是校园代表建筑（大型公共建筑），主要包括主楼、校史馆、艺术厅或音乐厅、体育馆、游泳馆等；四是校园行政服务管理建筑；五是其他建筑。[①]

（1）通行无障碍设计

通行无障碍有三个面向。一是面向学生无法借视觉感知环境，导致无法规避行进路线上出现的障碍；二是面向学生视力缺陷导致无法进行目标方向和自身位置确定带来的行走障碍；三是学生行走过程中进行交谈、交流时，忽略环境细节所导致的行走不畅。

无障碍出入口设置。出入口的障碍主要是台阶和门的宽度。台阶的宽度要充足，并带有扶手和栏杆。[②] 对于校园内室外有高差的建筑物出入口，应设置坡道，以满足轮椅使用者自由进出的需求。出入口处应尽量消除高差，在无法消除高差的情况下应当配置恰当的无障碍坡道。建筑出入口宽度大于 0.80 米，主要出入口应至少保留 1.20 米的宽度，推荐使用自动开闭门，门前后地面 1.50 米范围内避免高差，以保证门在开关时的安全性。寒冷地区建议设置双层入口门厅。出入口前应设足够的空间满足轮椅等待、回转等需求。对于在老旧建筑主要入口增设坡道有困难的情况，可以考虑在侧门入口、后门入口等处设置坡道满足轮椅使用者的需求。

盲道设置。盲道是面向视觉障碍人群设置的重要无障碍设施。对盲道的设置，在空间走向发生变化、空间属性发生变化，以及行进路途中高差发生变化的位置，应提前进行提示，如走廊尽端、房间开门、楼梯起步等。盲道（导向盲道或警示地砖）应从与人行道或车道相接的建筑用地的起始处开始，一直铺设到建筑物门厅的出入口处。为不影响盲杖的使用，盲道两侧应留有 400 毫米以上的空间。[③]

扶手设置。首先，扶手应连续、平整，起始端的扶手设计应考虑到上下楼梯时行人的行为和人体工程学特征，扶手在楼梯、坡道等高度发生变化的起点和终点处应当做 3～4.50 分米的延长，以确保使用者的安全。同时，为防止起点和终点处扶手的终端对衣服、挎包等发生刚蹭，以及为了防止扶手尖锐截面伤害到儿童以及轮椅使用者，扶手终端应向下延伸不少于 1 分米或向内侧弯曲延伸至墙面，保持圆滑安全的形

① 邵磊，等. 无障碍与校园环境[M]. 沈阳：辽宁人民出版社，2019：52-53.
② 李志民，宋岭. 无障碍建筑环境设计[M]. 武汉：华中科技大学出版社，2011：180.
③ 李志民，宋岭. 无障碍建筑环境设计[M]. 武汉：华中科技大学出版社，2011：181.

状。① 其次，扶手的颜色应鲜艳明亮。扶手的颜色、对比度应与墙面背景有明显区别，或者可以沿扶手设置照明以增加扶手的可识别度，方便视觉障碍者、轮椅使用者的不同需求。扶手的材质应温和，不宜采用导热系数高的金属材料。最后，扶手应便于持握。扶手应是圆形或椭圆形的，与墙面保持 4 厘米以上的距离，防止突然失去平衡要摔倒的人因为抓扶手发生夹手现象，同时可以保证很容易抓住扶手的基本要求。

坡道设置。坡道主要为有肢体障碍需要乘坐轮椅的学生、有多重障碍的学生、脑瘫以及大动作协调有问题的智力障碍学生设置。建筑内外有高差的地方都应设置坡道，如教学楼、宿舍楼、食堂等主入口处；室内有高差的地方一律设置坡道，而不应设置台阶。坡道形式应根据地面高差的程度和空地面积的大小及周围环境等因素设计，可设计成直线形、L 形或 U 形等。② 为避免轮椅在坡面上因重心倾斜而发生摔倒的危险，坡道应避免设计成圆形或弧形。为保证轮椅的通行，坡道宽度应在 1.20 米以上（当同时修有台阶时，宽度应为 0.90 米以上），考虑轮椅与对面行人错开时，其宽度应增加到 1.50 米以上。③ 坡道的纵向坡度达到 1/12 就满足了设计规范的要求，但最好设计在 1/20 以下，过陡的坡道给轮椅使用者所带来的危险发生率大大增加。横向坡度原则上是零，如果不得已必须有时，应控制在 1/100 以下。此外，地面材质应选择防滑材料或者进行特别的防滑处理，保障安全使用。坡道临空一侧的边缘必须设置阻挡轮椅滑脱的挡杆或者高度为 5 厘米以上的安全挡台。④ 当通道因地形而必须修建台阶，无法修建坡道时，应设置升降设备。

缘石坡道设置。校园内各种路口、出入口、人行横道处，有高差时必须设置缘石坡道。缘石坡道的坡口与车行道之间的高差一般不应大于 5 毫米。缘石坡道有全宽式单面坡缘石坡道、三面坡缘石坡道等多种形式，不同形式的缘石坡道在宽度和坡度上有不同的技术要求。譬如，三面坡缘石坡道的正面坡道不应小于 1.20 米。因此，应结合缘石坡道具体类型，按照相关规范要求进行设计和施工。缘石坡道顶端处应留有过渡空间，过渡空间沿坡口一边不应小于坡口宽度，另一边长度不应小于 0.90 米。⑤

电梯设置。无障碍电梯轿厢开门应不小于 0.80 米，电梯门扉应设透明玻璃视窗，

① 邵磊，等. 无障碍与校园环境[M]. 沈阳：辽宁人民出版社，2019：88.
② 李志民，宋岭. 无障碍建筑环境设计[M]. 武汉：华中科技大学出版社，2011：200.
③ 李志民，宋岭. 无障碍建筑环境设计[M]. 武汉：华中科技大学出版社，2011：183.
④ 邵磊，等. 无障碍与校园环境[M]. 沈阳：辽宁人民出版社，2019：93.
⑤ 邵磊，等. 无障碍与校园环境[M]. 沈阳：辽宁人民出版社，2019：100-101.

应确保电梯内设置低位操作盘，操作盘应设中文盲文提示。无障碍电梯轿厢内应设置电梯运行显示装置和停层提醒、开关门提醒等语音提示装置。无障碍电梯轿厢后侧应设不锈钢镜面反光板或镜面玻璃，方便轮椅使用者观察后部情况，方便安全驶入和驶出。无障碍电梯轿厢内应设置连续扶手以及防止轮椅碰撞损坏的护墙板。在对校内老旧建筑进行改造时，由于结构等原因经常会遇到无法设置电梯基坑的情况，因此需要考虑导入无基坑电梯加以解决。需要注意的是无基坑电梯在吨位、轿厢尺寸上有很多限制，应事先与厂家进行确认。①

楼梯设置。校内楼梯不仅是逃生避难的手段，而且肩负着垂直交通的重要任务。每层采用 2 跑或 3 跑直线形楼梯为好。避免采用每层单跑式楼梯和弧形及螺旋形楼梯形式，这样的楼梯容易让学生产生恐惧感、劳累，还容易发生摔倒事故。楼梯的净宽不宜小于 1.20 米，不宜采用无踢面的踏步和突沿为直角形的踏步。踏步面的两侧或一侧凌空为明步时，应防止拐杖滑出。② 楼梯间内左右两侧应设置扶手，人流量大的楼梯扶手应设置高低两层扶手，低位扶手高度一般为 0.60~0.65 米，高位扶手的高度为 0.70~0.85 米。

走廊和通道设置。建筑物的走道是连接不同建筑、不同设施及建筑物内部各功能分区的重要设施。走廊和通道应尽可能地做成直角形式，避难通道应设计成最短的路线。与外部直接连接的走廊不利于避难，在设计时应注意避免。走廊的宽度应依据建筑的功能要求而定。一般来说，若让轮椅乘坐者能够较容易地通行的话，走廊和通道需要 1.20 米以上的宽度。③ 在不超过 50 米间隔的区间内，在走廊尽头或中间地带设置避退空间，满足轮椅错车和转向掉头的需求。对于校内人群比较集中的走廊和通道的宽度应设置在 1.80 米以上，保证两台轮椅可以对面来往、并排错车。灭火器等突出物应当放入墙壁上设置的安全凹槽内，不得裸放在走廊上，妨碍行人或轮椅等的行进，造成安全隐患。同时，走廊和通道的拐角处应设计为圆角或喇叭口形，确保 1.40 米以上的拐弯空间，拐弯处应设护角或护墙板，以避免墙面受轮椅撞击造成损坏。转弯处走廊外侧转角上部还应设圆形反光镜，方便轮椅使用者进行安全确认。④

---

①　邵磊，等.无障碍与校园环境[M].沈阳：辽宁人民出版社，2019：98-99.
②　刘连新，蒋宁山.无障碍设计概论[M].北京：中国建材工业出版社，2004：74.
③　李志民，宋岭.无障碍建筑环境设计[M].武汉：华中科技大学出版社，2011：193.
④　邵磊，等.无障碍与校园环境[M].沈阳：辽宁人民出版社，2019：96.

📖 | 案例 |

连廊式学校

厦门市同安区某小学采用连廊式设计，校舍方正，前三栋楼均为学生上课的教室。教师办公室为连廊上的各个房间，方便学生有需要时，能第一时间找到教师反映问题。每间教室功能分区明确，包含教学区、阅读角、学生储物柜等，墙面展示班级文化及学生优秀作品。最后一栋楼包含专用教室和午休两个功能，一至四层是图书阅览室、录播教室、创客教室等，五至六层为学生提供简易午休床。学校水平和垂直空间应用合理、功能简捷明晰。

地面设置。不平整和松动的地面会给肢体障碍学生的通行带来困难，积水地面给视障学生的通行带来危险，光滑地面给任何学生的通行都会带来不便，因此，要考虑地面的无障碍设计。在进行地面无障碍设计时要注意：室内外通道及地面应平整，地面宜选用不滑及不易松动的表面材料；入口处脚垫的厚度和卫生间内外地面的高差不大于 20 毫米；道路及入口处雨水的铁箅子的空洞不宜大于 15 毫米×15 毫米；视障学生使用的出入口、踏步的起点和电梯的门前，宜铺设有触觉提示的地面块材。[1]

防撞、防跌落设计。防撞主要是防止激烈活动时与墙角、地面以及突出物发生磕碰。对于这种情况，墙面应做软包或贴壁板。壁板材料应有良好的保温性能、易清洁、可吸声，并具有一定的弹性。为防止轮椅和拐杖通行时对壁板材料摩擦和碰撞产生损坏，软包和壁板的设置高度应在离地 0.30～1.50 米的位置。在防跌落方面，当建筑层高高于两层时，应特别考虑防范学生从高空坠落的可能性。接收智力障碍学生的学校，宜采用直通楼梯或转折楼梯。为避免学生从楼梯井处坠落，楼梯一般不设楼梯井。在两层及以上的建筑外廊，临空的一面必须设置相关防坠落设施，同时不应遮挡住学生的观察视线。为保障室内学生的安全，窗台高度不应低于 0.8 米，不得高于1.00 米，窗间墙宽度不应大于 1.20 米。为不影响教室、走廊的使用和通行安全，宜设立推拉窗；教学楼内二层以上向外开启的窗户应设置防护栏，同时要便于窗户开启。[2]

(2)操作无障碍设计

无障碍操作是指建筑中很多与人体尺度相关的操作，如开门、开窗等。多数操作

---

① 刘连新，蒋宁山. 无障碍设计概论[M]. 北京：中国建材工业出版社，2004：81.
② 教育部教学仪器研究所. 特殊教育学校的设施与专用仪器设备[M]. 北京：人民教育出版社，2008：323-324.

困难是肢体障碍及认知障碍所导致的。一方面，要提高需要操作的部位的感知能力，包括视觉感知和触觉感知。例如，电梯按钮设置为带有背光模式，同时按钮上刻有盲文符号或卡通符号，使视障学生、智力障碍学生知道按钮的用途。另一方面，减少学生操作。开关水龙头等日常操作对普通学生来说非常容易，但对认知障碍学生来说则有一定困难。学生卫生间的淋浴，在其冷热水调节、水流量大小等需要学生自己控制的情况下，认知障碍学生会因不知如何操作而放弃，或者用后忘记关闭等。因此，上述位置的开关可采用减少操作步骤的感应式开关，提升使用便捷度。

（3）标识无障碍设计

学校内各种标识系统是引导学生对空间认知的有效辅助方式。由于特殊儿童认知能力有限或视觉障碍缺陷等，无法一次性接受过多信息，还有的对于过于抽象的信息标识容易混淆重要信息与背景信息。因此，融合学校中的信息标识应简洁，即标识系统的信息简单化、直观化、具象化。系统标识除视觉信息标识外，考虑到学生的缺陷补偿，还应以听觉、触觉标识等多种方式出现，方便有感觉缺陷的学生也能得到足够的标识信息。

视觉标识。视觉标识对于视障学生、智力障碍学生、听障学生都有明显的作用。视觉标识的设置还需要考虑清晰可辨的字体的选择、字体的长度、字体及其背景的色彩、标识的位置和高度、信息的清晰度、标识的照明亮度、符号使用以及可触信息的使用。[①] 为保障特殊儿童便捷地到达资源教室，就近获得特需支持，学校应从校门起，设置必要的指示标识以发挥视觉提示的作用。

触觉标识。触觉标识主要对视障学生和智力障碍学生有明显作用。触觉标识主要有楼梯、走廊尽端的扶手位置等设置的盲文标牌，提示学生所在楼层、前方位置等的信息和可触地图。可触地图主要采用布莱叶盲文，依靠一系列的点突出在标识面上，使用者通过手指触摸来识别。[②] 触觉标识对培智学生主要起到提醒作用，而非具体信息提示。例如，在学生熟悉校园环境的前提下，对不同材质地面的感知不同，学生可以意识到活动范围的变化等。

听觉标识。听觉标识主要是指通过主动播放提示声音的方式传达信息。声音信息包括抽象的语言信息和背景声音两类。视障学生对声音注意度高，语言信息更容易被理解和接受。智力障碍学生由于认知能力有限，对语言信息较难接受，因此多以背景

---

① 李志民，宋岭. 无障碍建筑环境设计[M]. 武汉：华中科技大学出版社，2011：87-88.
② 李志民，宋岭. 无障碍建筑环境设计[M]. 武汉：华中科技大学出版社，2011：91.

声音的方式出现。例如：利用课间在学生活动场所播放背景音乐，提示学生现在属于休息时间；在教室或宿舍门口设置感应式门铃，提醒有人经过或停留等。

无障碍设计的一些措施在融合学校内显得并不合适。一是部分无障碍设施强调陌生人在建筑环境中的使用，因此设施明显、标识性强。对一直生活在校内的学生来说，环境较为熟悉，过多的无障碍设施反而限制了他们的行为。二是明显、过多的无障碍设施具有标签效应，对校内外人员来说容易产生对特殊儿童归类、下定义的做法。因此，融合学校内的无障碍设施需要结合校内儿童的障碍特征，在保障安全、保障教学效率的前提下，参照通用设计的理念统筹设置，而非按照规范不加思考地简单逐条设置。

4. 声音环境设计

声环境控制的主要指标是室内噪声级。普通教室、阅览室等有声音控制要求的房间，室内允许噪声级不大于40分贝，其他对声音无特别要求的空间应小于45分贝。经常会产生活动声音的感觉统合教室、多感官训练室、体育康复教室等可集中分区设置，避免对普通教室产生干扰。有特别需要的教室和训练室，则需要通过其他方法来进一步控制底噪。例如，听力检测室的本底噪声值应在25分贝以下，需要在室内铺设专用的消声材料，对教室进行隔音处理。封闭走廊和门厅等混响时间较长的空间，也应从建筑设计方法上进行混响控制。当特定空间效果无法满足混响时间要求时，需在顶棚或墙壁墙裙上部做吸声处理。

5. 光线环境设计

光环境设计包括自然采光和人工照明两部分。自然采光通过窗地面积比可以有效控制，并通过适当的遮光措施给予有效控制。人工照明是为弥补自然采光不足而必须设置的。对低视力学生来说，对照明标准的要求比普通人要高，一是提高照度有助于改善视觉效果，二是照度可控以满足不同视觉障碍学生对光环境的要求。

学校在选择玻璃时，应慎重。应该避免使用彩色的玻璃，因为彩色玻璃在阳光的作用下会使得室内的光线较暗，不利于学生学习。如果天气比较阴沉，室内还需要照明，这样不仅会浪费电能资源，也会影响学生进行正常的上课和学习，甚至对于学生的视力也有不利影响，所以学校在建筑物的玻璃选择上应该避免彩色玻璃。[①]

6. 色彩运用设计

融合学校建筑设计宜采用识别性强的色彩，接收智力障碍学生的学校或班级进行

---

① 杨岱男. 学校建筑的建筑文化设计关键分析[J]. 建材与装饰，2020(7)：81-82.

环境设计时应善用各类颜色为学生提供刺激，从而对其形成正面的心理刺激。例如：浅而暖的颜色用在学生日常活动的教室中，有助于提高学生注意力；冷色用在需要学生冷静的房间里；橙色和黄色等可用于餐厅、大厅等位置，激发学生的活动兴趣。色彩的使用不必遵循严格规定，可根据学校教学特点进行设置，但应注意以下两点：一是普通教室内尽量少用纯白、黑或深褐色等不带任何感情和倾向的颜色，这些颜色会降低大脑活跃度，不利于发展性障碍学生的学习和训练。二是色彩应尽量统一，在同一区域或相近功能的区域，尽量采用同一色系，而不要形成鲜明对比，以此帮助学生通过颜色记忆与功能用房形成经验性联系，成为一种空间导向标识。

（二）班级层面的通用融合物理环境创设

环境对于教育和人成长的作用是众所周知的。在特殊教育领域内，一般认为障碍对环境而言是功能状态，有相对性，可变化，应在班级内建设最少受限制环境，使环境能适应特殊儿童需求。班级物理环境包括教室的外观及空间的使用，空间则包括墙面、灯光、地面及储存区等部分。墙面空间指的是布告栏，能增强教室的美观性，也能让教学内容一目了然，因此，布告栏的设计格外重要。教室的布告栏里大都贴着教室规则及学生作品，当然也包括教师所教课程中强调的内容（如除法的步骤），以提醒学生学习。[1] 建立无障碍的教室空间和设施是教室通用融合物理环境创设的重要组成部分，包括教室外观和空间运用、座位安排以及环境布置等方面的调整（表 3-2-1）。[2]

表 3-2-1　班级层面通用融合物理环境创设内容

层面		内容
建立无障碍的教室空间和设施	教室外观和空间运用	①教室的位置安排在一楼。 ②降低教室环境的复杂度，使学生容易取得和使用，如书柜的高度须考虑学生的身高和肢体状况。 ③增强教室物理环境、设备和器具的安全性，以避免危险与伤害，如铺上防滑垫、避免有尖角的器具、餐桌尖角处加上护套。 ④教室出入口方便进出。 ⑤让学生拥有适当大小的空间，以方便使用辅助性器具和进行活动。 ⑥增加学生对教室布置、设备和器具的熟悉度。例如：告诉学生教室的布置情况，若有调整或新的设备加入，也要及时告诉学生。

---

① 吴淑美．融合教育理论与实践[M]．北京：华夏出版社，2018：29.
② 邓猛．融合教育实践指南[M]．北京：北京大学出版社，2016：134.

续表

层面		内容
建立无障碍的教室空间和设施	教室外观和空间运用	⑦考虑学生的需求设计书桌。例如：对于上肢有残疾的学生，考虑提供可以调整、旋转的桌子。对于弱视的学生，提供稍微有倾斜度的桌子，或是提供书架，使他们不用靠近及弯腰就能看见；还可以在座位上加装台灯，提供额外的光源。
	座位安排	①座位安排在教师容易监控与协助的位置上。 ②座位安排在同伴容易协助的位置上。 ③座位安排在不易分心或受干扰的位置上。 ④座位安排在靠近黑板的位置上。 ⑤考虑学生的视野，将座位安排在中间的位置上。 ⑥座位安排在容易听到教师说话的位置上。 ⑦座位安排在容易看到教师脸部的位置上。 ⑧结合学生的身高安排桌椅。 ⑨允许学生移动位置，以便认读教师或同学的唇语，或是看清楚视觉材料。
	环境布置	①注意物理环境因素(如采光、温度、通风、色彩等因素)的安排，以增进学生对信息的接收和学习。 ②减少会让学生产生焦虑不安或其他情绪行为问题的物理环境因素。 ③减少环境中的噪声或诱发分心的刺激，以提高学生的专注力。 ④提供结构化且多样化的教室环境。 ⑤提供回馈的教室环境。 ⑥让学生一起参与布置整齐、清洁和温馨的环境，并且于教室布置中注入幽默元素。 ⑦教室布置与教学内容、学生需求和兴趣相配合，并且能做弹性调整。 ⑧提供能让学生操作和使用、弥补其限制的学习环境。 ⑨安排能引起学生兴趣的器材，以供他们在课余时间使用或娱乐。

| 案例 |

学校教室的桌椅设计问题

　　小许是某高校学生，她对学校环境布局及各项设施非常满意，但对学校教室里的桌椅(图 3-2-2)设计很有意见。她表示，每次去教室，自己的腿都会被桌椅撞到，而且撞得很疼。其同学和教师也纷纷表示自己也遇到了同样的问题。

图 3-2-2   某高校教学楼教室桌椅

作业·····▶

简答题

1. 校园通用融合物理环境创设的内涵是什么？

2. 校园通用融合物理环境创设的内容包括哪些？

3. 校园通用融合物理环境创设需要注意什么？

4. 面对一所普通学校改造，校园通用融合物理环境如何创设？

▶ 任务三
校园通用融合制度环境创设

一、校园通用融合制度环境创设的内涵

（一）校园制度环境的内涵

校园制度环境是指师生在各种事件、活动中缔结的社会关系以及用于调控这些关系的规范体系，是师生言谈举止、交往活动的准则系统。它包括各种规章制度、道德规范、行为准则等。[①] 校园制度环境是学校有意识选择的，具有强烈的规范性、组织性、秩序性，属于校园范围内强制执行和必须严格遵守的文化类型，如培养目标、校规、校纪、教学及管理制度以及相应形成的严密的组织机构。它包括各种规章制度、

---

①   柴世钦.我国现代高校德育解析[M].沈阳：辽宁大学出版社，2008：144.

道德规范、行为规范、工作守则等。[①]

创设校园制度环境需要注重校纪、校规建设，以严格的制度管理人。学校在实施必要的规章制度时，要重视以情动人、以理服人，既要求他们严格遵守，又要充分理解师生的情感。同时，还应尽量提供全体教职工参与管理学校生活的机会。学校应采取情感与科学相结合的管理模式，实施有情、有序、有效的管理。

(二)校园通用融合制度环境创设的内涵

构建有效的融合教育制度是融合教育改革的必然方向和选择，通用融合制度环境创设应基于教育公平的价值观、以变革普通教育为核心、由封闭走向开放。校园通用融合制度环境创设需要回到普通学校自身的变革上，以制度的形式确立普通学校的主体地位，转变普通学校的固有观念，形成以融合为发展方向的制度指引。[②]

我国融合教育的模式主要表现为随班就读，且多依赖自上而下的行政方式来运行。在学校随班就读制度环境建设上，学校领导和随班就读教师应正确理解和实施随班就读政策。在政策指导下，应本着平等的教育理念为随班就读的特殊儿童创设健康的学习和生活环境，并在实践中摸索随班就读工作经验，寻求家长、社区和特殊教育学校等全方位的支持和配合。

二、校园通用融合制度环境创设的内容

制度是一所学校办学理念的外在形式，是办学思路的外在表现。在我国，各级教育行政部门多结合上级主管部门有关随班就读工作文件精神和本地实际情况制定适合本地区的有关随班就读工作的政策与规定，以规范随班就读各项工作，为融合教育工作提供政策支持和保障。教育行政部门多从组织领导、教学计划、教学工作、评估、教研组织、学籍管理及师资培训等方面进行详细规定，对于加强特殊儿童随班就读教育教学工作的规范化管理、提高融合教育工作的整体水平起到了极大的推动作用。

对融合学校行政管理而言，学校行政管理团队是以校长为首的包括书记、副校长、教导主任、总务主任、政教主任等在内的所有管理工作者。校长全面协调管理资源教室的工作分配，教导处负责资源教室的教育教学监督及指导工作，总务处负责资源教室硬件设配的管理工作，资源教师负责特殊学生的日常教育及指导工作。学校行政团

---

① 王晶. 文化视角下的高校校园建设[J]. 林区教学，2010(11)：29-30.
② 李拉. 论当代融合教育制度的构建[J]. 现代特殊教育，2019(16)：3-7.

队需要制定完善的针对特殊儿童入学、教育教学安排、教师配备以及经费使用等相关的规章制度。通过制定相关的规章制度、管理方案和教育计划并保障执行，有效发挥领导层面对融合教育工作的管理、协调与监督等职能，促进各项工作的规范化和制度化。[①]

融合教育需要以普通学校为中心，在制度设计上将普通教育、特殊教育、教师教育以及家庭教育有机统一，建立融合教育的实践制度，保障融合教育的运行。[②]

（一）课程与教学制度

课程与教学制度包括融合教育教学管理制度、校本教研制度、个别化教育制度等。融合学校不仅仅是要让特殊儿童，而是要让所有儿童都享受高质量的教育。

1. 融合教育教学管理制度

其一，课程、教材的使用，普特学生基本相同，一些特殊需要尽量满足，如视障学生的盲文课本，听障学生的直观教具，智力障碍学生的教材调整等。例如，浙江省温州市永嘉县瓯北第一小学针对特殊儿童个性化学习需求开设了基础课程、融合课程与康复课程三类课程，实现普通教育和融合教育的高度融合。融合生的基础课程是指国家课程和地方课程（其中的体育和艺术类课程归入融合课程），主要通过集体教学实施，同时辅以小组补救课。融合课程是指体育和艺术类课程。该类课程实施的同时辅以情绪行为干预，主要通过心理辅导（团体辅导和个案辅导）进行。康复课程主要针对听觉、言语、语言、认知、学习能力康复等。听觉康复渗透进其他课程课堂，一般采用复述数字或英语单词的方式进行。根据设置的课程，该校设计了四种课型：集体课、融合课、小组课和个别化训练课。同时设计了日常教学"6表"：一日活动时间表、班级日课表、学生选择性课程安排表、个别化教育安排表、教师实施课表、专用教室使用安排表。[③]

其二，为每个特殊儿童制定和实施个别化教育方案，并切实落实。在教学过程中贯彻"面向全体兼顾差异"的原则，使特殊儿童和普通儿童融合、共进、发展。例如，浙江省制定了《特殊教育个别化教学指南》，要求任课教师对随班就读学生的教学内容进行课前个别引导，对教学重点进行课堂个别指导，对教学难点进行课后个别辅导。

---

① 何新雨，冯建新. 系统理论视域下普通学校融合教育支持系统探析[J]. 绥化学院学报，2023(1)：18-22.

② 李拉. 论当代融合教育制度的构建[J]. 现代特殊教育，2019(16)：3-7.

③ 虞孙芝. 学校层面推进融合教育应做到"五个一"[J]. 教书育人，2020(8)：14-15.

2. 融合教育校本教研制度

实施融合教育的学校要建立随班就读工作教研组，应由普特教师共同组成，也可以邀请专家、家长加入。教研组应制定系统的教研制度、计划和方案，通过校本教研，提高教师课程开发、建构与实施的专业能力。厦门市海沧区晨昕学校以三种方式推进融合教育校本教研工作。一是整体融入式。学校围绕差异教学，整体规划，统筹安排，将随班就读的教研活动融入日常教研活动之中，做成一件事，而不是两件事。二是专题研讨式。教研组围绕一定专题定期开展研讨活动，如课程调整、同伴支持、行为干预等。专题研讨活动一般以课堂观摩、工作坊、案例分析等形式为主，突出"教—学—研—训"一体化。三是课题推进式。课题研究是一个有计划、有目的、有步骤、有措施的过程，学校以课题研究为抓手，通过阶段性成果汇报等活动，带动校本教研。[1]

3. 个别化教育制度

个别化教育制度主要是个别化教育计划，是为每一个有特殊教育需要的学生所拟定的文件。其目的是根据特殊儿童的学习特质与需要，提供最适当的教育服务。一方面，可作为教学的依据；另一方面，可作为教学成效考核的依据。因此，个别化教育计划不仅是教育计划，而且是一种教学管理的工具，旨在确保每个特殊儿童都能接受适当的教育服务。个别化教育计划表的制定可参考表 3-3-1。

表 3-3-1　个别化教育计划表[2]

(1)基本资料						
①个人资料						
学生姓名		性别		出生日期	身份证号码	
户籍地址						
居住地址						
家长或监护人				关系		
鉴定类别						

---

① 詹秀玉.基于校本化随班就读课程的建构与实施建议：以厦门市海沧区融合试点校为例[J].绥化学院学报，2021(7)：26-28.

② 张文京，严小琴.特殊儿童个别化教育：理论、计划、实施[M].2版.重庆：重庆大学出版社，2020：235-241.

②家庭状况及背景环境

家长教育程度		主要照顾者	
家长职业		主要学习协助者	

家庭经济状况		父母婚姻状况		学生民族	

家长期望	
家庭生活简述	
家庭对个案的支持	
家庭需求	

③发展史

项目	内容
专业诊断治疗情形	
其他	

④教育史

项目	内容
过去教育安置情形	

(2)测验与评量

工具名称	测验结果/分析解释		施测者	施测日期
	结果			
	分析			
	结果			
	分析			

(3)语、数学科能力状况描述

项目	状况描述	建议

(4)发展性、适应性领域综合课程评量

项目	能力状况	评量方式	评量者及评量日期

续表

(5)综合分析与建议	
项目	内容
优势能力分析	
教育需求分析	
障碍状况对其在普通班上课及生活之影响	
适合的评量方式	

(6)教育支持与相关服务

①安置情形

☞床边教学　☞在家教育　☞特殊学校　☞集中式特殊班　☞资源教室　☞巡回辅导　☞普通班　☞学前融合班

②参与普通班的基本状况

领域	地点	节课/周	起止时间	负责教师

③特殊教育服务的基本状况

领域	地点	节课/周	起止时间	负责教师	备注

④相关专业服务(职能、物理、医疗、心理治疗、听语治疗、社工等)的基本状况

服务内容	地点	频率	时长	起止时间	负责人	备注

⑤行政与环境支持的基本状况

服务内容	方式	负责人

续表

(7) 学年学期教育目标(长期目标：3个月以上)
时间：
(8) 短期教育目标(短期目标：4周内可完成的目标)
时间：

| 案例 |

提供适合的个性化教学服务

以厦门市同安区云埔小学为例，学校根据同安区特殊教育资源和指导中心的"八阶段"融合教育工作模式，在教育评估的基础上制订了个别化教育计划，安排专门的课表及课程以帮助随班就读学生适应学校生活。一是开展课程调整。根据个别化教育计划短期、中期、长期目标的设置，在课堂上提供有图片提示的课文、编写专门的练习题，让其能跟随课程进度完成对应的学习目标。二是开发活动课程。学校开展了以鼓圈活动为特色的活动课程建设，每周三下午和周五下午，普特学生齐聚操场，通过鼓圈活动表现自我，徜徉在律动节奏里。三是完善资源课程。专职资源教师根据学生认知能力、心理特点等设置资源课程，通过感觉统合训练、个训课等提升随班就读学生的学习能力。

(二)组织与人事制度

学校组织与人事制度包含组织管理制度、教师考核制度、教师奖励和薪酬制度等内容。

1. 融合学校组织管理体制

(1)建立融合教育领导小组

融合教育领导小组一般由学校分管校长、教导主任、教科室主任(或学校教育科研负责人)、骨干班主任、资源教师等组成。

学校融合教育领导小组的职责：把融合教育工作纳入学校整体工作之中，成为学校教育教学的计划管理、过程管理和评估管理中不可分割的组成部分。做好校内支持系统工作。配备相对稳定、集中的融合教育资源教师，并做好教师的培养与培训工作；营造全校师生接纳、尊重、帮助有特殊教育需要的儿童的氛围；提供有特殊教育需要的儿童平等参与学校各项活动和展示特长的机会；添置融合教育需要的设施设备，有条件的学校要建设资源教室；积极争取教育行政和业务部门的支持与指导，争取特殊教育学校的帮助与辅导；宣传学校的融合教育工作，积极争取家长和社会各界的理解和支持。[①]

(2)建立融合教育教研组

融合教育教研组一般由主管校长、从事融合教育的相关教师和资源教师组成。要有计划地开展活动，一学期至少 3 次；针对工作中存在的教育教学实际问题，开展学习、听课、研讨活动，及时交流、总结经验，提高融合教育教学质量。开展融合教育个别化教学的研究、融合教学常规的研究、融合学科教学的研究、融合课堂教学的研究。为学校开展融

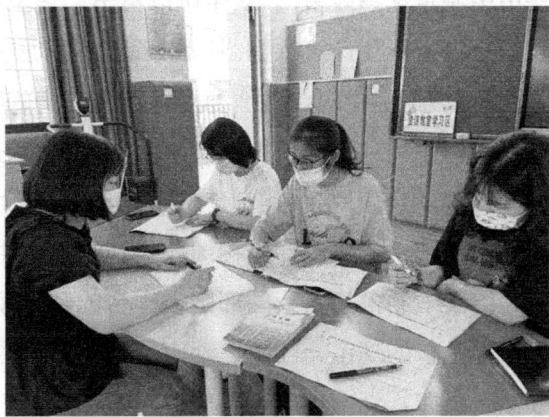

图 3-3-1　厦门市同安区汀溪中心小学融合教师研讨

合教育工作提供参考意见。例如，厦门市同安区汀溪中心小学由中心校建设资源教室，牵头开展片区内随班就读整体工作：制定资源教师工作制度，要求资源教师负责全学区随班就读学生的资源教学，推动资源教室教具流动，让基层学校也有基本的特殊儿童教学用具；制定资源教室管理制度，明确第一责任人；制定随班就读教研制度，每月开展一次片区集中教研，由中心校教务主任组织各校负责人到校教研，就课程调整、乡土文化融入校园环境进行集中研讨(图 3-3-1)。

---

① 柳树森. 全纳教育导论[M]. 武汉：华中师范大学出版社，2007：405.

（3）建立特殊儿童筛查组

特殊儿童筛查组一般由教导主任或主管教务人员、受过培训的教师（心理健康教育指导教师或生活生理卫生教师和资源教师）、学校自配或镇（乡）医疗单位的医务人员等组成，由教导主任负责。学校特殊儿童筛查组的职责是对全校每年的新生进行筛查并对疑似特殊儿童者进行复查。具体要求为，做好各年级筛查对象的汇总，做好家长的联系工作，组织并进行筛查，向县（区）级鉴定小组申请鉴定。

2. 随班就读教师考核制度

教师考核是指学校和其他教育机构根据国家制定的教师职务任职条件和职责，运用定性和定量结合的方法，对教师工作进行定期和不定期的考察评价。[①] 在绩效考核上，《残疾人教育条例》第四十六条对其教学、管理工作进行了规定，即"应当将其承担的残疾学生教学、管理工作纳入其绩效考核内容，并作为核定工资待遇和职务评聘的重要依据"，并补充"县级以上人民政府教育行政部门、人力资源社会保障部门在职务评聘……制定优惠政策"。从中可以看出，它主要从价值导向进行了规定，没有明确和细化的考核指标和计算依据。[②]《教育部关于加强残疾儿童少年义务教育阶段随班就读工作的指导意见》指出，各地要根据特殊教育的特点，在职称评聘体系中建立分类评价标准，实行分类评价。承担残疾学生随班就读任务的学校要建立健全随班就读教师考核机制，科学全面地评价随班就读教育教学能力和实绩，在教师资格定期注册、职称评审、岗位聘用、评优评先和绩效奖励等工作中，对直接承担残疾学生教育教学工作的教师给予适当倾斜。我国部分省出台的随班就读指导意见等政策文件中有关于融合教育教师考核的规定，江西、湖南、黑龙江等省已经出台了融合教育教师工作量的核算办法。例如，湖南省规定，任教教师工作量在原有系数上增加 0.1～0.2，班主任增加 0.2～0.3，资源教师增加 0.5～0.6。[③]

3. 随班就读教师奖励和薪酬制度

教师奖励制度是国家、地方和学校依法对在教育教学中有突出贡献的教师给予精神和物质奖赏和鼓励的制度。按照受奖教师的贡献大小依法设定学校、地方政府和国务院三个层次。政府和学校鼓励教师积极投入班级的教育教学工作，对表现突出的教

① 林金枫，赵琳．文教事业管理[M]．哈尔滨：哈尔滨工程大学出版社，2016：254.
② 彭兴蓬，李元正，陈玲恩．《残疾人教育条例》视角下融合教育政策法规的特点、问题与建议[J]．现代特殊教育，2022（20）：3-9.
③ 彭兴蓬，李元正，陈玲恩．《残疾人教育条例》视角下融合教育政策法规的特点、问题与建议[J]．现代特殊教育，2022（20）：3-9.

师定期给予表彰。定期召开融合教育工作会议和表彰总结会议，形成有力的激励机制，特别是通过课堂教学评优和论文案例、课例的评选等促进教育教学质量提高。

教师薪酬是一个综合范畴，它通常由三部分组成：工资、福利和社会保险。教师津贴和补贴作为工资的一种补充形式，是对教师在特殊劳动条件下付出劳动消耗和生活费支出所给予的适当补偿，如班主任津贴、特殊教育教师津贴。[①]《中华人民共和国残疾人保障法》规定，特殊教育教师和手语翻译享受特殊教育津贴。特殊教育教师享有国家规定的特殊教育津贴，其他待遇与小学教师相同。《残疾人教育条例》第四十六条规定：特殊教育教师和其他从事特殊教育的相关专业人员根据国家有关规定享受特殊岗位补助津贴及其他待遇；普通学校的教师承担残疾学生随班就读教学、管理工作的，应当将其承担的残疾学生教学、管理工作纳入其绩效考核内容，并作为核定工资待遇和职务评聘的重要依据。《教育部关于加强残疾儿童少年义务教育阶段随班就读工作的指导意见》指出，依据国家有关规定，认真落实资源教师特殊岗位补助津贴政策。部分地区将普通学校随班就读教师、送教上门教师纳入享受特殊教育津贴的范围。

（三）学生工作制度

学生是学习的主体，学生管理也是学校管理工作的重要组成部分。普通学校招收特殊儿童，做好特殊儿童的管理工作有其特殊的意义与作用。学生工作制度包含特殊儿童筛查鉴定制度、招生安置制度、学籍管理制度、档案管理制度、考核评价制度等内容。

1. 特殊儿童筛查鉴定制度

招收特殊儿童入学，应当对其残疾类别和生理、心理各类障碍及特点进行检测和鉴定，其主要目的是便于入学后为他们提供各项特殊教育服务。特殊儿童应由医疗部门、残疾儿童康复部门或当地特殊教育机构专业人员进行检测鉴定。筛查和鉴定资料及结果应严格保密，不得公布，仅供教育部门在教育过程中参考和科学研究使用。[②]

2. 招生安置制度

《残疾人教育条例》规定：在义务教育阶段，残疾儿童、少年接受义务教育的入学年龄和年限，应当与当地儿童、少年接受义务教育的入学年龄和年限相同；必要时，其入学年龄和在校年龄可以适当提高。适龄残疾儿童、少年能够适应普通学校学习生

① 全国人大教科文卫委员会教育研究室. 教育法学习宣传辅导[M]. 北京：高等教育出版社，1995：166.
② 柳树森. 全纳教育导论[M]. 武汉：华中师范大学出版社，2007：403.

活、接受普通教育的，依照《中华人民共和国义务教育法》的规定就近到普通学校入学接受义务教育。在特殊教育学校学习的残疾儿童、少年，经教育、康复训练，能够接受普通教育的，学校可以建议残疾儿童、少年的父母或者其他监护人将其转入或者升入普通学校接受义务教育。适龄残疾儿童、少年接受教育的能力和适应学校学习生活的能力应当根据其残疾类别、残疾程度、补偿程度以及学校办学条件等因素判断。在职业教育阶段，残疾人职业教育由普通职业教育机构和特殊职业教育机构实施，以普通职业教育机构为主。普通职业学校不得拒绝招收符合国家规定的录取标准的残疾人入学，普通职业培训机构应当积极招收残疾人入学。在普通高级中等以上教育及继续教育阶段，普通高级中等学校、高等学校、继续教育机构应当招收符合国家规定的录取标准的残疾考生入学，不得因其残疾而拒绝招收。县级以上人民政府教育行政部门以及其他有关部门、学校应当充分利用现代信息技术，以远程教育等方式为残疾人接受成人高等教育、高等教育自学考试等提供便利和帮助，根据实际情况开设适合残疾人学习的专业、课程，采取灵活开放的教学和管理模式，支持残疾人顺利完成学业。残疾人所在单位应当对本单位的残疾人开展文化知识教育和技术培训。

以上海市为例，上海市徐汇区特殊教育指导中心与区教育局招生考试中心等相关部门共同制定了《上海市徐汇区特殊学生评估安置流程(学前/义务教育阶段)》，规定特殊儿童入学(入园)需要经过发现与咨询、评估与鉴定、安置与转介三阶段的评估流程。①

(1)发现与咨询阶段

每年5月，上海市徐汇区在新生入学(入园)报名阶段启动特殊儿童评估工作，并在5月底前完成发现与咨询工作。在新生报名时，普通学校(幼儿园)通过现场观察和材料审核等方式，筛选出在肢体运动、认知发展、言语语言、行为表现等方面存在明显不足的儿童，并将儿童名单上报至区招生考试中心。

(2)评估与鉴定阶段

这一阶段具体包含医学诊断、现场评估和综合鉴定三个环节，这一阶段的工作在6月全部完成。

医学诊断由上海市教委指定医学评估机构实施。徐汇区特殊教育指导中心将确认参与检测的总名单发送至签约的市级医院，并与医院协商、确定评估诊断的具体时间，

---

① 汪蔚兰.规范特殊儿童入学入园评估流程：上海市徐汇区开展特殊儿童入学入园评估工作的实践探索[J].现代特殊教育，2020(11)：10-12.

再由医院开设入学(入园)评估专场，出具医学诊断报告。

医学诊断完成之后，徐汇区特殊教育指导中心组织由医学专家和教育专家共同组成的区入学鉴定委员会开展现场评估。现场评估需学生和家长共同参加。现场评估中，专家对照医学诊断报告，通过访谈家长、观察学生等方式，深入了解学生的实际能力水平，徐汇区特殊教育指导中心对访谈和观察进行详细的记录。

综合医学诊断和现场评估情况，区入学鉴定委员会的专家经共同商议，完成综合鉴定，提出针对这些儿童的教育安置建议。

(3)安置与转介阶段

评估与鉴定工作完成后，徐汇区特殊教育指导中心汇总区入学鉴定委员会的教育安置建议并提交至区招生考试中心，再由区招生考试中心负责落实入学(入园)事宜。区入学鉴定委员会提出的安置建议主要分为普通学校(幼儿园)就读后申报随班就读、特殊教育学校(含学前特教班)就读、缓学等几类。区招生考试中心根据教育安置建议安排新生进入相应的学校(幼儿园)就读。特殊儿童入学(入园)的安置方式基本确定后，各学校(幼儿园)本着"零拒绝"原则接纳儿童入学(入园)，落实专家给出的教育指导意见，努力提供优质教育。

3. 学籍管理制度

特殊儿童入学后应建立比普通学生更为详细的学籍和相关资料档案。资料的内容应以有利于对学生实施个别化教育为准，包括特殊儿童基本情况、生理心理状况、学业情况、缺陷补偿情况以及发展情况。学校以此资料为重要依据，对学生采取特殊教育措施、制订个别化教育计划。特殊儿童完成小学教育年限时，应将其升学纳入招生计划，可根据残疾类别和残疾程度，妥善解决，确保他们到中学继续接受九年义务教育。同时学籍及有关档案应随儿童的升学一起移交，以便新的学校、教师对其进行连续的教育。[①]

4. 档案管理制度

特殊儿童的花名册、个别化教育档案资源、跟踪教育卡、成长记录卡等内容要认真保管，可建立对特殊儿童长期教育的资源库。管理者和教师的融合教育工作计划、总结、论文及有关政策文件，也要有计划地积累和保存，为总结经验及决策提供参考。[②]

---

① 柳树森. 全纳教育导论[M]. 武汉：华中师范大学出版社，2007：404.
② 柳树森. 全纳教育导论[M]. 武汉：华中师范大学出版社，2007：406.

5. 考核评价制度

《教育部关于加强残疾儿童少年义务教育阶段随班就读工作的指导意见》指出，要健全符合随班就读残疾学生实际的综合素质评价办法，将思想品德、学业水平、身心健康、艺术素养、社会实践、科学知识以及生活技能掌握情况作为基本内容，并突出对社会适应能力培养、心理生理矫正补偿和劳动技能等方面的综合评价，避免单纯将学科知识作为唯一的评价标准，而要将调整过的知识和能力目标作为评价依据，实施个别化评价。对于完成九年义务教育、有继续升学意愿的随班就读残疾学生，要安排参加当地初中学业水平考试或单独组织的特殊招生考试。

校园通用融合环境创设是一项系统、全面的工程。从宏观上讲，涉及校园通用融合心理环境创设、校园通用融合物理环境创设及校园通用融合制度环境创设等方面。学校运行过程中的各方面都要让学生体会到归属感，让每个学生都被需要、被接纳。从微观上讲，校园通用融合环境创设需要教育工作者、建筑设计者、社会工作者等各方面人员的专业合作，共同从学校课程与教学、校园文化、环境支持、资源支持、制度保障等方面着手构建。本项目从宏观入手，从内涵、内容两点对校园通用融合心理环境创设、校园通用融合物理环境创设、校园通用融合制度环境创设三方面进行构建，希望能够引发相关人员对校园通用融合环境创设的思考。

作业 ·····▶

简答题

1. 校园通用融合制度环境创设的内涵是什么？

2. 校园通用融合制度环境创设的内容包括哪些？

3. 如何对一所普通学校的制度建设进行顶层设计，使其向融合教育方向发展？

4. 你还知道哪些极具特色的校园通用融合制度？

拓展资源 ·····▶

1. 中华人民共和国残疾人保障法[EB/OL].［2024-03-17］. https：//www. gov. cn/guoqing/2021-10/29/content _ 5647618. htm.

2. 残疾人教育条例[EB/OL].［2024-03-17］. http：//www. moe. gov. cn/jyb _ sj-zl/sjzl _ zcfg/zcfg _ jyxzfg/202109/t20210922 _ 565679. html.

3. 邵磊，等. 无障碍与校园环境[M]. 沈阳：辽宁人民出版社，2019.

4. 吴淑美. 融合教育理论与实践[M]. 北京：华夏出版社，2018.

5. 邓猛. 融合教育实践指南[M]. 北京：北京大学出版社，2016.

6.张宗尧,李志民.中小学建筑设计[M].2 版.北京:中国建筑工业出版社,2009.

7.张文京,严小琴.特殊儿童个别化教育:理论、计划、实施[M].重庆:重庆大学出版社,2015.

温馨提示·····▶

校园融合环境创设一定要结合当地的实际哟!

小结·····▶

本项目主要介绍了校园通用融合环境创设中心理环境、物理环境和制度环境三部分内容。任务一主要梳理了校园通用融合心理环境创设的内涵和内容。校园通用融合心理环境创设是以人本精神为基础对校园进行通用设计,使校园成为每个学生都有归属感、每个学生都被接受和认可、每个学生的教育需要都被了解而且都尽可能得到满足的地方。校园通用融合心理环境创设的内容需要从师生关系和同伴关系培养着手,构建相互接纳和相互理解的心理氛围。任务二主要梳理了校园通用融合物理环境创设的内涵和内容。校园通用融合物理环境创设强调无障碍物理环境建设,内容主要包括学校层面的通用融合物理环境创设,如学校选址与规模、校园建筑设计、校园无障碍设计、声音环境设计、光线环境设计、色彩运用设计等,以及班级层面的通用融合物理环境创设,如教室外观和空间运用、座位安排、环境布置等。任务三主要梳理了校园通用融合制度环境创设的内涵和内容。校园通用融合制度环境创设应本着平等的教育理念为随班就读的特殊儿童创设健康的学习生活环境。校园通用融合制度环境创设的内容主要包括课程与教学制度、组织与人事制度和学生工作制度等。校园通用融合环境创设是一项系统、全面的工程,渗透在学校工作的方方面面,需要社会、政府、学校、家庭的共同推进落实。

项目四　视觉障碍儿童的融合教育环境创设

导语

　　根据 2006 年《第二次全国残疾人抽样调查残疾标准》，视觉障碍是指由于各种原因双眼视力低下且不能矫正或视野缩小，以致在日常生活和社会参与过程中存在障碍。分为两类四个级别，两类是指盲和低视力，四个级别是指视力残疾一级、二级、三级和四级。其中，一级和二级属于盲，三级和四级属于低视力。[①] 视觉障碍儿童具有以下特点：在身体发展上，视障儿童与普通儿童遵循着相同的规律，随着年龄的增长而发展。但由于视觉缺陷，视障儿童的爬、走、跑、抓等动作发展较迟缓，平衡能力较差，精细动作发展水平低于普通儿童。在认知发展上，听觉和触摸觉极为灵敏，空间知觉困难，有意注意能力较好，机械记忆和短时记忆能力较强，形象思维能力差，抽象思维能力发展缓慢，在概念形成、分类能力、概括与抽象能力、推理能力等方面发展相对薄弱。语言发展较好，但在言语表达上有时会词不达意、语义不合。在人格发展上，视障儿童与普通儿童并无明显区别，但由于视力残疾，容易产生自卑感，情绪不稳定，表现得消极、烦躁等。来自社会各方面的歧视和排斥还会使视障儿童社会性发展不足，性格内向，不愿与他人交往。[②] 由于视力的缺陷，他们不能和我们一样看到雪花在天空中飞舞，不能看到小草从地下探出脑袋，不能看清朝夕相处的老师和同学……虽然他们无法看清这个美丽的世界，在学习和生活中也面临着各种各样的困难，但他们仍然有着对生活的热爱、对知识的渴望。因此，在视障学生进入学校后，我们应该给他们多一点关怀，多一些尊重，为他们营造一个舒适、便利、接纳、包容的融合教育环境，让每一个失去光明的学生多一分温暖。

---

①　雷江华，方俊明. 特殊教育学[M]. 2 版. 北京：北京大学出版社，2016：53.
②　雷江华. 特殊儿童发展与学习[M]. 北京：高等教育出版社，2015：102-104.

学习目标

1. 能够了解视觉障碍儿童对各个活动场域的环境需求。
2. 能够为视觉障碍儿童创设适宜的学习区、生活区和资源区环境。
3. 能够结合实际，为视觉障碍儿童创设恰当的融合教育环境。

思维导图

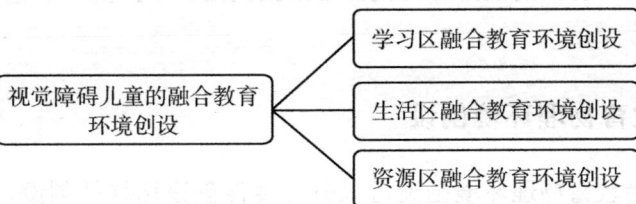

视觉障碍儿童的融合教育环境创设

- 学习区融合教育环境创设
- 生活区融合教育环境创设
- 资源区融合教育环境创设

▶ 任务一
学习区融合教育环境创设

学习区是视障儿童在教育教学中的主要活动区域，通过对此区域进行合理优化，能够使视障儿童在接收大量信息的同时，更加有效地对信息进行筛选，从而促进对信息的理解与运用。视障儿童学习区融合教育环境创设，既包含物理环境，也包含心理环境，这对视障儿童的全面发展至关重要。视觉的缺损造成视障儿童的部分体验缺失，往往使其缺乏交往与创新的能力，这就需要为其创设一个自然、独立的环境空间。

一、融合教育物理环境创设

学习区的融合教育物理环境创设可以分为硬件创设和软件创设，如教室环境、辅助设备等硬件创设，视障教育知识与技能、学生档案、信息技术与学科课程等软件创设。在视障儿童的融合教育中，物理环境的创设是教学活动开展的物质基础，也是其赖以进行学习活动的必要条件。

(一)融合教育物理环境硬件创设

1. 调整教室环境

视障儿童对教室的物理环境要求比健全儿童要高出许多，而教室又是他们学习的主要环境，因此教室无障碍环境的创设至关重要。它可以更好地促进视障儿童主动、有效地增强自主性和提高认知水平。

（1）合适的照明条件

大部分低视力学生在光线较暗的环境中无法进行阅读和写作，对光线的依赖性较强。由于这些儿童低视力的成因不同，所以需要根据不同的情况安排和调整光线强度。

部分视障儿童对光线非常敏感，如常见的青光眼、白化病、沙眼和角膜病，在临床中都有畏光的症状。所以，在安排此类儿童的座位时，应将其安排在较避光处，以降低光线的刺激。教室内还应有遮光的窗帘，在外界光线强烈时，可以对过强的光线进行调节。黑板上方也应当安装补光设施，便于儿童看清教师的板书，但要避免黑板、桌面的反射光线所造成的眩目现象。对于视网膜色素变性、视神经萎缩等对光线需求较大的儿童，应将其尽量安排在靠近窗户但无强光直射的位置（侧对而不面对光线），以免强光刺激造成视疲劳。在自然光无法满足需求而需要补充照明时，为了增强光照，课桌上最好能够设置可调节光线的台灯，让学生可以根据需要自己选择强度进行光源补充。图 4-1-1 所示为宁夏特殊教育学校教室内的护眼灯，图 4-1-2 为黑板补光灯。

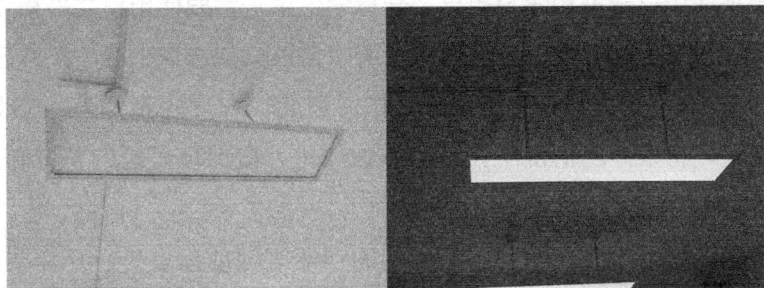

图 4-1-1　宁夏特殊教育学校教室内护眼灯关（左）和开（右）时

图 4-1-2　宁夏特殊教育学校黑板补光灯

（2）教室硬件的布置

除全盲学生外，大部分视障儿童能够运用残余视力辨别颜色、形状、明暗。如果学校条件允许，可以将教室内的课桌、书柜、置物架等有棱角的部分改为圆角设计；若条件不允许，可以在棱角处加上色彩鲜明的软包或防撞角，柜子、墙角处防撞角的高度应与视障儿童的肩膀和头部高度齐平。

教室内的物体与墙面、地板要加大色彩对比，以便于区分。在书柜、储物柜等硬件设施的选择上，要尽量减少突出造型；在摆放时，要将其安排在围绕教室四周靠墙的位置上。教室、柜子中物品摆放位置应相对固定、整齐，让视障儿童可以形成肌肉记忆，便于他们随时拿取。教室及学校内的物品摆放位置发生变化时，要及时告知学生并带领学生重新记忆，减少受伤的可能性。

（3）合理的座位安排

对视障儿童来说，教室中座位的设置尤为重要。

视障儿童在课堂中需要使用辅助设备学习，所以课桌尺寸要较常规课桌大一些。低视力学生在课桌上需要配备台式助视器和尺寸较大的大字课本，因此他们需要一个大尺寸的课桌来摆放显示屏和学习用品。全盲学生由于需要使用盲文书籍和书写工具，而盲文书籍尺寸和厚度都远大于普通书籍，所以在课桌的选择上除了尺寸足够大之外，还要有一定的储物空间，以满足其学习需求。因此，视障儿童的座位最好安排在第一排居中的位置，有条件的情况下，可以单独成排，既保证班级的整齐有序，又有助于视障儿童较好地使用辅助设备。

视障儿童在获取信息时，除了需要使用助视器等辅助设备外，还需要大量依靠听觉信息。因此，除了考虑光照因素外，还需要综合考虑听觉因素，要尽量把他们的座位安排在较为安静的位置，如教室前排并靠近讲桌的走道旁。出于安全考虑，有条件的学校最好能设置地面插座以及相应的防护措施，减少明线插排带来的隐患，确保班级内学生的安全。

由于每个视障儿童视力状况不同，其对光线的感觉和需求也不同，所以在座位的选择上，可以让视障儿童在一定范围内自己挑选，从而为他们上课创造便利的环境。

图 4-1-3 所示为华中师范大学教育学院 316 实验室光度色度测试仪。

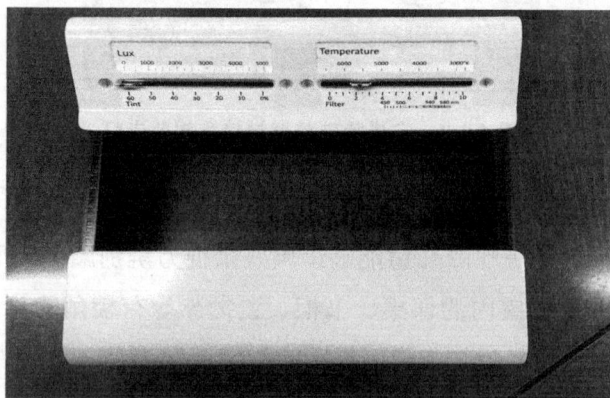

图 4-1-3　华中师范大学教育学院 316 实验室光度色度测试仪

2. 准备辅助设备

在学习过程中，视障儿童往往需要借助一些辅助设备进行一定的视觉补偿，从而帮助其更好地融入学习活动中。其中，常见的辅助设备有助视器（电子助视器和光学助视器）、盲人电脑、点显器、打字机等。

电子助视器以台式、手持式（图 4-1-4 和图 4-1-5）和移动端（手机或电脑放大镜）为主。借助辅助设备的增强照明、改变色彩对比、放大字号等功能，低视力儿童可以根据自己的需求更便利地学习。

图 4-1-4　武汉盲校手持
电子助视器

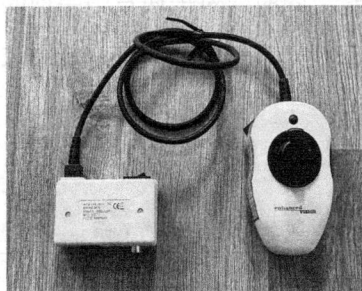

图 4-1-5　华中师范大学教育学院 316 实验室
鼠标式电子助视器

光学助视器以手持或眼镜式放大镜、望远镜等最为常见。对低视力学生而言，放大镜需要结合他们实际的视力情况进行配备，并需要针对不同使用场景和字体大小，选择不同倍数的放大镜。图 4-1-6 所示为华中师范大学教育学院 316 实验室助视器配镜箱。

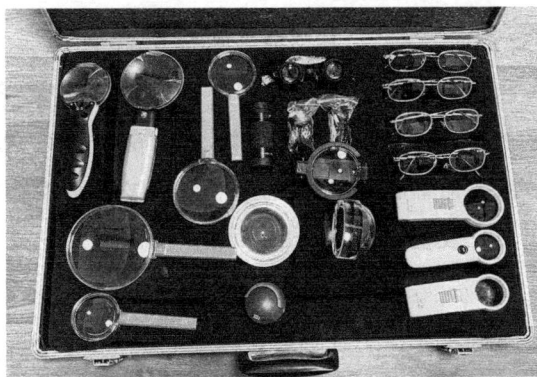

图 4-1-6　华中师范大学教育学院 316 实验室助视器配镜箱

因此，在教学过程中，更适宜为学生配备台式电子助视器。一方面，可以让学生在学习过程中解放双手去进行活动；另一方面，学生在学习过程中可以根据自己的需求，将镜头转向黑板或是阅读面板，再根据不同的情况进行放大倍数的转换，还可以根据自己对色彩的敏感度调节颜色，从而更好地进行各类学习活动。

对全盲学生而言，视觉信息的缺乏，使其对知识的理解和运用都较为困难。此时，盲人电脑(图4-1-7)、点显器(图4-1-8)和打字机就成了学生课余时间获取信息的重要来源之一。学生可以通过电脑来查阅资料、记录笔记以及进行课后学习。全盲学生在学习过程中,尤其是在随堂记录方面,使用盲文打字机或电脑,可以更方便、更有效率地做笔记。同时,对于课堂中呈现的文字性资料,教师可以以电子文本的方式提前共享给学生,让学生能够通过点显器进行摸读,达到同步教学的目标。

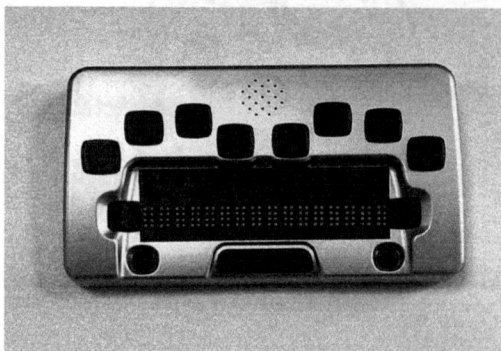

图4-1-7　华中师范大学教育学院316实验室
盲用笔记本电脑

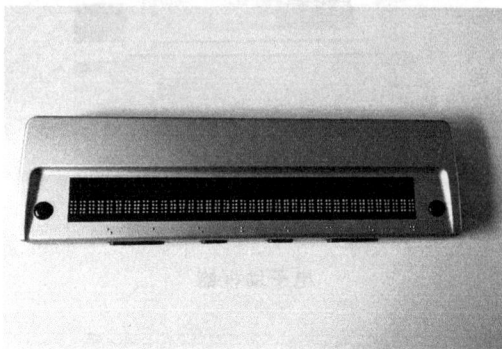

图4-1-8　华中师范大学教育学院316实验室
盲文点显器

| 案例 |

安妮的苦恼

安妮从出生起就无法看清这个美丽的世界。她第一次踏进学校,感到寸步难行。老师特意为她安排了第一排的位置,但她依然无法看清黑板和书上的字,更无法顺利完成作业。课余时间,同学们都在教室外嬉戏玩耍,但安妮只能安安静静地坐在座位上,或是在座位附近活动。教室中的桌椅、书架,校园中的花坛、器材,对安妮来说都充满了重重危险。

如果你是安妮的老师,在详细了解她的情况后,会怎么做?

(二)融合教育物理环境软件创设

1.掌握必要的视障教育知识与技能

视障儿童融合教育的效果,在很大程度上取决于学校与教师提供的支持。

(1)掌握视障教育理论知识

承担视障儿童融合教育的教师,必须具备一定的相关理论知识,了解、学习视障儿童的身心发展特点,从而能够有针对性地为其设置恰当的学习目标与学习方式。此外，教师还需要掌握视障儿童定向行走的相关知识，能够在日常活动中对其进行训练与指导，为视障儿童的成长与发展做出合理的指引。

定向技能是指视障者确定在环境中的位置、判断方向的能力。行走是安全、有效地从一个地点到另一个地点的移动。定向行走主要包括导盲随行、独行和使用盲杖三种方式。在校园环境中，人员相对密集，一般要求学生不使用盲杖进行活动。因此，在学生入校后，教师应尽快带领学生熟悉校园环境，为学生介绍各楼栋、教室、办公室等房间的位置，并帮助学生通过听觉、触觉、嗅觉等方式，来判断自己在学校中的方位并选择正确的路线。

| 案例 |

小爱上学的第一天

小爱是一个精力充沛的孩子，第一次来到学校，他感到非常兴奋。他很想到处去"看看"，可是面对复杂的校园，他的心里犯了难。好在老师看出了他的窘迫，主动让小爱拉住了自己的胳膊，提出带他到处去"看看"。

在定向行走中，首先要为视障儿童解决的问题就是：我在哪儿？我要去哪儿？我该怎样去？然后，要掌握正确的导盲随行的方法，在确保安全的前提下，培养视障儿童独立行走的能力。

老师带领小爱从学校的大门出发，选取了学校中小爱亟须了解的地点。老师选取了一条易辨识、有标志性参照物的路线，带领小爱快速了解了教室、办公室、食堂和卫生间的位置，并指导他如何安全地进行校园活动。

(2)使用恰当的教学手段

对低视力学生而言，在开展教学之前，要对其进行视力检查和评估，以确定其是否可以学习和使用汉字。在没有器质性病变的情况下，可以为低视力学生配备与健全学生教材内容一致的大字课本和助视器。在课堂中加强多媒体课件的作用，在教学课件的设计中，可以加大字号并加强颜色对比。

对需要保护视力的低视力学生和全盲学生而言，则需要为其配备与健全学生教材内容一致的盲文课本以及相应的音频资料。有打印条件的可以准备盲文资料，也可以通过盲人电脑和点显器为学生提供电子文本，并根据实际需求提供实物模型或自制教具。

| 案例 |

写景真难

每到作文课，兰兰总是感到很头疼，尤其开始学习写风景后，她总觉得大脑一片空白。每当听到别的同学说自己看到了怎样的美景，兰兰内心都充满了失落，总认为自己看不清，就无法写好作文。这种挫败感使得兰兰在描述类作文的写作中兴致非常低。

为了提高兰兰的写作兴趣，教师建议兰兰改变常规思路，以手代眼，从观察景物转变为触摸景物。教师决定带领兰兰从最简单的一朵花开始写起。教师先给兰兰带来一朵仿真花，带着她一点一点地触摸，了解花的构造。然后带领她去学校的小花园，让兰兰自己动手去摸一摸、闻一闻，说一说在这个过程中，自己感受到了什么、想到了什么。兰兰在这个过程中充满了兴致。她凑近花朵细细地观察它的颜色，用手轻轻地一遍遍地抚摸，然后告诉老师，她想到了用从近到远的顺序，从一朵花写到一片花，加上自己真实的感受和一些联想，一定可以写出一篇好的作文。

经过一次次的观察和修改，兰兰最终从一个不同的视角，向大家展示了自己努力的成果，让同学们对她刮目相看，她自己也体会到了写作的快乐。

(3)掌握盲文基本知识

特别要注意的是，若有需要依靠盲文学习的视障儿童，教师就需要了解和掌握盲文的拼写和标调规则。理科教师还必须掌握准确、规范的公式书写方法，以便能够指导学生以规范的方式进行盲文书写。

| 知识卡片 |

国家通用盲文方案

《国家通用盲文方案》（以下简称《方案》）是国家语言文字工作委员会规范标准审定委员会审定，经中国残疾人联合会、教育部、国家语言文字工作委员会同意的语言文字规范，自2018年7月1日起实施。

《方案》以现行盲文为基础制定，并沿用现行盲文的声母、韵母、声调、标点符号等。为了用盲文准确阅读、规范书写国家通用语言，充分体现我国国家通用语言音节带调的特点，《方案》确立了全部音节标调的总原则，废止了需要时标调体系。《方案》提出了按声母省写声调符号的规范，确定了一些汉字的简写形式，以减少盲文篇幅。解决了阅读盲文时猜测读音问题，提高了盲文的表意功能，有利于促进盲人教育、文化事业的发展，为盲文信息化、盲人无障碍信息交流提供了保障。

2. 建立完善的学生档案

视障儿童要充分地融入普通学校，就需要教师为其建立教育教学个人档案。首先，要对视障儿童的生理、心理、家庭环境和学习需求等信息进行收集和整理，填写相应的情况登记表。其次，要建立评估体系，制订并实施教育计划。最后，要做好融合教育及缺陷补偿的分析与评价，从而使教师和家长能够详细地掌握学生情况，并为其进一步发展做出适合的规划。

3. 整合信息技术与学科课程

在视障儿童的融合教育中，信息技术的运用既能够有效提高教师的教学效率与质量，又能进一步提升融合教育的质量。教师可以结合有声读物、大字课本、盲文电脑等进行电子备课，并结合不同学科设置生动形象的教学情境，改变传统课堂的教学模式，使视障儿童也能够参与到自主、合作、探究的学习中去。信息技术与学科课程有效整合既为学生丰富了知识，开阔了视野，又能锻炼其交往能力和思维能力，进一步达到全面发展的目标。

图 4-1-9 为宁夏特殊教育学校视障儿童的计算机课程设施。

图 4-1-9　宁夏特殊教育学校视障儿童的计算机课程设施

📖 | **案例** |

新同学小贝

开学第一天，同学们有说有笑地走进教室，发现今天的教室有点儿不太一样，不仅第一排过道旁的桌子被替换成了圆角，而且桌子的边缘用彩色的泡沫条包裹了起来。大家正在纷纷讨论有什么小惊喜的时候，老师领进了一名新同学小贝，还将他安排在了这个特别的位置上。他戴着厚厚的眼镜，脸上略有些羞涩。上课时，同学们发现他常常拿着一个小小的望远镜观察黑板和屏幕，而且他所用的课本和作业本都比大家用的大很多，尤其是在观察一些图形的时候，他还会拿出一个手持的助视器来。同学们都很好奇，去询问老师，才得知，原来小贝由于视觉障碍，需要借助大字课本和辅助器具进行学习，而且由于易与教室内的桌椅等发生磕碰，他被安排在了靠近门口的过道旁。

请思考：如果你是老师，根据小贝的情况，你还可以对教室环境做出哪些改造？

二、融合教育心理环境创设

（一）营造认同、接纳的学习环境

1. 教师营造环境

视障儿童在陌生的环境中容易产生胆怯、退缩等心理。在普通学校班级中，教师和学生对视障儿童的认可和接纳有助于视障儿童突破心理束缚，树立学习与探究的自信心。教师要做到以下几点。

第一，教师要对视障儿童有爱心和耐心，以尊重和信任的态度对待他们。视障儿童在动手操作的活动中，由于观察能力有限，学习进度缓慢，所以教师要对其进行细致、耐心的讲解，或是手把手逐步教学。教学过程中，教师要注意自己的言辞是否恰当，要让视障儿童感受到"我可以"，增强学习的信心，尽量避免由于进度缓慢而产生焦虑情绪。

第二，教师要对普通儿童加以引导，使他们学会尊重视障儿童。在日常教育中，教师可以结合不同的活动，比如戴眼罩听课、戴眼罩在校园内行走等，在确保安全的前提下，让普通儿童体验视障儿童的生活。同时，教师还要注意班级内是否出现给视障儿童起外号、孤立视障儿童等问题，如果发现此类情况，应及时制止、批评，并引导普通儿童与视障儿童平等、友爱相处。

第三，提供帮助时要先询问视障儿童是否需要。视障儿童在学习和生活中确实存在许多不便之处，如找不到教室和掉在地上的物品等，教师很容易先入为主地认为视障儿童需要协助，而忽略了其自我能力的培养。教师切记不要过度帮助，在帮助之前最好先询问视障儿童的意愿。

第四，提醒学生班级内的物品使用后要及时放回原处，以免给视障儿童带来不便。普通学生对于空间位置的变换容易接受，而视障儿童对于空间位置的知觉能力较差，适应环境需要一个过程。所以，教师在日常教育中，应当提醒普通学生将个人物品和教室物品尽可能摆放在固定的位置上，便于视障儿童建立空间概念，减少安全隐患。

第五，在为视障儿童指示方位时，要使用便于其理解的方式。视障儿童因为难以捕捉视觉信息，对空间方位指示中模糊的方位难以辨识。因此，在为视障儿童指示方位时，尽量不要使用"这边""那边"等代词，而应替换成具体指代的"右边""左边"等词语，也可以辅以拍手或发出声音的方式，给视障儿童以提示，还可以使用像"向老师拍手的方向走"等语言提示，引导学生辨析确切的位置。

此外，教师要做好视障儿童的思想引导工作，帮助其正确应对进入普通班级可能会产生的焦虑情绪，引导视障儿童以积极的态度迎接周围的环境，树立自立意识。教师还要培养视障儿童在有需要或者困难时主动提出请求的习惯，培养他们的自我倡导的意识。

| 案例 |

接受自己的特点

瑞瑞刚到学校时，老师曾在课间听到这样一段对话。有同学问瑞瑞："你是不是瞎了，看不到我们？"瑞瑞很难过，却还是笑着回答："我只是眼睛有点儿看不清。"于是，老师决定利用一节班会课，让大家真正理解和接纳瑞瑞。

老师先让每个学生都戴上特制的眼镜模拟瑞瑞的实际情况，然后在操场上进行一次寻物活动。结果大家在熟悉的校园中变得畏首畏尾，还是在瑞瑞的帮助和指导下，大家才找到目标。活动结束后，老师询问了学生们的感受，并告诉大家，这次体验只是瑞瑞生活中最普通的一件事，他希望大家能够在学习和生活中相互理解、相互尊重。同学们纷纷表示，以后会对瑞瑞多一些包容和理解。

后来，瑞瑞告诉大家，他能理解大家说他"瞎"，因为妈妈曾告诉过他，"瞎"是由"目"和"害"两个字组成的，意思是眼睛受到了伤害。动画片里曾讲过，每个人都有自己的特点，他可以接受自己的特点。

2. 个体融入集体

教师在对教学目标、教学方法、教学内容和活动安排等进行设计时，既要考虑到集体教学的整体性，也要兼顾视障儿童的特殊性，从各个层面给视障儿童提供参与和交流的机会，充分发挥视障儿童的优势，促进其融入普通课堂的学习中。在日常的教育教学中，教师还可以充分发挥小组合作的优势，引导学生在小组交流的过程中大胆表述、主动探究、提升自我，并对视障儿童和健全儿童的努力和表现做出及时鼓励和表扬。

（二）提供恰当的心理补偿教育

在融合教育的过程中，教师要在遵循视障儿童心理规律的基础上，关注到学生的个体表现。多数视障儿童在成长的过程中，由于自身障碍、家庭、社会等多种因素，他们容易在心理上出现偏差，常表现为孤僻、自卑、冷漠、偏执，或是狂妄、逆反，同时，也很容易出现依赖心理。因此，在教育的过程中，需要给视障儿童更多的爱和关注，帮助他们在普通环境下健康成长。

在对视障儿童进行心理干预时，首先要建立个性化的心理档案，通过观察其在课堂内外的表现，并及时以文字或图片、视频的方式进行记录和整理，找出问题并分析成因，从而找到相应的解决策略进行心理补偿和干预。

在平时的学习和生活中，教师还可以根据实际情况，结合视障人群中的励志故事，让视障儿童看到每一个人都可以创造价值，使其感受到生活中充满阳光，激发自立自强的意识，树立起积极向上的心态。

| 案例 |

小李的融合教育环境创设

小李，男，六年级，先天性低视力，怕强光照射，对黄、蓝色较为敏感，平时不愿主动与人进行交流。在学习中，由于视力影响，小李的学习活动受到极大限制。在语文学习中，由于生活环境有限，语言积累不足，小李的语言理解和运用能力较差，不能清晰、准确地表达自己的想法。受到视力影响，小李的文章阅读速度缓慢，思考深度有限。在数学学习中，小李能够完成基本的口算题目，但在应对复杂问题时，解题能力有限，逻辑空间思维不足。在其他科目中，也会因为看不清楚而注意力不集中，无法进行学习和操作。此外，在书写方面，作业完成度较低，且字迹潦草，常不能按要求和格式书写。教师对此采取了如下措施。

一方面，物理环境的创设主要从座位安排、照明、课本、教具等方面进行。在座位安排方面，根据小李的视力情况，教师首先考虑将其座位选定在走廊边靠近讲桌的区域，让他可以近距离地看到板书并能够听清教师的讲解，同时也方便他在看不清楚板书的时候下座位查看。考虑到小李需要避免强光刺激，教师将他安排在教室中比较避光的座位上，同时选用了不易反射光线的黑板和桌椅，可以有效避免眩目现象。由于小李视力可以达到认读汉字的水平，所以教师为他配备了彩色大字课本及台式和手持式两种助视器。在板书方面，由于教室内黑板是纯绿色的底色，教师的板书一般使用黄色粉笔，并且做到板书字号让他能够裸视看清。在板书较多或密集时，小李可以通过转换台式助视器的镜头协助观看。教师的课件也尽量以文字简单、色彩明晰为主旨，对于重点内容，利用小李对黄、蓝色敏感的特点，进行色彩加强，并在课堂上适量增加可触摸的教具，促进小李更好地理解课程内容。

另一方面，在人际环境创设上，班级中形成了同学之间互帮互助的氛围。班级中的小卫一直主动帮助小李。小李日常行动缓慢，无论上厕所还是下楼，小卫始终以正确的方式带领他。在学习上遇到困难时，小卫也总是主动伸出援助之手。一学期下来，两个人成了很好的朋友，建立了深厚的友谊。此外，班主任在照顾到小李特殊情况的同时，对他也像对其他学生一样严格要求，一视同仁。小李与各位老师在学习和生活中也建立了深厚的感情。小李由于表达能力较弱，没有太多的肢体语言，因此与同学交流有一定的困难。班主任总是耐心地与小李交流，引导小李注意谈话礼仪。班主任和小卫的做法也影响到了班级中的其他同学，他们也纷纷加入进来，慢慢地班级中形成了一种和谐融洽的氛围。通过在学校的学习，小李语言表达能力得到了提升，学习也有了很大的进步，性格也变得活泼开朗了。

作业·····▶

简答题

1. 视障儿童在学习过程中有哪些需求？
2. 在为视障儿童下达任务或布置作业时需要注意什么？
3. 可以通过哪些方式为视障儿童提供资源共享？

▶ 任务二
生活区融合教育环境创设

视障儿童在学校中生活区的活动范围较为广泛。教室内的卫生角及教室外所有可以进行活动的区域，都可以归入生活区。为保障视障儿童能够安全、顺畅地在该区域进行学习和活动，必须对其进行合理的无障碍创设，使之成为一个完整、有机的系统。视障儿童的视觉信息量较少，只能依靠其他感知觉去区分和识别周围的环境，因此，在生活区的创设中，应当预防视障儿童因为视觉缺陷而造成其他损伤。

一、活动区域融合教育环境创设

(一)活动区域物理环境创设

1. 盲道的设计

盲道是视障儿童能够在校园内畅通行走的重要便利条件之一。盲道的合理设置，能够确保视障儿童的行进安全，尽可能减少其受伤害的概率。盲道的表面分为两种。

一是行进盲道(图 4-2-1)，呈长条状，用于引导视障儿童向前行进。

二是提示盲道(图 4-2-2)，为圆点形，用来告诉视障儿童需要拐弯或已到达目的地。

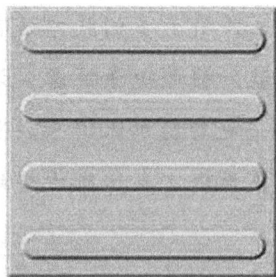

图 4-2-1　行进盲道

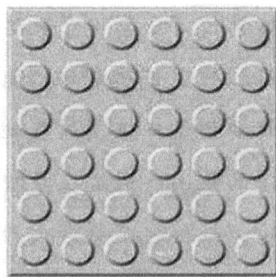

图 4-2-2　提示盲道

校园内盲道的铺设，应当清晰、明确，要有很强的指向性。一般而言，盲道围绕学校各功能区铺设，最好在距离围墙、花台、绿化带等 250～600 毫米的位置铺设。要保证行进盲道的通畅和连续，在拐角处、交叉口及各功能区、教室门口设置提示盲道，且交叉口应增加宽度，起到警示作用，保证学生可以独立在校园内进行活动。图 4-2-3 为宁夏特殊教育学校校园内的盲道。

图 4-2-3　宁夏特殊教育学校校园内的盲道

2. 走廊的设计

视障儿童总体活动范围较小，课余活动的主要空间为走廊，而走廊又是连接功能空间的交通路径。

大多数视障儿童有一定的残余视力或存在光感，完全没有光感的视障儿童属于极少数。因此，走廊内首先需要确保良好的照明，在充分利用自然光的基础上，合理利用灯光(图 4-2-4)进行补充照明，并利用恰当的色彩或提示牌作为视障儿童在走廊内行进的参考，保障视障儿童在走廊内的行进安全。图 4-2-5 所示为可触摸楼层平面图。

图 4-2-4　宁夏特殊教育学校教学楼内的灯光

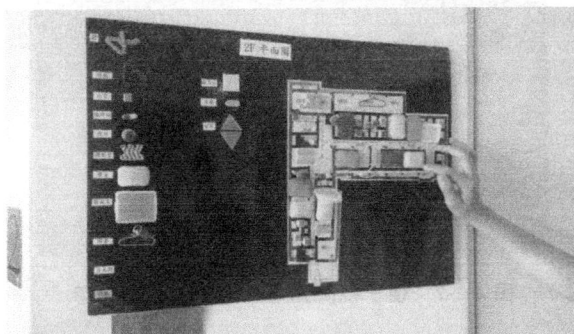

图 4-2-5　可触摸楼层平面图

此外，在走廊内不宜设置台阶，若必须有台阶且无法改变时，最佳选择是以坡道进行过渡，并在坡道起、终点以不同触感的地面材料或提示盲道进行区分；若无法设置坡道，需要铺设提示盲道(图 4-2-6)和醒目的标识，为视障儿童的安全提供有效保障。

图 4-2-6　宁夏特殊教育学校走廊门口的提示盲道

　　走廊两侧须设置便于视障儿童抓握的圆棍形扶手(图 4-2-7)，高度宜在 650 毫米和 900 毫米处，转角处应设计为圆角。在教室、功能区断开处，还应设置相应名称的盲文标识或语音提示按钮。若走廊空间本身较小，则可以使用与墙面材料不同、有强烈色彩对比且健康的材料，设置相应的导盲带和提示块，避免因设扶手而造成走廊空间过分缩小的问题。

图 4-2-7　便于视障儿童抓握的圆棍形扶手

　　同时，由于走廊设置了扶手或导盲带，而且基于视障儿童靠边行走的原则，两侧扶手和导盲带可以取代行进盲道的作用，因此在走廊中可以不必设置行进盲道，只需在门口、岔路口设置连续的提示盲道。图 4-2-8 为宁夏特殊教育学校教学楼内的走廊。

图 4-2-8 宁夏特殊教育学校教学楼内的走廊

3. 楼梯的设计

在校园内，楼梯是垂直空间连结的重要设施。基于视障儿童的特殊性，校园内的楼梯除满足基本要求外，还应当有更加人性化的考虑。为防止在楼梯上发生磕绊，应在楼梯台阶上加装防滑条（图 4-2-9），并保证不会突出楼梯面。

在各楼梯起、终点两侧的扶手，应有盲文标识信息（图 4-2-10）。

**图 4-2-9 宁夏特殊教育学校
楼梯台阶上的防滑条**

**图 4-2-10 成都市地铁 5 号线
南湖立交站不锈钢扶手盲文标识**[①]

在楼梯的起止处，应设有提示盲道（图 4-2-11），并在各级阶梯的最突出处，设置易于辨识的黄色警示条（图 4-2-12）。

---

① 王垚. 全国助残日 成都送上"大礼包"：无障碍设施满覆盖！成都中心城区有条件街道已基本实现[N]. 成都商报，2020-05-18.

图 4-2-11　宁夏特殊教育学校楼梯起止处的提示盲道

图 4-2-12　武汉盲校楼梯处的提示盲道和警示条

4. 电梯完善及使用

电梯是常见的纵向交通工具，有条件的学校可以配备或加装电梯，在为视障儿童提供方便的同时，也能够为视障儿童提供社会生活训练的机会。因此，在常规配置外，应该关注到电梯内外部环境中的无障碍细节配置。

电梯出入口处可以设置提示盲道，并在两侧设置扶手或导盲带，引导视障儿童尽快从电梯口处疏散，以防人流冲撞或发生安全事故。

考虑到视障儿童的特点，电梯的操作面板应配有盲文（图 4-2-13）。同时，在电

图 4-2-13　配有盲文的电梯操作面板

梯内还要配备相应的语音系统，用来提示电梯开关门、运行方向、到达楼层等状态信息，以满足视障儿童的出行需求。

(二)活动区域心理环境创设

校园中所有可供学生活动、观看、触摸的区域，包括走廊和教室内的文化墙、板报、展示台等，都可以作为校园和班级心理环境创设的平台，对学生产生潜移默化的影响。但对视障儿童而言，尤其是全盲儿童，文化平台中存在的尖角、突出处，又非常容易引发安全问题。所以，在进行校园和班级文化建设时，需要保证设计的造型圆润、光滑，防止因碰撞而导致意外伤害。

另外，视障儿童在观察时会距离展示区非常近，并且会通过触摸的方式加以辅助。所以，在对材料进行选择时，一方面应选择安全、环保的材料，另一方面所选材料应不易破损、碎裂与掉渣，以确保视障儿童可以放心地进行观察与触摸。

1. 多样化的展示平台

绝大多数学校中的校园和班级文化建设面向健全儿童，展板、海报等以图片和文字结合为主，展示台也以封闭式展示为主。视障儿童多以听觉、触觉来获取信息，因此，在进行校园文化创建时，还要结合视障儿童需求。例如，展板、海报、文化墙等加入盲文信息或语音播报，展示台设置为半开放式，以充分发挥视障儿童的听觉和触觉优势，使其充分感受校园和班级文化。

2. 校园文化创建

校园和班级文化的创建，还应当积极引导视障儿童以多种方式参与进来。教师可根据视障儿童能力的不同给其分配相应的任务，如板报的布置、作业展示、手工作品展示等，逐步引导视障儿童积极地参与校园生活，增强自信心，真正树立起作为校园中的一分子的意识，从而更好地融入教育教学环境中。图4-2-14为宁夏特殊教育学校视障儿童手工作品展示。

图4-2-14　宁夏特殊教育学校视障儿童手工作品展示

二、生活区域融合教育环境创设

(一)生活区域物理环境创设

1. 宿舍的设计

在服务范围或规模较大的地区，学生家校距离可能较远。在部分学生无法保证每日走读的情况下，学校应为视障儿童创设宿舍和食堂等无障碍的生活环境。

独立的宿舍生活，能够培养视障儿童的独立生活技能。视障儿童在熟悉环境后，可以独立自主地在宿舍区域进行活动。宿舍遵循男女分区设置原则，有条件的学校可以设置单人床位。若必须为上下铺，一般考虑将视障儿童安置于下铺的位置，宿舍和床铺的位置要尽量减少变动。宿舍内可考虑设置统一、专用的储物空间，并做好相应标识。室内外的开关、插座也应使用较为鲜亮的颜色与墙面进行区分，必要时也可设置相应的盲文标识，帮助视障儿童更好地进行住宿生活。图 4-2-15 至图 4-2-17 为宁夏特殊教育学校宿舍无障碍设计。

图 4-2-15 宁夏特殊教育学校床铺方向提示

图 4-2-16 宁夏特殊教育学校宿舍上下铺台阶

图 4-2-17　宁夏特殊教育学校宿舍储物空间

2. 食堂的设计

食堂是培养视障儿童独立生活能力的重要场所之一。在食堂里，为避免视障儿童与桌椅等发生碰撞，餐桌应设置为圆角或加防撞条，餐桌间的通道应设置规范的行进盲道指引方向。同时，通道的宽度应能够保证一般送餐车通过。打饭口、通道口等容易产生碰撞或人流较乱的地方，应设置提示盲道（图 4-2-18），为视障儿童提供指示。食堂内还应设有语音提示，播报当天菜单，让学生能够提前选择。视障儿童的餐位，应选择离打饭窗口较近且容易识别的地方；对年龄较小的视障儿童，还可以根据实际情况，采取送餐到桌的形式。

图 4-2-18　宁夏特殊教育学校食堂提示盲道

3. 卫生间设计

学校内卫生间的位置相对固定，却也是视障儿童在生活中最容易出现问题的区域。卫生间标识要清晰，并在门口设置鲜艳、较大的提示和盲文标识（图 4-2-19），利于视障儿童区分卫生间位置和男女卫生间。

图 4-2-19　卫生间门口盲文标识

在卫生间的隔间口、小便器等不利于方向区分的区域，应设置提示盲道（图 4-2-20）或不同色彩和触感的地面材料，小便器也要采用落地式，方便不同年龄视障儿童使用。隔间内应设置方便抓握的扶手，厕位两侧也应设有不同触感的脚踏板，以方便视障儿童定位。但要注意的是，踏板尽量与地面保持水平，防止意外事故发生。

图 4-2-20　宁夏特殊教育学校便池前方提示盲道

在洗手台前也应设置提示盲道（图 4-2-21），若空间充足，也可以在两侧加装扶手，方便视障儿童定位。洗手台上各物品的摆放位置应保持相对不变，摆放方式也应相对一致，以免视障儿童产生混淆。

图 4-2-21 宁夏特殊教育学校洗手池提示盲道

4. 饮水机等设备

冷热水源的设置能够满足学生在校的饮水需求。对视障儿童而言，学校内的饮水机等设备，容易在使用的过程中因操作不当而产生误伤。从培养视障儿童社会适应能力的角度出发，学校应当在做好安全保障的前提下，给予其足够的锻炼。

不同的学校设置饮水机的方式也不同，有的以班级为单位，有的以楼层为单位，有的则是以学校总体为单位。一般而言，视障儿童单独取水应不超出楼层范围，对年龄较小的视障儿童，可以在教室内设置饮水机。在饮水机附近，要设置明显的标识，根据学生不同的视力状况，可以为大字、图片或触摸提示。饮水机的水嘴高度不宜过高，并且要设置水槽和防漏槽。同时，在饮水机附近，应当在保证不占用通道的前提下，保留足够的活动空间。

(二)生活区域心理环境创设

1. 加强安全指导

视障儿童熟悉校园环境需要一个过程。在这个过程中，视障儿童可能会出现无法正确分辨方向、无法独自正确地在校园中行进、无法正确地使用校园内设施等问题，从而对安全构成一定的威胁，在心理上产生畏惧、逃避感，进而影响学习与生活。

教师在日常学习和生活中要及时关注到视障儿童的实际需求。在学生入学后，应尽快带领其熟悉校园环境和路线，帮助他们确定校园内各楼栋、标识等固定点的方位，指导他们正确使用校内物品，并加强校园安全指导，如行走靠右、走路不戴耳机等，保障其可以在校园内安全活动。

2. 生活教师专业化

在寄宿制学校中，生活教师的作用至关重要。除了需要保障学生在校安全外，还要关注到学生的生活需求和情绪变化。视障儿童在寄宿生活中，常会因内心敏感，不想给别人添麻烦，或是因胆小不敢说，在遇到无法找到宿舍、物品散落、生病等困难时，往往会选择自己解决，还可能在此过程中与其他学生产生矛盾。

生活教师的职责就是要及时发现学生在日常生活中存在的问题，加强对学生的指导和教育，使视障儿童了解在各种环境中自我保护的方法，并且组织丰富多彩的活动，引导其他学生正确、积极地与视障儿童相处，从而促进视障儿童融入生活。生活教师要与视障儿童多沟通交流，积极引导学生疏导情绪问题和心理问题，做学生的生活引导者。同时，生活教师需要了解不同视障儿童的视力特点和注意事项，且具备一定的处理突发事件的能力，以便处理各种紧急情况。

📖 | 案例 |

小轩的成长

小轩为一年级的男生，有身心障碍手册，其障碍类别为视觉障碍，重度。与资源教师沟通后，班主任了解到该生的认知能力、沟通能力与其他学生一样。虽然视觉障碍程度较重，所幸仍有残余视力，可以看见粗大简单的字，如"大""小"等。小轩平时走路会拿手杖，也学过基础的定向行走课程，但在陌生的校园环境中较难独立去上厕所或到户外活动，这些都需要他人的协助。因视觉上的影响，该生的动手操作能力也比其他学生弱，因此在学习与行动方面需要教师的大量协助。

对此，教师采取了如下措施。

室内物品的摆放位置尽量不任意改变，如教师的座位、垃圾桶与回收桶的位置。让小轩自己来回摸索几次，练习独立行走的能力。教室外的行动，则由资源教师进行专业的定向行走训练，并让小轩熟悉厕所的盲文标识，练习独立上厕所。在独立行动之前，皆须安排班上的小志愿者陪伴他，确保其行动安全。小志愿者应十分熟悉校园环境，如盲道、走廊和校园食堂活动范围和路线。

一学期过后，小轩已熟悉班级的运作方式，并且熟悉校园环境。此外，小轩对教室内部环境也相当熟悉，可以自行从座位走到储物柜中拿取所需物品，也可独立去上厕所而不需资源教师指导。

3. 加强同伴互助

视障儿童除学习之外，还需熟悉周边的各种环境。在这个过程中，同伴的互助要比教师的指导更有效果。在日常生活中，教师可以鼓励其他学生在班级和宿舍中与视障儿童组成互助小组。教师还应指导学生用积极、有效的方式对视障儿童进行帮助，加强同伴间的了解，促进学生共同成长，同时促进视障儿童尽快融入各种活动当中。

|案例|

无助的小波

升入初中，小波由盲校转入了普通学校，平时都会寄宿在学校中。小波来到学校后，非常不适应，感觉做什么都比别人慢半拍，总觉得拖了宿舍和班级的后腿。有一次，他不小心打翻了脸盆，里面的物品散落一地。他在寻找的过程中急得大哭。宿舍同学见状，纷纷跑来安慰他，并且帮助他找到了掉落的物品。同学们告诉他，以后有什么需要帮助的地方，不用不好意思，尽管开口，大家可以一起帮助他适应住宿生活。在大家的鼓励下，小波逐渐树立了自信，很快融入了集体生活。

作业⋯⋯▶

简答题

1. 生活区整体环境创设需要注意的细节有哪些？

2. 如果你是生活教师，面对在宿舍中情绪低落的视障儿童，你准备如何引导和教育？请设计一个具体的活动示例。

▶ 任务三
资源区融合教育环境创设

课堂中所学的知识有限，要使视障儿童能够激发潜能、补偿缺陷，学校必须充分考虑到视障儿童的实际需求，创设较为完善的资源区。与健全儿童相比，视障儿童对听觉、触觉的依赖性要高于视觉，但也不能忽视视障儿童残余视力的开发。在资源区创设的过程中，要通过多种渠道、多种方式，营造一个开发和补偿共存的环境，以此为视障儿童开阔视野、增强参与社会生活意识提供有效途径。

一、融合教育物理环境创设

(一)阅览室建设

学校中的阅览室一般是狭义上的。作为校园中一个集中、特定的区域，它应当是视障儿童课余接触最多、最便捷的资源区域。要使阅览室能够更好地为视障儿童服务，必须配备相应的基础设施和硬件(图 4-3-1)，将阅览室功能从单一的阅读向服务型转变。

图 4-3-1　武汉市盲童学校阅览室

1. 调整资源区域空间与设备

在对阅览室进行调整时，首先要考虑到适合视障儿童的书籍体积或质量普遍较大，要为书籍预留足够的空间。为满足视障儿童的阅读需求，阅览室内的桌面应配有阅读灯、电子助视器等，并尽可能配置可调整桌面。有条件的学校，还可以配备专用电脑、点显器等设备，满足不同视力状况学生的阅读需求。

2. 保障资源区域安全、整洁

阅览室内书架、桌椅较多，围绕书架外侧铺设行进盲道，并在各通道口铺设提示盲道，能够帮助视障儿童快速定位。在容易发生碰撞的区域，进行防撞包裹或进行柔和处理，能够确保视障儿童不受伤害。图书的分类和摆放应保持在较为一致的区域，尽量减少区域的调整，图书的分区也应有明显的盲文、大字或图形标识，以便视障儿童能够快速找到需要的书籍。

(二)资源教室建设

资源教室可以满足具有显著个别差异儿童的特殊教育需求①，为他们在普通学校接受平等的教育提供适合的环境与条件，也是推进视障儿童融合教育的重要保障。

普通学校应在遵循视障儿童身心发展规律的前提下，结合本校实际情况为学生建立资源教室，至少保证能够设置办公接待区、学习训练区与评估反馈区三大区域，必要时各功能区可以相互交叉。若是由多个房间组合而成，各房间之间应有恰当的连接。资源教室是一个专用场所，不能与会议室、阅览室等场地共用，要选择相对安静、进出方便的位置，要保证不低于60平方米的面积，有条件的学校还可以根据具体需求适当扩大。同时，要保证资源教室内有良好的基础设施，包括墙面、通风、采光等，都应以确保安全为前提。

1. 办公接待区建设

办公接待区的主要功能是为学生、教师及家长提供咨询和反馈服务，同时，作为资源教师的办公区域，也要满足其日常办公需求。因此，办公接待区的设置应靠近教室入口，保留充足的区域满足办公、接待等功能，并设置一定的学生资料和档案存放处，方便教师对学生管理的同时，也便于为其他人员提供支持和咨询服务。

2. 学习训练区建设

学习训练区需要配置适合的大字或盲文书籍、可触摸教具、计算机、助视器、盲文刻印机等，以个别化或集体学习的形式为学生提供学科辅导，帮助学生更好地掌握学科知识。根据不同学生的视力及能力状况，学习训练区还应配备适当的视功能训练、感统训练等设备，让学生能在学习和训练的过程中，更好地进行缺陷补偿。

3. 评估反馈区建设

评估反馈区要存放学生的学习与训练计划和进度表、教师工作计划、测量工具等，对学生进行学习需求、生理、心理测查和评估。评估反馈区可以与学习训练区融合，方便教师在一个更加自然的环境下对学生进行观察、评估和分析。

(三)感统训练室建设

感觉统合，其实就是感觉和直觉的统一，是大脑将我们的视、听、触、味、嗅等多种感官获得做出统一的分析和处理。视障儿童的感知觉多来源于实际生活经验，所以要判断他们的感官是否得以充分利用、是否得到了充分的锻炼和发展，可以通过活

---

① 许家成. 资源教室的建设与运作[M]. 北京：华夏出版社，2006：2.

动的方式，并结合他们的表现进行分析。

对部分感觉统合失衡的视障儿童进行训练时，要从他们的兴趣和生活实际出发，不能因为害怕他们受到伤害而将他们封闭在一个固定的环境当中。例如，在感统训练室中，可以通过组合不同的感统器材，为视障儿童创设特定的生活情境，在进行功能训练的同时，激发他们融入社会生活的意识。

在训练时要注意合理使用引导语言，并加强视障儿童的语言运用，让他们能够将所感知的事物和思维、语言联系起来，促进其对整体与部分关系的逻辑性和整体性的认识。例如，在进行训练时，教师可以通过"我们现在要做什么—我们正在做什么，你感觉到了什么—接下来做的是什么，你准备怎么做—最后做了什么完成了整个挑战，你有什么感受"的引导方式，帮助视障儿童构建事件和空间的整体思维，在语言表达中，促进独立思维的发展，从而促进感知觉的进一步增强。

| 案例 |

丹丹的挑战

丹丹是一名早产儿，因为生长发育不良，而且出生后没有获得及时、有效的治疗，身体瘦弱，眼睛毫无光感。由于家庭溺爱，其生活自理能力较差。刚进入学校时，在没有教师和同学的帮助时，鞋无法分清左右，上衣、裤子不在意正反内外，也无法自己叠被子。她无法有效利用其余感官进行定向，不仅在校园中无法分清方位，而且在宿舍内也常出现找不到自己床铺的现象。

为此，教师特意对丹丹进行了如下训练。

①首先辅助丹丹坐在平衡台上，抬起头部，挺直背部，然后让丹丹轻轻晃动手臂，待适应后加大幅度并努力保持平衡台的平衡。

②让丹丹进入阳光隧道当中。通过在隧道中铺设触觉球等物品，让她感受不同触感下产生的刺激，强化触觉系统。

③将阳光隧道的末端与海洋球池连接，让丹丹在球的刺激下，感受球的挤压，增强皮肤的敏感性，强化感官系统的能力。

（四）视觉康复室建设

视觉康复训练在一定程度上有助于视障儿童视觉功能的恢复，也有助于视障儿童提高学习和生活能力，增强其认知能力。因此，在融合教育的过程中，有必要在医学筛查评估的基础上，根据不同的眼病和视力情况，对视障儿童进行有选择、有针对性的视觉功能康复训练，帮助其更好地融入社会生活。

图 4-3-2 为武汉市盲童学校的综合康复室。

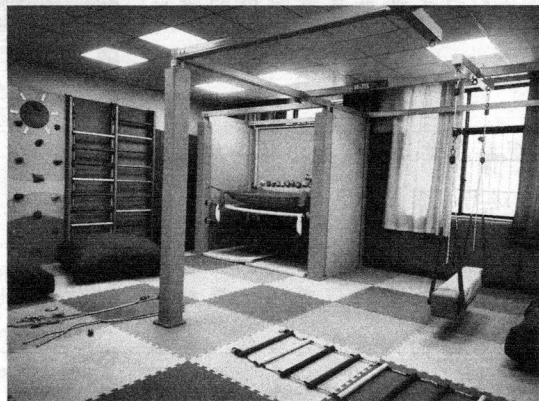

图 4-3-2 武汉市盲童学校的综合康复室

在视觉康复训练中，一般从感觉（光和色的分辨等）训练入手，逐步向知觉（形）、注意（视觉追踪）、记忆和思维转化，最终达到有效使用残余视觉的目的，为视障儿童提高生活能力、有效融入社会打好基础。图 4-3-3 为武汉市盲童学校的光觉训练室。

图 4-3-3 武汉市盲童学校的光觉训练室

📖 | 案例 |

投篮游戏①

主要训练项目：视觉追踪训练、视觉搜寻训练。

适合年龄段：幼儿园、小学低段。

训练环境：室内或室外。

---

① 张德志. 视觉康复校本课程指导手册[M]. 武汉：武汉出版社，2019：40-41.

器材准备：各种大小、颜色的按摩球，儿童篮球，儿童篮球架。图 4-3-4 为武汉市盲童学校的投篮游戏器材。

训练过程：

①视训员先让儿童观察儿童篮球架的形状，然后给儿童讲解投篮的方法，并进行投篮示范。

②儿童排队投篮。可让儿童先双手抱球，然后走近篮筐直接将球放入筐中。待儿童对篮筐的位置熟悉后，可以让儿童选择一段合适的距离进行投篮。一个儿童投完后，要将球捡起来，并交给下一个投篮的儿童，依次排队交替进行。

图 4-3-4　武汉市盲童学校
投篮游戏器材

③经过一段时间的练习后，视训员可以组织儿童进行投篮比赛。每个儿童投一定数量的球，投中多者胜。

训练建议及注意事项：

①建议训练人数为 1～4 人。

②如果是在室外强光环境下进行投篮游戏，视训员要提示畏光的儿童戴上鸭舌帽和偏光镜。

③当阳光直射到地板上时，需要关上纱帘，避免眩光。

二、融合教育心理环境创设

(一)增设资源教师

除正常融入班级学习外，学校还要根据视障儿童的不同需求，安排其进入资源教室接受资源教师的功能训练，以达到充分开发潜能、补偿缺陷的目的。因此，每间资源教室应配备固定的资源教师，并通过收集、整理、研制等方式，确保视障儿童有相对固定、实用的教育资源。

资源教师是承担资源教学、日常管理和行政事务等多方面工作的资源人士，不仅负责资源教室工作的正常开展，而且是随班就读整体工作的组织者，是一所学校特殊教育工作开展过程中的核心人员。资源教师可以帮助视障儿童更快、更好地融入集体当中，其能力水平直接影响着视障儿童融合教育的成效，在学校教育教学中发挥着不可替代的作用。

1. 巩固融合教育理念

资源教师在开展视障儿童融合教育过程中，要用平等、专业的眼光去看待每一名学生，既要关注到视障儿童的实际需求，又要兼顾普通学生的诉求。这就要求资源教师必须树立系统、科学的教学观，并能够实施差异化教学。

同时，资源教师要着力培养整合课堂、学校及社会资源的能力。资源教师要及时与学科教师、学生家长进行沟通，将融合教育理念充分落实在教育教学全过程中，切实帮助视障儿童融入班级。在满足课堂个别化教育需求的基础上，实现教学效果的最大化，推动视障儿童融合教育的发展。

2. 提高资源教师专业素养

我国资源教室的建设起步较晚，仍处于发展的初级阶段。大多数地区的资源教师由有一定教学经验或有特殊教育背景的教师担任，在执行标准和业务能力上参差不齐。在实际教学当中，资源教师不仅要掌握视障儿童身心发展规律，而且要掌握视障儿童干预和康复的基本知识，还要在掌握普通教学的基本知识和技能的同时，灵活运用教学管理策略参与学科教学活动。因此，资源教师需要不断加强专业知识的学习，在教学中反思，在实践中进步，提高自身的实践能力、策划能力和评估能力，全面提升自身专业素养。

(二)提供阅读资源

视障儿童的阅读体验是循序渐进的，也是通过感知向阅读的过渡。良好的阅读体验能够有效地提高视障儿童对事物的认知，也能够为其融合打下基础。

1. 配备大字图书和盲文书籍

阅览室中除了普通读物外，还要配备大字或盲文读物，不断丰富和扩充课外读物的种类和数量。同时，还可以对现有书籍进行一定改造，增强听觉、触觉、嗅觉体验，调动视障儿童多感官参与阅读，增强阅读互动性。

此外，学校应配备相应的盲文刻印与制图设备，并培养教师的盲文刻印与制图的技能，保证学生在有课外材料需求时，可以直接获取纸质信息，从而能够更全面地掌握知识。

图 4-3-5 和图 4-3-6 为宁夏特殊教育学校大字盲文对照读物和盲文读物书架。

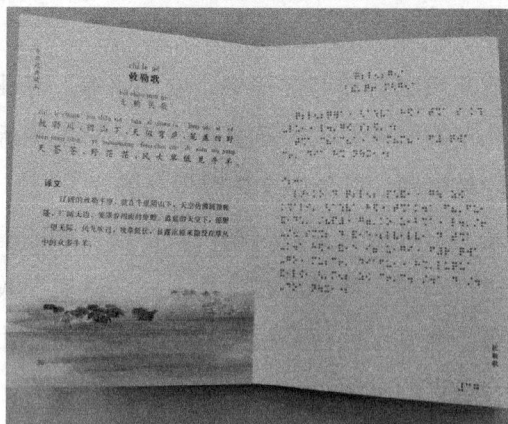

图 4-3-5　宁夏特殊教育学校大字盲文对照读物

图 4-3-6　宁夏特殊教育学校盲文读物书架

2. 增设数字阅读条件

由于大字图书和盲文图书更新较慢，学校要加强数字化信息与阅读，将资源整合，提供优质的有声读物、电子书籍、视频课程等资源，丰富视障儿童的阅读资源，建立校内数字化图书阅读，让视障儿童能够真正参与到阅读中来。

| 拓展阅读 |

扫描二维码，阅读《马拉喀什条约》。

(三)"互联网+"环境下的无障碍技术

学校要为视障儿童搭建起无障碍信息平台。在建立数字化阅读的基础上，以无障碍技术为依托，充分发挥互联网的优势，为视障儿童提供更宽阔的平台。

要实现"互联网+"教育，首先应帮助视障儿童学会用电脑。学校应当为视障儿童安装必要的辅助软件，如语音软件等，并提供相应的指导和帮助。

除丰富的盲文图书、大字图书外，学校还应当建立起资源云平台，将数字化阅读资源与平台结合，扩充各类音频、口述影像等资料，方便视障儿童随时进行学习与信息补充。

📖 | 案例 |

爱阅读的小文

视障儿童小文今年15岁。几年前，在即将升入初中时，因受伤导致视神经受损，最终失明。小文非常热爱读书，但在平时的学习和生活中，她能够读到课外书的机会非常少。因为在书店想要买到盲文书籍并不容易，而且读物制成盲文版后，体积要增加10倍，携带不便。小文为此非常苦恼。

在了解到小文的需求之后，根据她的视力情况和实际操作的能力，学校为她采取了以下措施。

学校在图书室内设置了固定的盲文书籍存放区；在现有条件基础上对阅读区进行改造，将传统的阅读区升级为数字阅读空间；为她配备了计算机、点显器等多种设备。学校还专门安排了资源教师和计算机教师对她进行辅导，帮助她快速掌握计算机操作方式，使她可以有充分的选择空间。

作业 ⋯⋯▶

简答题

1. 资源区融合教育环境创设包括哪些环境？

2. 资源区融合教育心理环境创设包括哪些内容？

3. 试着根据所学知识，为下面这名视障儿童设计融合教育方案。

娟娟，女，11岁，一级低视力，小学四年级学生。此前，一直就读于某盲校，可以正确、流利地使用盲文，没有学习过汉字的阅读和书写。

初到学校，因对自己的行为及能力表现出不自信，且知识量不及部分学生，一度非常自卑。在生活中，她非常敏感，心理承受能力较差，不愿进行课余活动。

拓展资源……▶

1. 黄家兢.基于增强现实的视障儿童定向行走训练辅助设备设计[D].广州：广东工业大学，2022.

2. 林双红.视障幼儿教育中支持性教学环境的创设[J].现代特殊教育，2016(11).

3. 张翼.基于特殊儿童障碍特征的我国特殊教育学校建筑设计研究[D].广州：华南理工大学，2017.

4. 杜芹芹.聋哑盲校无障碍设计研究[D].济南：齐鲁工业大学，2013.

5. 袁银娟，汪文娟.融合教育理念下普通学校资源教室环境的创设[J].绥化学院学报，2022(4).

6. 董晶.视障儿童无障碍文化服务建设的高质量发展：以中国盲文图书馆盲童阅览室为例[J].传媒论坛，2022(8).

小结……▶

视障儿童视觉上的缺陷，给他们的学习与生活带来了极大的不便，所以他们对于环境的要求可能比其他感官残疾儿童高出许多。这就要求学校考虑到各个方面，为视障儿童融入学校和班级提供便利。视障儿童融合教育环境创设主要包括学习区、生活区和资源区三部分。任务一学习区融合教育环境创设包括物理环境和心理环境的创设，确保学生在校期间拥有安全、充足的学习资源；任务二生活区融合教育环境创设分为活动区域融合教育环境创设，如盲道、走廊、楼梯等，以及生活区域融合教育环境的创设，如宿舍、食堂、卫生间等环境，目的是保证视障儿童迅速熟悉和便捷使用校园环境资源；任务三资源区融合教育环境创设涉及的资源主要指资源教室以及提供给视障儿童的各种学习资源，其创设涉及物理环境和心理环境的改造与调整。各区环境的创设都要充分考虑视障儿童的身心发展特点，在此基础上做出调整以满足他们的个别化需求，从而使他们真正融入学校。视障儿童自身也需要努力适应融合教育环境，以积极的态度面对周围环境，遇到问题及时寻求帮助，促进自我发展。

项目五 听觉障碍儿童的融合教育环境创设

导语

听觉障碍，也称为听力残疾、听力障碍、聋、听力损失等，是指由于各种原因双耳存在不同程度的永久性听力障碍，听不到或听不清周围环境声及言语声，以致影响日常生活和社会参与。听觉障碍分为四个等级，即听力残疾一级、听力残疾二级、听力残疾三级、听力残疾四级。其中一级和二级为聋，三级和四级为重听。[①] 听障儿童主要有以下特点：在身体发展上，听障儿童与普通儿童相比并无多大差异。但有研究显示，听障儿童的身体形态总体发育水平不如普通儿童。由于内耳与人的平衡功能有关，如果听觉障碍是内耳损伤导致，有可能其身体的平衡能力较差，容易摔倒。在认知发展上，听障儿童的感知活动贫乏，范围狭窄，视觉在感知活动中处于强势地位，知觉缺乏整体性，知觉选择性存在缺陷。无意注意优于有意注意，注意的稳定性较差，以形象记忆和手语记忆为主，思维依赖于事物的具体形象，并以具体形象思维为主。语言发展明显滞后，主要表现出发音不清、构音不好、音节受限制、词汇量少等特点。在人格发展上，情感体验不深，越是高级的情感，越难以体验。易受暗示，缺乏独立性与稳定性，性格孤僻，脾气倔强，容易冲动。[②]

随着国家听障儿童抢救性康复项目的全面落实，越来越多的听障儿童配戴了助听器或者接受了人工耳蜗手术。经过康复训练后，他们可以跟健全儿童一样，聆听春莺夏蝉和琅琅书声，收听自己喜欢的电视广播节目。可他们也有一些困扰，例如：当环境声音又杂又乱时，就听不清楚；当教师讲课速度较快时，就跟不上班级进度；当跟别人聊天时，话到了嘴边却说不出来；

---

① 雷江华，方俊明．特殊教育学[M]．2版．北京：北京大学出版社，2016：50.
② 雷江华．特殊儿童发展与学习[M]．北京：高等教育出版社，2015：115.

当发音不准、吐字不清时，感受到了身边同学的打量、好奇甚至嘲笑，但又不知道如何自处。所以，对听障儿童来说，进入普通学校并不意味着他们能够很好地应对学习和生活的所有问题。因此，我们需要了解听障儿童在融合教育环境中会遇到哪些困难，应该采取哪些措施营造尊重、接纳、便利的融合教育环境。只有这样，才能使所有儿童都得到适宜的发展。

学习目标

1. 了解听障儿童对各个活动场域的环境需求。
2. 能为听障儿童进行学习区的环境创设。
3. 能为听障儿童进行生活区的环境创设。
4. 能为听障儿童进行资源区的环境创设。

思维导图

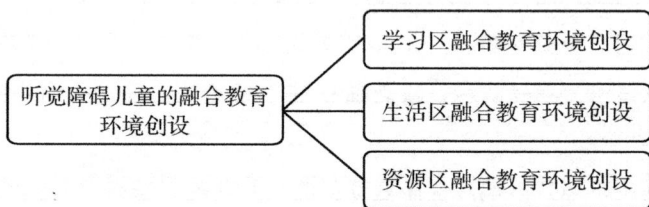

案例导入

噪声中的小杰

小杰是一名戴着助听器的儿童，老师把他安排在教室第一排，大多数情况下他能识别环境中的声音。可在，老师安排小组讨论的时候就麻烦了。"大家你一言我一语，这句我还没听清楚，下一句又来了，听得头大。"小杰虽然觉得不便但也没好意思开口找老师，就假装参与了全程的小组讨论。另外，除了教室，小杰还要在各种各样的自然听觉环境中度过一些时间，如走廊、餐厅、校车和操场。这些地方充满了噪声或回响，嘈杂的背景声音和对话混在一起，听清和理解别人所说的话对他来说变得很有挑战性。

如果你是小杰的老师，了解到这样的情况以后，应该怎么做？

▶ 任务一
学习区融合教育环境创设

学习区是听障儿童的主要活动区域，他们在学习区接收大量的听觉信息，继而得以进行学习、互动、合作等活动。学习区良好的环境创设对于听障儿童认知、人格的全面发展至关重要。听觉损伤决定了听障儿童对学习区的环境有更高的要求，因此，教师应在分析听障儿童学习区环境创设特殊性的基础上提供适宜的环境选择。

一、融合教育物理环境创设

（一）辅助系统优化

助听器和人工耳蜗等助听设备可以帮助听障儿童进行听力补偿或听力重建，但并不是一劳永逸的。无论是佩戴助听器还是植入人工耳蜗，都需要进行专业的听觉言语康复训练，还要注意设备的维护和使用环境。安全有序的环境对于保护听障儿童的助听设备具有重要作用，因此，教师和同学都应了解助听设备的注意事项，并能在设备需要更换电池或维护时提供帮助。

✈ | 知识卡片 |

助听器与人工耳蜗有什么不同？[1]

助听器是一种声音放大器，它通过将外界的声音放大，利用听障者的残余听力，使其能够听到声音，进而补偿听障者的听力损失，改善听力。它适合用来对中、重度听力损失的患者进行听力补偿。如果听障者的内耳毛细胞损失严重，助听器将无法达到良好的听力补偿效果。

人工耳蜗是一种特殊的声电转换电子装置，它是利用植入内耳的电极序列，用电流直接刺激听神经的螺旋神经节，使植入者重获听觉。

此外，学校应在有听障儿童上课的教室配备无线调频系统，并建立相应的申请、使用、保管以及维护制度。无线调频系统（图 5-1-1）一般由发射器和麦克风、接收器和助听器或人工耳蜗组成。麦克风收集说话者的声音，由发射器传送至接收器，接收器

---

① 刘宏建，王广科．人工耳蜗与助听器科普百问[M]．郑州：河南科学技术出版社，2019：8.

和助听器或人工耳蜗相连，这样使用者就可以听到说话者所说的信息。

　　无线调频系统可以在噪声环境、远距离及混响环境中提高听障儿童听到声音信号的信噪比，使他们注意力更加集中，对听觉言语康复训练有促进作用。[①]

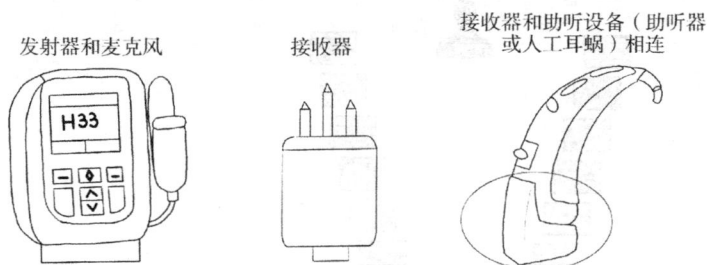

图 5-1-1　FM 无线调频系统示意图

(二)合理的座位安排

　　合理的座位安排对听障儿童来说至关重要。助听设备的使用都有最佳助听距离，这虽然受听力损失情况、环境噪声以及个人言语分辨能力等因素影响，但一般认为1～2 米是最佳作用距离。[②] 所以，听障儿童的座位应在教室的前面几排，但也不可以太靠前，因为教室内教学媒体的运行可能会影响助听设备的使用效果。如果第一排课桌紧贴着讲台，对听障儿童来说这个位置也是不合适的，第二排或第三排是比较理想的位置。一方面，听障儿童可以听清来自教师的声音且同时观察教师的口型；另一方面，方便教师随时确认听障儿童的学习状况。但需要注意的是，墙壁、地面容易造成混响。所以，听障儿童不宜靠窗、靠墙，还要远离走廊。另外，如果教室有空调、电风扇等产生干扰声音的设备，听障儿童也应远离。听障儿童建议座位区如图 5-1-2 所示。

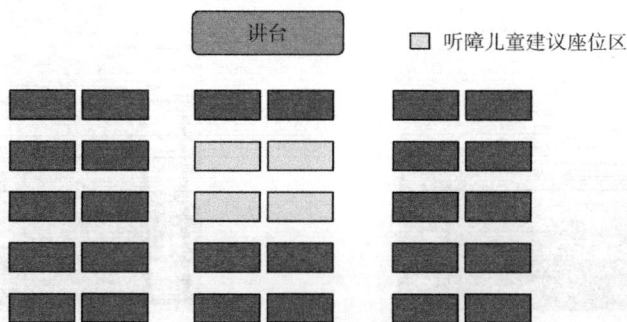

图 5-1-2　听障儿童建议座位区域

---

　　① 梁爽，苗艳.FM 无线调频系统的临床应用启示[J].中国听力语言康复科学杂志，2012(3)：222-224.

　　② 胡向阳.听障儿童全面康复[M].北京：北京科学技术出版社，2012：15.

听障儿童在集体活动时需要从同伴或者教师那里获取实时信息，因而视觉通道的建立极为重要，建议将课桌椅布置成"U"形（图5-1-3）。这样可以让听障儿童看到谁在讲话，并近距离地聆听来自其他人的语音，从而充分参与到对话中。

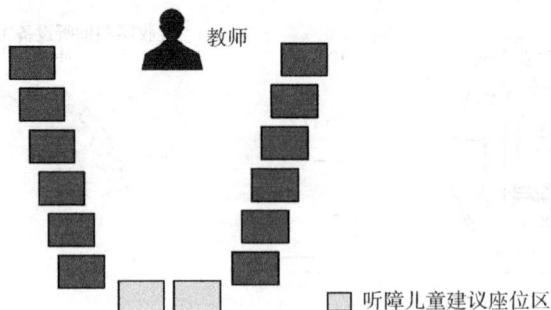

图5-1-3 将课桌椅布置成"U"形

（三）环境降噪处理

对于环境降噪，学校可以在规划设计时确定合适的声学指标，运用降噪结构、降噪材料并结合建筑工艺实现。除此之外，学校也可以运用吸声材料对现有的学习区环境进行降噪处理，多孔吸声材料是普遍应用的吸声材料。声波在传播过程中会进入材料从而引起材料空隙中的空气和纤维振动，由于摩擦和黏滞阻力以及纤维的导热性能，一部分声能转化为热能而消耗掉。[1] 在教室中，可以用泡沫塑料类的材料装饰墙面（图5-1-4），用有机纤维材料类的棉麻窗帘（图5-1-5）和地毯，这些都具有降噪的效果。

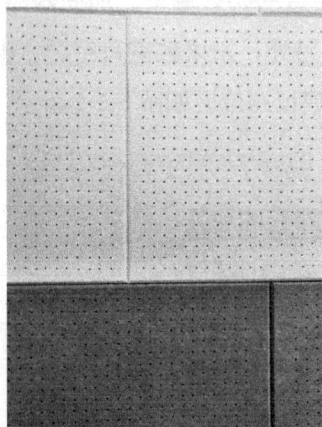

**图5-1-4 安庆市残疾人联合会
多孔泡沫墙面**

**图5-1-5 安庆市残疾人联合会
纤维吸音窗帘**

---

① 贾衡．人与建筑环境[M]．北京：北京工业大学出版社，2001：219．

✈ | 知识卡片 |

无线调频系统[①]

在噪声环境下感音神经性聋患者需要更高的信噪比以提高言语清晰度，对处于言语发育期的语前聋儿童，言语清晰度更加重要。无线调频系统利用无线电技术将语音信号进行远距离传播，能够解决混响、噪声、远距离的干扰，提高信噪比，让听障患者听得更清楚。因此，自 2008 年以来，中国聋儿康复研究中心（现为中国听力语言康复研究中心）为已佩戴了助听器、人工耳蜗等助听设备的在训听障儿童提供无线调频系统服务。

无线调频系统的适用对象包括听觉障碍、听觉处理缺陷、学习能力障碍、听神经病/听神经去同步化、语言能力缺陷、注意力缺陷、第二语言学习者。除了适应证中涉及的人群，在验配无线调频系统时还应考虑使用者的使用环境、社会情绪、使用者的能力以及家庭支持等因素。如果患者符合上述适应证，听力师可根据患者的听力损失性质、程度、发育水平、所使用的助听设备以及聆听环境的评估结果，并综合考虑其家庭经济能力后，为患者选配合适的发射机、接收机和连接部件。验配无线调频系统后听力师需通过电声学真耳测试和行为测试等综合评估方法，调试并验证无线调频系统的效果。患者还应接受一系列适应性训练及随访评估，听力师可根据患者的自身情况及需求为其制订个性化使用计划。

（四）提示系统建设

听障儿童在融合教育环境中需要通过提示系统来获取某些信息，例如，如何知道上下课，如何接收一些临时通知等。提示系统有很多产品，从信息提示的方式来讲主要包括三类。一是视觉警示，这是应用最广泛的提示系统。它将某种视觉符号作为信息的呈现方式，如声光课铃系统。这种系统能在出现铃声提示的同时通过信号灯发出提示，上课或者下课时就会有相应的彩灯闪烁，或者像图 5-1-6 中的上下课提示系统这样，直接用文字作为视觉提示。二是振动警报。通过在桌子下方安装振动装置以达到提醒作用，学校可以提前设定程序按需使用。三是音频提示。它可以发出能被听障儿童接收的独特频率，要根据听障儿童的听力损失和助听设备的使用状况来调节。

---

① 梁爽，朱晶，王艳霄，等.听障儿童使用无线调频系统助听效果分析[J].听力学及言语疾病杂志，2015(2)：191-194.

图 5-1-6　深圳元平特殊教育学校上下课提示系统

二、融合教育心理环境创设

为了营造有利于听障儿童学习的心理环境，我们必须了解他们在学习区的心理需求。首先，听障儿童需要建立安全感。尽可能全面地获取环境信息，可以帮助他们了解各种情况以建立掌控感和安全感。其次，在学习过程中，除了自身的努力，听障儿童还需要教师进行适当的教学调整和同伴的辅助。个性化的学习支持可以帮助听障儿童以积极的态度参与课堂活动，并从中获得成就感。最后，听障儿童需要被视作班级中平等的一员。这要求我们从多方面着手，营造尊重、接纳、包容的融合氛围。

（一）教学辅助设备的充分运用

随着智慧校园和数字课堂的建设，应用于教学的辅助技术越来越广泛且功能多样，包括听障儿童在内的所有学生都是受益者。例如，交互式白板、数码笔、闭路电视、平板电脑等设备，给学生的学习带来了极大的便利。对听障儿童来说，他们更加需要一些符合个别化需求的辅助技术，以便可以更全面、更便捷地获得环境信息，建立安全感。

1. 接收信息的辅助设备的运用

对听障儿童来说，尽可能多地接收来自课堂的信息可以帮助其建立学习自信。虽然可以通过助听设备、读唇、看板书课件、询问同学等了解学习任务，但即时信息的获得始终是有困难的。考上清华大学博士研究生的姚登峰说自己刚进入普通学校一年级的时候，所接收的信息顶多只有 30％。[①] 随着现代化辅助设备的应用，听障儿童接收信息的难题逐渐得到解决。上文我们提到无线调频系统可以帮助减少背景噪声，为听障儿童接收信息提供基础环境，它是最常见并且最具成本效益的选择。在此情况下，越来越多的学校开始购买语音转文字系统，把它安装在教室、会议厅等处，帮助听障学生获取课堂信息。此外，在平板电脑上安装实时转录软件可以实现语音向文字信息的即时转换，并且可以保存和随时调阅，不受时间和场地限制。图 5-1-7 至图 5-1-9 为听障儿童可以使用的接收信息的辅助设备。

图 5-1-7 华中师范大学教育学院 316 实验室辅助沟通训练板

图 5-1-8 深圳元平特殊教育学校转写服务设备(一)

---

① 姚登峰，杜在新．登峰：从无声世界走来的清华博士[M]．北京：中国社会出版社，2017：149.

图 5-1-9　深圳元平特殊教育学校转写服务设备（二）

　　远程麦克风（remote microphone）也是广泛使用的听觉辅助设备，可以有效实现远距离传输。不仅适用于教师与听障儿童之间的互动，而且适用于教师与学生集体之间的互动，在小组讨论中也能发挥重要作用。如图 5-1-10 所示，教师身上的话筒可以收集其发出的言语信息，听障儿童身上的遥控器通过接收话筒的信号，把信号传输至助听设备，这样就实现了远距离聆听。随着智能手机应用系统无障碍服务的不断优化和兼容性能的不断提升，信息可以通过蓝牙直接传递到助听设备，不再需要接收器。

图 5-1-10　远程麦克风示意图

　　2. 整理笔记的辅助设备的运用

　　接收信息的辅助设备对于听障儿童参与课堂具有重要作用，但是当视觉、听觉多种通道信息共同出现或者信息转化过于频繁时，听障儿童还是会漏掉部分信息。所以，很多听障儿童会选择通过课前预习或者课后整理笔记的方式来梳理知识，此时顺手的笔记整理工具就是很好的帮手。笔记抄写软件以及电脑辅助笔记抄写（CAN）、即时沟通翻译系统（CART）以及 C-Print 等系统，可以帮助听障儿童进行记录。各大应用商店的笔记软件也是不错的选择，不仅可以用来记录课堂笔记，保存和编辑文字、图片、链接，如对教师的板书拍照保存，并在板书图片上做好标注，而且可以对笔记分类管理，如复习笔记、错题笔记等。图 5-1-11 为笔记整理示意图。

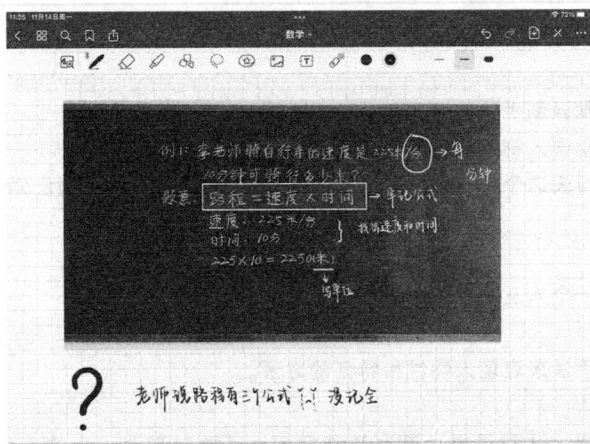

图 5-1-11　笔记整理示意图

（二）教学方法的适应性调整

听障儿童通过助听器补偿听力或电子耳蜗重建听力，不代表他们就可以听清楚口语、学习到语言规则。因此，听障儿童在学习中面临很多的困难。教师在教学方法上的适应性调整，可以帮助听障儿童克服学习难题，获得学习成就感，以积极的心态参与到课堂学习中。

1. 提供与课程相关的学习材料

听障儿童的学习不能完全依赖课堂教学，还应该同时兼顾课前预习和课后查漏补缺。姚登峰在进入普通学校之前，因为妈妈带着他学习了拼音，所以才跟得上学习进度。但是在学习数学应用题时，因为理解不好题意出现了许多问题。他在课下由父母和教师轮流辅导，并且做了大量练习才最终掌握。通常，听障儿童在课堂之外要付出大量努力才能跟上班级教学。所以，教师需要提供相应的材料，包括预习材料、学习重难点、课后复习材料以及听障儿童薄弱环节需要补足的材料等。除此之外，为了帮助听障儿童理解课堂材料，教师应该尽可能地提供与课程相关的学习资源。例如，学习《装在套子里的人》这篇小说时，教师可以提前下发预习资料，包含学习目标、学习重难点、行文线索等，提示学生需要查阅的资料，帮助听障儿童做好课前预习。

📖 **| 案例 |**

语文课导学案案例

《装在套子里的人》导学案	
【学习目标】 知识：领会作品中幽默讽刺手法的运用。 能力：训练学生分析小说人物形象的能力。 情感：正确认识别里科夫这个套中人的社会意义，认识沙皇专制统治的反动与黑暗。	可以查阅这篇课文的写作背景。
【学习重点】 了解别里科夫是怎样一个人及这个人物的典型意义。	
【学习难点】 领会作品用幽默讽刺手法来表现人物性格特征的方法。	
【知识链接】 "装在套子里的人"是指生活和思想上都有某种框框，不敢越雷池一步的人。小说中的主人公就是这样一个人物，他是沙皇专制主义的产物。现在，别里科夫已成为顽固守旧、害怕变革、阻碍社会发展的人的代名词。我们学习这篇课文，必须把握创作的时代背景：19世纪末期的俄国正是农奴制度崩溃、资本主义迅速发展、沙皇专制极端反动和无产阶级革命逐渐兴起的时期。沙皇政府面临着日益高涨的革命形势，极力加强反动统治。沙皇政府的忠实卫道士，也极力维护沙皇的反动统治，仇视和反对一切社会变革。作者写这篇小说就是为了揭露和讽刺这种人丑恶的本质。	
【内容理解】 1. 本文主要写了别里科夫哪些事？ 2. 根据情节发展可以把课文分成几部分？ 3. 尝试着列出课文提纲。 4. 说说别里科夫是怎样的一个人。	先预习课文两遍，再整理内容。这样做有利于听障学生跟上授课进度。
【生字阅读】 胆怯(qiè)　　　鞭笞(chī)　　　塑(sù)造　　　削(xiāo)铅笔 祈(qí)祷　　　难堪(kān)　　　怂(sǒng)恿　　　讥诮(qiào) 怔(zhèng)怔　　　撮(cuō)合　　　孤僻(pì)　　　滑稽(jī) 辖(xiá)制　　　周济(jì)	可以请家长或者同学听听读音是否准确，及时纠正听障学生的读音错误。
【人物形象分析】 自读与讨论第一部分：默读，画出关键语句，并加上简批。 1. 作者用幽默讽刺的手法刻画别里科夫的外表，是否仅仅为了引人发笑？ 2. 为什么说别里科夫所教的古代希腊文也就是雨鞋、雨伞呢？ 3. 别里科夫整天战战兢兢。他怕的是什么呢？全城的人为什么又都怕这个胆小如鼠、弱不禁风的人呢？为什么他能管制全城呢？ 4. 思考：别里科夫身上有哪些有形的和无形的套子？从中可以看出什么思想性格特点？	

2. 采用有效的教学组织形式

听障儿童在班级中不可避免地会遇到适应上的挑战，出现情绪波动。一名听障儿童说，他很喜欢和大家一起做活动、玩游戏，但是十分吵闹的时候会觉得耳朵很不舒服。他就想离开班级去安静的地方待一会儿，不然会觉得心情非常不好。有时没有办法，他会把耳朵紧紧捂住，这样他能感到舒服些。[①] 教师需要建立适宜的课堂规则，例如：不要七嘴八舌地共同回应教师的问题，而是要举手回答问题；不要在其他同学回答问题时随意打断、质疑或补充。教师还应避免过多的课堂讨论，当然讨论必不可少，可以将听障儿童所在小组安排在相对安静的位置。如果有条件，可以提供远程麦克风，并且指导听障儿童如何参与讨论，帮助听障儿童以平和的心态参与不同形式的学习活动。

| 案例 |

贴心的小组讨论设计

为了能让听障儿童参与到小组讨论当中，教师引导听障儿童所在的小组进行了规则调整。

①询问听障儿童对讨论环境的感受，如果有必要，可以在教室外讨论，约定时间回到教室即可。

②小组内约定，一个同学发言结束以后，另外一个同学才能开始。

③准备发言的同学，发言前举手示意。

④讨论发言时尽可能抬头、面对面交流。

⑤总结发言可以适当安排听障儿童参与。

3. 适时调整教学方法

教师应该关注班级中听障儿童的学习状况，并尽可能地做出教学上的调整以满足他们的需求。对听障儿童来说，这不仅是学习上的支持，而且是心理层面的尊重和关注。

首先，要通过正向引导鼓励听障儿童积极参与教学活动的所有环节。例如，在回答问题、参与游戏、展示作业等环节给听障儿童提供参与机会，并在之后给予肯定与鼓励。图 5-1-12 所示为潜山市特殊教育学校听障儿童积极参与课堂活动。

---

① 时闻卓. 小学一年级随班就读听障儿童学校适应的个案研究[D]. 大连：辽宁师范大学，2021：37.

图 5-1-12　潜山市特殊教育学校听障儿童积极参与课堂活动

其次，在教学技巧上，教师在讲话时要面向学生，而不是白板，并且接近听障儿童。姚登峰在学习英语时很吃力，他说他的英语老师余先枝在组织学生听汉语写单词时，为了照顾他，总会站在他的旁边，用手指告诉他题号，并把他没听懂的地方记下来。在语言表达上，为了更清楚地传递信息，教师可以适当地减慢语速、夸大口型，甚至复述，在重要的内容上加强语气，还可以通过提问等方式确认听障儿童是否理解。如果在课堂教学中使用视频，最好有字幕。如果有班级互动，要清楚地重复课堂上其他学生的问题或回答，帮助听障儿童理解同伴在说什么。

最后，考虑学生的感受，及时与学生沟通。例如，通过与学生交流了解其学习的难点在哪里、希望教师做出怎样的改变、参与课堂讨论的感觉如何等。如果有学生表示记笔记主要是看教师的板书和课件，教师可以提供课件并注意板书的完整性。如果学生说难以兼顾看课件和听教师讲话，即在视觉和听觉之间转换需要时间，教师在讲话前，可以多给听障儿童一些时间去理解视觉内容。

| 案例 |

老师和小玺的约定

小玺每一堂课都绷得很紧，生怕错过老师讲解的某些内容。老师在上课时，要求学生注意听讲，还不断翻着多媒体课件。小玺此时不仅要竖着耳朵听，还要按照老师的要求写、画、找。小玺无论怎么努力，始终跟不上老师的节奏。找老师沟通之后，老师和小玺决定调整自己的某些习惯。

①老师把课件等资料在课前发给小玺，方便其预习，小玺也不用担心记不下课件上的内容了。

②当听、写、画、找等任务冲突时，小玺应当先"听"，听准了再做。

③没有听明白的任务可以先空着，并以适当的方式示意老师。例如，在语文课上，听写时听不清楚，就标记一个序号，然后做一个委屈的表情。语文老师看到了就会走到小玺旁边，查看空着的地方，并再告诉小玺一遍。

④如果小玺觉得课堂节奏太快，可以告诉老师。

⑤有些任务难以在课上兼顾，小玺可以在课下单独找老师辅导或者请助学伙伴帮忙。

案例

一堂有趣的《邹忌讽齐王纳谏》

对听障学生来说，文言文阅读十分困难，且内容抽象，理解难度大，也略显枯燥。教师在教学时可以根据文言文内容特点，结合学生善于表演的特性，充分利用"情境再现"的形式，让学生分配角色，演绎课文内容中的重要情节。对于听障儿童，他们表演的人物要有趣，而且每次都要给他们分配不同的角色，如邹忌、徐公、妻、妾、客人、威王等。因为每个人物讲话的神态、语音、语调都是不一样的，可以很好地锻炼听障儿童的嗓音控制。

例如，当听障男生被分配演妻这一角色时，他优雅地走来，低头整理夫君衣衫，模仿女生的声音说："君美甚，徐公何能及君也?"妻退场后，接着扮演威王，端坐高堂，故意粗着嗓子说："群臣吏民能面刺寡人之过者，受上赏；上书谏寡人者，受中赏……"生动的表演、逗趣的反串赢得阵阵掌声。这个方法不仅有效地调动了学生学习的积极性，加深对文言文的理解，而且给学生提供了展示自我的舞台，促进了相互了解。

(三)助学伙伴作用的发挥

助学伙伴对于听障儿童信息获取、语言训练、沟通交往等都具有至关重要的作用，能帮助听障儿童获得积极的情感体验。

首先，在信息获取上，如果听障儿童确实漏掉了课堂上的相关信息，教师可以通过安排助学伙伴的方式提供补充性的信息加以弥补。例如，助学伙伴可以给听障儿童解释没有听懂的信息、强调重要的信息或者提醒待办的事项等。图5-1-13所示为助学伙伴帮助听障儿童复习功课。

其次，在语言训练上，听障儿童可能会存在语音清晰度不够、表达不够规范、语言积累不够等问题，可以在助学伙伴的纠正、示范下逐渐解决。

图 5-1-13　助学伙伴帮助听障儿童复习功课

最后，在沟通交往上，和助学伙伴的互动本身就提供了语言训练机会，在这个过程中听障儿童也学会了主动表达。例如，一个听障儿童喜欢自顾自地讲话，话轮转换意识缺乏。这时，助学伙伴可以拉一下他的手，然后跟他说"先听我说完""到我说了"。慢慢地，听障儿童就习得了话轮转换规则。助学伙伴对于听障儿童的语言习得和运用具有重要意义，但需要注意的是，助学伙伴和听障儿童的互动是基于自然情境的，是在正常的交流、游戏与合作中互动。如果听障儿童说得不对，助学伙伴指出就可以，而不是像教师一样一遍一遍地教学。因为听障儿童发音不清楚，需要反复纠正与练习，但连续纠正发音容易激起逆反心理。例如，听障儿童莱莱四声读不准，教师鼓励班级伙伴帮助他纠正发音。于是热心的小伙伴不厌其烦地一遍遍帮他纠正，可他并不愿意领情，并觉得自尊心受到了伤害。

拓展阅读

扫描二维码，阅读《妈妈是如何让伙伴帮助儿子练习说话的？》。

（四）融合氛围的多样化营造

听障儿童在班级中如果能感受到来自教师的关心和鼓励、同学的接纳和帮助，就会更积极主动地参与到集体活动和人际互动当中。所以，通过多种方式营造融合氛围至关重要。一方面，教师要引导班级学生及其家长接纳听障儿童，掌握和听障儿童互动的技巧，爱护听障儿童的助听设备。教师也要多与听障儿童沟通，了解其真实感受以及对教师和同学的期望。另一方面，教师要多与听障儿童的家长沟通，将学生需要学习的内容、技巧告知家长。因为家长有听能管理的经验，明确知道自己的孩子可以接收什么、表达什么，哪些方面还需要弥补，教师可以通过家校合作来促进学生的身心发展。有的学校建立了家校联系本，及时记录并解决听障儿童面临的大小问题。例如：通过家校练习本，告诉家长要提前把每学期的书借好，提前预习；要求家长每天聆听孩子汇报在校的一日生活；帮助孩子复习拼音或者复习 20 以内数的分解与合成等。学校还可以借助信息化管理系统建立线上家校联系簿，与家长随时联系，不失为家校合作的好方法。

✎ | 小技巧 |

争取班级所有家长支持的建议[①]

①向所有家长阐明融合教育的理念和操作方法，让家长知情。

②采取小班化教学等措施，保障每个儿童都得到尽可能好的教育。

③学校为融合班提供师资、设备、宣传等多方面的支持，甚至倾斜，增强家长的信心。

④定期举行融合班汇报活动，让家长看到孩子的进步，看到听障儿童和普通儿童的良好互动，消除心理顾虑。

📖 | 案例 |

听障儿童家长的锦囊妙计[②]

倾听榜样的力量，总能带来满满的能量。除了触动人心的生命故事，还有很多锦囊妙计。

深谙儿童心理的小宝奶奶支招："看到孩子的小小进步，就要表扬他。"太阳花妈妈李观秀以图画书阅读为例，分享了"用夸张的语调吸引孩子"的"独门秘籍"，并结合孩子的康复成长经历，鼓励爸爸多发现孩子的兴趣，尝试通过画画培养孩子的专注力。

智慧妈妈赵佳也毫无保留地分享了自己的经验，她说："兴趣是孩子最好的老师，懂孩子比爱孩子更重要。"结合甜甜的成长经历，她分享了抓住孩子"爱演、不服输"的特点，利用"朋友圈"的强大力量，驱动孩子主动学习的成长故事，谈笑间干货满满，正能量十足。

---

① 鲍红安. 耳聋儿童与普通儿童融合教育实践研究[J]. 现代特殊教育，2012(6)：9-13.

② 江门市残疾人联合会. 温暖向阳，向幸福出发！这场听障儿童家长分享交流会很正能量[EB/OL].[2023-12-20]. https://static.nfapp.southcn.com/content/202103/22/c4982826.html.

作业·····▶

一、判断题

1. 听障儿童配戴了助听设备，所以可以听见声音，不需要特别照顾。（　　）

2. 听障儿童应该坐在角落位置，比较安静。（　　）

3. 教师上课要通过重复、强调等策略帮助听障儿童获取信息。（　　）

4. 安排助学伙伴是为了给听障儿童辅导作业。（　　）

二、简答题

1. 有哪些方法可以对环境降噪？

2. 面对听障儿童，教师可以采用哪些教学技巧？

3. 如何营造融合班级氛围？

▶ 任务二
生活区融合教育环境创设

相较于学习区环境的结构化，生活区不可控的因素较多。例如，活动场景更加复杂、活动内容更加多样、参与人员更加广泛。这些虽然在一定程度上丰富了听障儿童的校园生活，但也对生活区安全、有序的环境创设带来了挑战。

一、融合教育物理环境创设

（一）保证环境安全

听障儿童的活动场所与健全学生没有差别，只是因为戴了助听设备，所以要注意设备的使用和维护。

首先，要避免奔跑、碰撞等活动。例如，在体育场馆等环境中进行活动时要做好防护，参与肢体碰撞类活动时最好摘下助听设备。

📖 **| 案例 |**

江门市特殊儿童康复教育中心开展爱耳体验

为让儿童知道爱护耳朵、认识到听力健康的重要性，2017 年 12 月，江门市特殊儿童康复教育中心走进班级与儿童互动。通过"童声传译""搭错线"等小游戏，让儿童感受捂住耳朵和不捂住耳朵时听音乐的不同体验，思考耳朵的作用，学会爱护自己以及他人的耳朵。同时，引导他们认识和接纳听障儿童，营造关爱、接纳、互助的校园氛围。

其次，学校实行错峰活动，尽量使听障儿童避免活动和人流高峰。

再次，避免静电环境。静电会给助听设备的使用带来干扰，因此活动区需要采取一些预防措施来降低静电干扰。在户外互动区域活动时，减少使用塑料制品的用具，如塑料滑梯等，尽量用木质材料代替。在冬天或者干燥的季节，可以先接触接地的金属物件，再拿取助听设备。

最后，还要避免一些其他可能对助听设备有损害的环境，如潮湿环境等。

(二)做好信息提示

生活区的声学环境创设难度较大，而且听障儿童在生活区可能并不使用助听设备，这就需要做好全面、细致的视觉信息提示。第一，建立常规活动信息卡，可以将每天例行活动开始的时间、地点、场所以及注意事项等列出来，帮助听障儿童自我提醒。第二，建立具有特定意义的提示系统。例如，在运动、游戏等功能性活动区域设置时间提示灯，设立"休息""停止/结束"等提示牌，并告知相关任课教师要记得使用提示系统。在走廊和过道也可设立温馨提示(图5-2-1)，提醒学生注意安全，不要奔跑，不要推搡。第三，通过科普讲座、主题班会等形式面向全体学生开展安全知识普及，告诉大家要在活动区域注意人身安全，还要注意保护听障伙伴的助听设备。

图5-2-1　武汉市第二聋哑学校生活区的温馨提示

（三）应急情况处理

学校一般会有突发情况的应急预案和操作办法，这些也要充分考虑到听障儿童的需求。例如，不能仅通过广播等方式播报语音警示信息，而是要在公共场所设立红色警示灯、电子显示屏（图5-2-2），通过多种方式提示所有人应该如何应急。

图5-2-2　武汉市第二聋哑学校电子显示屏

学校的应急设施设备分布要合理，大致覆盖学习区、生活区和资源区，使用易获得，还要做到互联互通。例如，图5-2-3所示的消防应急灯在遇到突发事件被按下时，宿舍楼、教学楼的灯都会亮。学校还可以在学生宿舍的床下安装振动报警器，在出现地震、火灾等突发情况时能以振动的方式及时叫醒听障儿童，并通过电子显示屏提示"立即起床，离开宿舍"等。

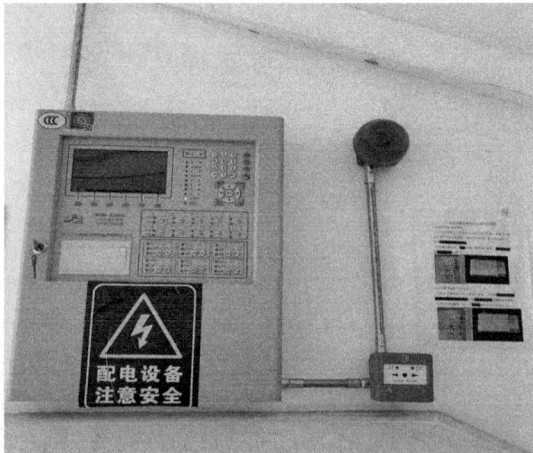

图5-2-3　武汉市第二聋哑学校消防应急灯

二、融合教育心理环境创设

(一)注意互动技巧

学生所获得的信息的多少决定了他能否安全、有效地参与生活区的所有活动，所以良好的沟通是关键。在嘈杂的环境中和听障儿童交流时，应尽量缩短和他们的距离，最好能面向听障儿童且获得其注意。如果听障儿童没有注意到教师的声音，可以采用叫名字或者做动作的方式引起他们注意。在说话时要适当调整音量，用听障儿童能够听到的音量讲话。向听障儿童传递的消息也要尽量清晰简短，如果他们不理解，就更换为更简易的表达方式，或以"告知—示范—参与—回馈"四步骤，让其明白活动的内容和规则。

✎ | 小技巧 |

"告知—示范—参与—回馈"四步骤教学

告知：将活动的主要内容、规则和注意事项准确地告知听障儿童。

示范：给听障儿童示范活动所需要的具体行为或操作，可以由教师示范，也可以由学生示范。

参与：要求听障儿童参与到活动中来。

回馈：根据听障儿童的参与表现进行评价，如果发现问题，教师就需要重新告知并示范。

(二)安排辅助伙伴

活动区的教师难以时时刻刻关注到听障儿童，这就需要为其安排辅助伙伴。他们不仅可以帮助听障儿童随时随地理解活动的变化，还可以给听障儿童提供参照。除了人的辅助，本项目任务一中我们提到的远程麦克风也可以提供辅助。随着智能手机、平板电脑功能的不断开发与优化，文字电话或者文字电话传达系统可以将语音和文字进行实时转换，这使得听障儿童在多种活动区域进行高效沟通成为现实。图 5-2-4 所示为潜江市特殊教育学校辅助伙伴与听障儿童一起做游戏。

图 5-2-4　潜江市特殊教育学校辅助伙伴与听障儿童一起做游戏

📖 | 案例 |

姿姿和乐乐[①]

姿姿，女，2008 年 6 月生，左右耳均为先天性中重度弱听，双耳都配戴耳背式助听器。其性格活泼好动，动作交流多、语言交流少，喜欢运动、画画。但是语言能力差，平时与教师、同学之间几乎没有言语上的交流，喜欢独自玩耍，在班级中同伴关系较差。为了让姿姿很快融入正常学生的交往中，教师给姿姿安排了辅助伙伴乐乐。有一次，教师布置了一个"百家姓调查"的任务，让乐乐作为姿姿的辅助伙伴，全程和姿姿进行讨论，制作一张属于两个人的调查表。乐乐说："我们先画一张表，好吗?"姿姿回答说："好。"于是姿姿找来了纸和笔，画了几条横线和竖线。乐乐说："姿姿你真棒，线画得真直，格子不大也不小，正正好好。"姿姿高兴地笑了。接着，乐乐带着姿姿，拿着表格去隔壁班采访了。姿姿问："你姓什么?""我姓翟。"姿姿问："zhāi? 摘花的摘?"乐乐说："翟是二声，不是一声，声音要往上扬。看我的嘴巴和手势，知道了吗? 再说说看。""翟。"调查好之后，乐乐和姿姿一起把全组成员的表格汇总在一起，最后由姿姿代表全组到前面汇报统计结果。汇报结束后，全班掌声热烈。姿姿的脸上流露出了由衷的喜悦。

(三)开展团体辅导

在生活区，听障儿童其实面临更多的互动机会，但也面临更多的负面信息。例如，有部分同学会歧视、嘲笑、孤立甚至动手打听障儿童，这会给听障儿童留下极大的心理阴影。所以，为了让听障儿童和健全儿童相互了解和接纳，教师可以通过开展一些

---

① 　高洁．小学随班就读听障生融合教育的个案研究[D]．上海：上海师范大学，2017：26-27.

户外团体游戏来让他们建立良好的关系。比如，有的教师借鉴综艺节目《王牌对王牌》中的"传声筒"游戏，让学生都戴上耳机，在听不见外界任何声音的情况下分组传话。通过游戏让健全儿童体验听不见声音、听不清声音时的感受，从而学会换位思考，在今后的学习与生活中加倍地关心、爱护听障儿童。

作业……▶

一、判断题

1. 生活区相对比较嘈杂，因而更需要为听障儿童做好信息提示工作。（　　）

2. 突发状况虽然不常发生，但也要考虑到听障儿童如何应对。（　　）

3. 生活区有辅助伙伴，教师就不需要关注听障儿童的行为了。（　　）

二、简答题

1. 请调查听障儿童在生活区不适应的情境及问题，并提出解决的办法。

2. 假如你是一名班主任，需要为班级刚转来的听障儿童安排辅助伙伴，对于人选你会考虑哪些方面？

▶ 任务三
资源区融合教育环境创设

听障儿童虽然戴了听力辅助设备，但由于不同程度的听觉损伤，在学习过程中仍会遇到诸多难题，如听不清、听不懂、发音不准、吐字不清、词不达意[1]，有的还会出现理解与表达困难、心理不适等问题，从而影响学习与生活。因此，资源区的建立与环境创设尤为重要，它是推进听障儿童融合教育的关键保障。它可以为听障儿童在普通学校学习提供支持性服务[2]，帮助他们实现真正意义上的"学得好"。

一、融合教育物理环境创设

（一）区域位置选取

资源区是专门为听障儿童提供听力检测与评估、言语语言评估、教育康复训练等

---

① 张萌.资源教室对听障学生进行语言训练的实践[J].中国特殊教育，2005(2)：18-21.

② 孙全红.融合教育背景下资源教室建设与资源教师专业发展[J].现代特殊教育，2016(17)：28-29.

的场所，所以对位置的选取有一定要求。《普通学校特殊教育资源教室建设指南》提出，资源区应设置在一楼，位置相对安静，进出方便。另外，资源区的场所应固定且专有，避免挪为他用。

（二）功能教室建设

1. 多功能室建设

多功能室主要用于来访者接待、档案管理、家长培训、亲子互动等。室内环境应温馨、宽敞，可配备办公电脑、沙发、档案柜、折叠桌椅等用品。

2. 纯音测听室建设

纯音测听室主要用于听障儿童常规的听力检查和定期的听力评估，为给他们制订合理的个别化训练计划提供科学的听力学依据。纯音测听室需要一定的声学处理，因而造价比较高；纯音测听室的使用需要良好的噪声隔声效果，对使用者的专业性要求较高。所以，如果普通学校没有相应条件，也可以不建纯音测听室，在有需求时可以到医院或者康复中心寻求支持。图 5-3-1 和图 5-3-2 为武汉市第二聋哑学校教师进行纯音测听和耳道检测。

图 5-3-1　武汉市第二聋哑学校教师在进行纯音测听 　图 5-3-2　武汉市第二聋哑学校教师在进行耳道检测

3. 语言训练室建设

语言训练室主要针对听障儿童的听能、发音、言语、语言、沟通等方面进行个别化教育与训练，可以帮助听障儿童在学习与生活中更好、更快地听清、听懂与表达。语言训练室内可配备引导式互动系统、蒙氏教具、知识卡片等各种教学所需设备。教师可以充分利用这些设备对听障儿童进行语训，也可以不借助任何设备，利用语训教材对听障儿童进行面对面训练。图 5-3-3 和图 5-3-4 为武汉市第二聋哑学校教师使用引导式互动系统和语训教材进行语训。

图 5-3-3　武汉市第二聋哑学校
教师使用引导式互动系统进行语训

图 5-3-4　武汉市第二聋哑学校
教师使用语训教材进行语训

4. 心理辅导室建设

相较于健全儿童，听障儿童更容易出现自卑、自信缺乏、思想偏激、不善交际、自控力差、暴躁冲动、封闭自我等心理问题，从而影响身心健康，导致学业成绩不佳。为此，在资源区创设心理辅导室至关重要。心理辅导室的环境要温馨、安静、整洁，给人以舒服、放松的感觉。室内还可按需配置心理沙盘（图 5-3-5）、太空舱音乐放松椅（图 5-3-6）、生物呐喊宣泄系统（图 5-3-7）、宣泄人等（图 5-3-8），帮助听障儿童减轻压力、放松心情。

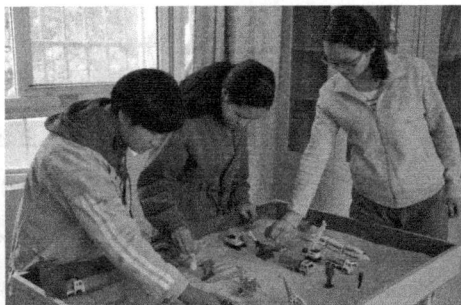

图 5-3-5　武汉市第二聋哑学校听障儿童使用沙盘

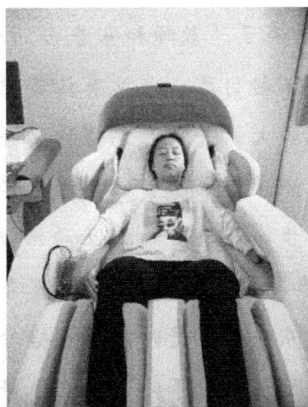

图 5-3-6　武汉市第二聋哑学校
听障儿童使用太空舱音乐放松椅

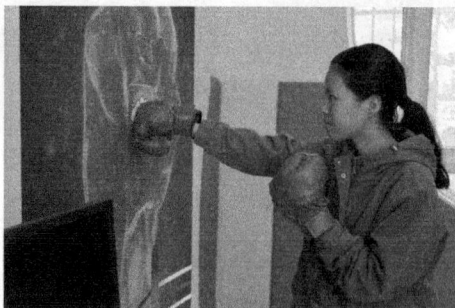

图 5-3-7　武汉市第二聋哑学校
听障儿童使用生物呐喊宣泄系统

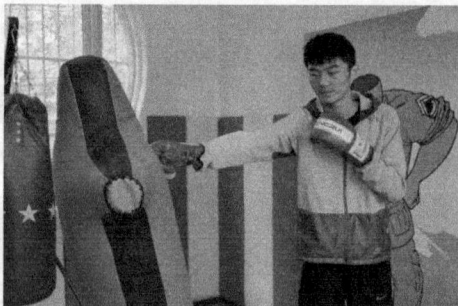

图 5-3-8　武汉市第二聋哑学校
听障儿童使用宣泄人

📖 |案例|

惹人心疼的东东

　　东东刚在普通学校就读时，因为说话不像健全儿童般清晰、顺畅，总觉得自己普通话很差，不敢开口说话，也不敢上台发言。其实老师和同学并没有嘲笑过东东。大家觉得东东不仅相貌俊俏，而且懂礼貌，学习也很好。班主任在意识到东东没有自信这个问题以后，请心理教师制定了心理辅导方案。

　　第一步，形成正确的自我认识。心理辅导教师首先问东东听觉损伤带给他的影响有哪些。东东说："让自己听不清、说不清。"教师接着说："对。还有别的吗？"东东回答说："没有了。"教师和东东分析道："确实，听觉损伤让你听不清、说不清，但是没有让你看不起自己，也没有让其他同学瞧不起你。班级里到目前为止，没有一个同学嘲笑过你，大家并没有觉得你很差，而且大家已经认同你是班级的一分子。所以，觉得自己很差是自己给自己戴的手铐，把你束缚住了。"

　　第二步，开展有效的互动活动。为了进一步打消东东的顾虑，班级里组织了"互夸"活动和"悄悄话"活动。在"互夸"活动中，教师要求每个学生都真诚地说出被夸者的优点。当东东被夸赞时，答案格外暖心："他很帅"，"他的助听器看起来很酷"，"他很善良，为别人考虑很多"，"他很努力，经常自己练习课文朗读"，"他很爱他的爸爸妈妈，从来不对爸爸妈妈发脾气"……在"悄悄话"活动中，教师要求学生把想说的话悄悄告诉东东。东东应该是听到了很多鼓励的话，反复拥抱亲爱的小伙伴。活动结束后，东东因感动，眼睛都红红的。

二、融合教育心理环境创设

资源区的重要功能就是对特殊儿童学习、生活中的不适应问题进行重点关注和调整。对听障儿童来说，资源区主要解决的是其在学习环境中的沟通与交往问题以及课程与教学中的语言学习问题。[1]

(一)沟通与交往方面

语言问题是听障儿童随班就读过程中必须解决的。健全儿童可以快速习得的发音，听障儿童需要经过反复练习，揣摩发音的位置、气流、声调等，所以听障儿童必须进行额外的语言训练。此外，如何运用语言进行沟通与交往也是听障儿童学习的重点。要让听障儿童敢于开口讲话，勇于表达，并学会一般的人际交往规则，这些都需要教师、家长的共同努力。对学龄期的听障儿童来说，功能补偿训练主要包括两个部分。①看口训练。"唇读"是听障儿童有声语言学习的主要手段。看懂发音口型，熟悉教师的口语，也是听障儿童在课堂中掌握知识的重要条件。所以，在资源区应不断训练听障儿童的看口能力，促使他们适应课堂教学。②说话训练。在听障儿童的日常学习、生活和交往中，充分发挥助听器的作用，激发他们说话的积极性，并随时矫正他们的发音，可以使他们的知识、听能和语言同时发展。[2] 因此，在资源区环境创设上，需要准备看话和说话的训练材料。除此之外，还要给听障儿童创造交往情境，增加练习语言的机会。例如，让听障儿童邀请同班同学玩桌面游戏(图 5-3-9)，在游戏互动中习得游戏语言等。

图 5-3-9　潜山市特殊教育学校听障儿童在教师指导下与同学在资源教室玩桌面游戏

| 案例 |

互动语言游戏推荐

在资源教室里对听障儿童开展语言运用能力的辅导，并不是指教师单独对听障儿

---

① 许家成.资源教室的建设与运作[M].北京:华夏出版社,2006:140.

② 曹照琪,张建华,岳丽.听障儿童融合教育中构建特教资源室初探[J].四川教育学院学报,2003(8):66-67.

童进行发音纠正和重复练习。事实上，创设沟通情境，在交往与互动中锻炼会有更好的效果。所以，我们可以邀请其他学生一起来参与。在这里简要介绍一下可以开展的互动语言游戏。

①关卡游戏。可以结合投骰子走棋盘的游戏，除了按照骰子数走棋子之外，还可以设置各种关卡，如"唱一首歌曲""读一段绕口令""分享一件糗事""大喊三声规定的句子"等。关卡的设置要生动有趣，分布合理，让听障儿童有较多的锻炼机会。

②看口型猜词语。两个人一组，让听障儿童当猜词选手，另一名儿童把要猜的词做出口型但不发出声音，让听障儿童根据口型来猜词。也可以由教师来做口型，让两名学生都来猜，猜对多的为胜者。

③主题对谈。参与的学生可以围绕一个主题开展对谈，例如：马上要迎来三天假期，可以分别谈谈各自的假期计划；可以分享下自己喜欢的动漫、电影、玩具等；如果学生对阅读感兴趣，可以分享最近读了什么书，感受如何等。当然，也可以在资源教室一起读图画书。

④蒙眼听指令。活动要求是能听懂别人的指令，并做出相应的动作。这类活动可以结合跨越障碍物等设计。例如，蒙眼寻宝。确定一个要寻找的物品，一名学生蒙上眼睛，另一名学生指挥其行走的位置和方向，如"向前两步""然后向左转""蹲下身子""挪动两步"，可以要求听障儿童复述后做出动作。

(二)课程与教学方面

任何课程的学习，都要关注听障儿童语言的发展。在学习中，建议听障儿童做到课前预习、课后复习，对于不理解的部分不能积攒或者放过，要及时解决，可以安排他们在资源教室接受额外的课程辅导。因此，资源教室在环境创设时需要为听障儿童提供关于课程学习重难点的学习材料。例如：听障儿童在阅读理解上有困难，教师可以为其准备故事大纲结构图和阅读材料，并提供指导阅读的辅导和练习；听障儿童对数学概念的理解有困难，教师可以为其准备直观化或生活化教具，如教师为了帮助听障儿童理解和掌握"克"的概念，把生活中常见的物品——回形针、抽纸、黄豆等作为教学用具，通过让学生猜一猜、掂一掂、估一估、称一称来感受一克的质量，把感同身受的真切体验运用数学的思想与方法转换成数学经验与技能，化抽象为具象。[①]

---

① 吴桂琴. 多元情境中培养随班就读的听障儿童数学核心素养[J]. 数学教学通讯，2018(31)：70-71.

📖 | 案例 |

怎么教看图写话

听障学生茜茜就读于一所普通小学，看图写话的能力较弱，写出来的句子语法混乱。可能茜茜在语文学习上有很多不太愉快的体验，所以积极性不高，也不喜欢朗读。资源教师决定从积累成功的学习经验入手，提高茜茜对语文学科的学习兴趣。第一步，进行看图写话训练。教师为茜茜准备了看图写话结构图（图 5-3-10），还有大量的情境卡片，引导茜茜按照"时间、地点、人物、活动、结果"的观察顺序，把所有观察到的要素列出，然后串联成句子。第二步，帮助茜茜把句子调整顺畅，并大声朗读出来。第三步，经过一段时间的训练，在课堂上给茜茜提供展示的机会。茜茜的进步获得了大家的认可，自身也感受到了努力的意义。

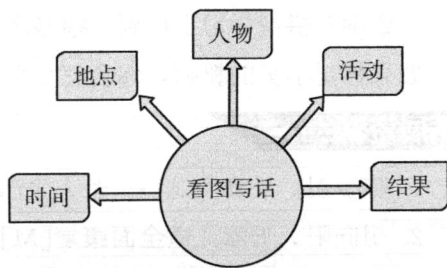

图 5-3-10　看图写话结构图

📖 | 案例 |

让人头大的立体几何图形

听障学生亮亮在数学学习中对立体几何图形始终不明白，听到底面、侧面、高、周长、面积等名词就头大。为此，资源教师考虑把立体几何图形与日常生活相联系。例如，学习圆柱体，教师准备了罐装八宝粥等物品，引导亮亮用纸张绕着八宝粥罐围一圈，然后展开，这样就讲解清楚了圆柱体的侧面和周长。对于生活中不方便寻找的立体图形，教师就带着亮亮动手做一做。在有操作经验的基础上，结合多媒体课件，以动画的形式进行演示，最后辅以适当的练习题加以巩固。

作业

一、简答题

1. 资源区主要解决听障儿童的哪些问题？

2. 资源区的位置选取应注意些什么？

二、案例题

1. 小芊属于先天性听觉障碍，三岁半时做了人工耳蜗植入手术，后来进入了普通小学。在学校里，有同学欺负她，给她取带有嘲笑、蔑视意味的绰号——"小嘎"。因为小芊说话的声音不是很清晰，同学就用鸭子"嘎嘎嘎"的叫声去形容她的说话声。这使得小芊很难过，不愿意讲话，也不愿意交朋友。

如果你是小芊所在学校的资源教师，你会怎么帮助她？

2. 小美在一所普通小学上一年级，刚开始学习时任务轻、学习内容简单、学习节奏慢，还能跟得上。在学习拼音时节奏逐渐变快了，每天都要学习新的拼音知识。小美在 q、ei、ie 等发音上还没有学会，就又要学习新的拼音。渐渐地，小美无法跟上进度，导致她在拼音学习上遇到了很多困难。

如果你是小美的教师，你会怎么帮助她？

拓展资源

1. 陈少毅. 从聋到龙——聋人生活必读[M]. 北京：华夏出版社，2009.
2. 胡向阳. 听障儿童全面康复[M]. 北京：北京科学技术出版社，2012.
3. 汪飞雪. 听觉障碍学生教学法[M]. 天津：天津教育出版社，2007.
4. 姚登峰，杜在新. 登峰：从无声世界走来的清华博士[M]. 北京：中国社会出版社，2017.
5. 周婷婷. 墙角的小婷婷[M]. 海口：南海出版公司，2006.
6. 张帆，卢苇. 无声的绽放：走近聋人文化[M]. 杭州：浙江大学出版社，2017.
7. 徐静. 语音识别技术在高校听障生课堂教学中的信息传递效果及影响因素研究[D]. 重庆：重庆师范大学，2007.
8. 郭俊峰. 聋儿听力语言康复个别化教学误区种种[J]. 中国听力语言康复科学杂志，2005(2).
9. 吕明臣，柯沫夫. 语言功能与聋儿语言获得的性质及途径[J]. 中国听力语言康复科学杂志，2004(3).
10. 龙江. 重视聋儿语言康复教育环境[J]. 中国特殊教育，2000(2).
11. 宋彩霞. 聋儿语言康复训练中的语训教学发声[J]. 中国听力语言康复科学杂志，2006(1).
12. 宋彩霞. 提高聋儿语言康复质量不容忽视的几个问题[J]. 中国听力语言康复科学杂志，2007(1).
13. 袁泉. 语言康复训练的思考：一个教师眼中的聋儿康复[J]. 中国残疾人，2002(9).

小结

本项目主要介绍了听障儿童学习区、生活区、资源区的融合教育环境创设，不仅包括有形的物理环境的创设，还包括心理环境的创设。物理环境是听障儿童融入普通学校的基本保障，心理环境则事关听障儿童在普通学校获得的学习成果，最终影响到融合教育的质量。任务一主要介绍了听障儿童学习区融合教育环境创设，涵盖了辅助系统优化、合理的座位安排、环境降噪处理、提示信号系统等物理环境创设，以及教学辅助设备的充分运用、教学方法的适应性调整、助学伙伴作用的发挥、融合氛围的多样化营造等心理环境创设。任务二主要介绍了听障儿童生活区融合教育环境创设，包括保证环境安全、做好信息提示、应急情况处理等物理环境创设，以及注意互动技巧、安排辅助伙伴、开展团体辅导等心理环境创设。任务三主要介绍了听障儿童资源区融合教育环境创设，包括区域位置选取、功能教室建设等物理环境创设，以及沟通与交往、课程与教学两个方面的心理环境创设。听障儿童融合教育环境创设不仅要为听障儿童提供学习和生活上的便利，而且要为其积极心态的树立、良好人际关系的建立以及高效的互动沟通提供支持。同时，要充分考虑到他们的身心发展特点，尽最大可能满足他们的多样化需求，通过多种措施来减少学校环境中不利于他们学习和生活的因素，从而使他们能够顺利地融入学校，最终学有所成。

项目六 肢体障碍儿童的融合教育环境创设

导语

在我们身边，有这样一群孩子，他们或双手不能伸屈，不能自如取放东西，或双腿不能自主站立，不能独立行走，肢体功能的障碍对他们的生活和学习造成了很大影响，这类儿童便是肢体障碍儿童。根据 2006 年《第二次全国残疾人抽样调查残疾标准》，肢体障碍是指人体运动系统的结构、功能损伤造成的四肢残缺或四肢、躯干麻痹（瘫痪）、畸形等，导致人体运动功能不同程度丧失，以及活动或参与受限制。[①] 依据该标准，肢体障碍类型分为四级：肢体残疾一级，不能独立实现日常生活活动（如四肢偏瘫、截瘫、单全上肢或下肢缺失等）；肢体残疾二级，基本上不能独立实现日常生活活动（如偏瘫或截瘫残肢保留少许功能、单下肢和单上臂缺失、双大腿缺失等）；肢体残疾三级，能部分独立实现日常生活活动（双小腿缺失、单前臂及其以上缺失等）；肢体残疾四级，基本上能独立实现日常生活活动（脊柱僵直、脊柱畸形、一肢功能中度障碍或二肢功能轻度障碍等）。[②]

因为肢体障碍导致自主活动受限，所以肢体障碍儿童想要正常生活和学习就对环境的设置提出了更高的要求，无障碍环境的创设成为其必要的需求。为提高肢体障碍儿童的教育质量、增强其社会参与能力，我们需要创设适宜的融合教育物理、心理环境，帮助其补偿和改善功能，顺利地参与课堂学习、学校生活，获得愉悦、包容的受教育环境，实现自我发展与自我价值。

---

① 雷江华，方俊明．特殊教育学[M]．北京：北京大学出版社，2011：51-52.
② 雷江华，方俊明．特殊教育学[M]．北京：北京大学出版社，2011：52-53.

思维导图

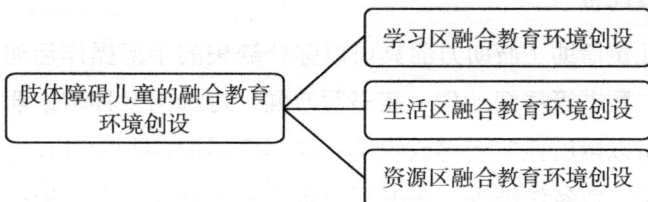

案例导入

小朗的窘境

2020 年 9 月，一名小男孩来向阳小学报名。他叫小朗，8 岁。小朗的脊椎弯曲，髋部严重向右后方突出，双腿无力，走路一颠一颠的，很容易因为失去平衡而跌倒。一旦跌倒，他无法自己站起来，时常面临尴尬境地。小朗说："老师，我想上学。"但向阳小学还没有招收过像他这种情况的学生。

向阳小学应该创设什么样的环境，才能帮助小朗顺利就读呢？

▶ 任务一
学习区融合教育环境创设

对肢体障碍儿童来说，学习区融合教育环境创设需要考虑功能障碍的具体表现和原因。学校应从肢体障碍儿童自身辅助器具配备、空间环境创设、融合教育心理环境创设三个方面来满足这类儿童对于出行、信息获取、生活自理等多方面的需求。

一、辅助器具配备

（一）助力器具配备

上肢体障碍儿童借助上肢助力器具可以弥补缺失的手部操作活动，改善手部行为功能，完成写字、翻书等精细动作。在书写方面，可选用多种辅助器具，例如：持笔架、手动夹板，可以帮助抓握蜡笔或铅笔；特制握笔器（图 6-1-1）、支撑前臂的斜板；笔记板、遮蔽胶带、宽条纹纸等，在书写时用来固定纸张。无手指的肢体障碍儿童在翻书上有困难，常用腕操作或用口含棒翻动书页。[①] 对于此类儿童，阅读自助器（图 6-1-2）可提供帮助，即给食指套小半截橡皮指套作为翻页器。

图 6-1-1 握笔器

图 6-1-2 阅读自助器

计算机可用作书写辅助工具，它可以通过文字加工软件完成书写任务。对于精细动作能力较差而无法使用标准键盘的儿童，可以使用较大规格的键盘。无法做粗大动作，也无法在标准键盘上大范围地活动手指的儿童，可以使用迷你键盘（图 6-1-3）。这些替代性的键盘，可以放在儿童腿上、书桌上或其他容易接触到的地方。此外，肢体障碍儿童也可通过手臂支撑架、操作键盘、操作鼠标或特殊输入装置来操作计算机。操作键盘适用于无法直接用手指敲键盘的儿童，可配合头控杆、口含棒等来操作键盘。

---

① 潘娇娇，雷江华．肢体障碍儿童沟通与交往的辅助技术研究[J]．绥化学院学报，2017(4)：99-102.

手部变形或者徐动型脑性麻痹造成手部震颤的儿童，可在标准键盘上加洞洞控制板。肘腕活动受限儿童可利用手臂或手腕支撑器；腕、掌、指关节受限儿童可根据需要，选择掌套式敲击器、侧套式敲击器、腕套式敲击器。鼠标可以控制整个计算机屏幕并与计算机程序进行互动。操作鼠标适用于手部精细动作受限的儿童，可使用通过手掌和手腕进行操控的轨迹球鼠标；无法抓握移动鼠标的儿童，可使用摇杆鼠标（图 6-1-4）；握控鼠标困难且协调能力弱的儿童，可使用按压式按键鼠标；手部完全没有操作能力的儿童，可使用嘴控鼠标、足控鼠标、头控鼠标、眼控鼠标、红外线鼠标、单键鼠标等。这些书写辅助器具能够为上肢体障碍儿童提供书写功能支持，使之参与日常学习活动。

图 6-1-3　迷你键盘　　　　　　　　图 6-1-4　摇杆鼠标

（二）助行器具配备

对于肢体障碍儿童，最常用的辅助器具就是假肢，主要包括上、下假肢和各类矫形器。假肢的主要作用是代替缺失肢体的部分功能，使肢体障碍儿童恢复一定的生活自理和学习能力。假肢按截肢部位分成上肢假肢和下肢假肢，具有助行器功能的是下假肢，适用于下肢功能部分或完全丧失以致无法独立行走的肢体障碍儿童。[①] 轮椅也是常见的助行器具，主要有普通轮椅、高靠背轮椅（图 6-1-5）、运动轮椅（图 6-1-6）、手动轮椅、手摇三轮车、机动轮椅车等类型。轮椅与肢体障碍儿童的衣食住行息息相关，在其生活中占据重要位置。在某种意义上，对他们而言轮椅不仅是代步工具，还是身体的一部分。

此外，下肢功能有缺陷的儿童的助行器主要有摆位移动器、轮式助行器、阶梯框式助行器（图 6-1-7）、腋杖（图 6-1-8）、肘杖、手杖等。例如，多功能摆位移动器可以根据坐位姿势设置头、躯干、下肢和足部的控制单元，也可以特殊定制。常见的坐位姿势摆位器有（定制）坐垫、滚筒、角椅、多功能摆位移动器、可调式倾斜桌等。对于使用手杖或拐杖的肢体障碍儿童，助行器具是他们日常活动的必备工具，他们需要借助这些辅助器具来平衡自己。所以，选用适合自己的高质量助行器具十分必要。

----

① 潘娇娇，雷江华．肢体障碍儿童沟通与交往的辅助技术研究[J]．绥化学院学报，2017(4)：99-102.

图 6-1-5　高靠背轮椅

图 6-1-6　运动轮椅

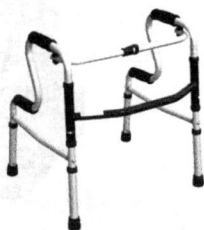

图 6-1-7　阶梯框式助行器

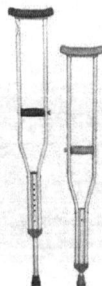

图 6-1-8　腋杖

　　肢体障碍儿童可能会因为身体肌张力不足，在教室内无法保持或者长时间保持直立坐姿。配备坐姿矫正椅(图 6-1-9)可以帮助他们保持身体直立，带轮子的坐姿矫正椅还能辅助他们在教室里灵活地移动。

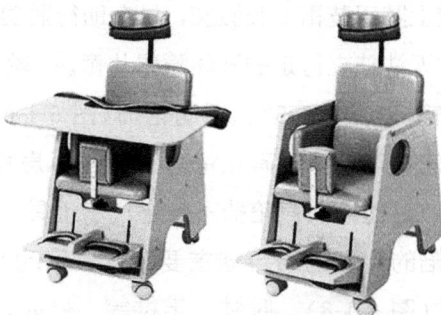

图 6-1-9　坐姿矫正椅

✎ | 知识卡片 |

轮椅的由来[1]

　　轮椅大约出现于 18 世纪，从外形上看，就像一把椅子，那时候的轮椅是木制的。

————————————

　　[1]　蒋建荣. 特殊教育的辅具与康复[M]. 北京：北京大学出版社，2012：100.

后来，美国的金属轮轮椅和英国的三轮轮椅面世，推动了轮椅的发展。由于携带不便，在 1932 年，一位名叫荷波特的截瘫残疾人与他的朋友亨利发明了第一部现代可折叠轮椅，这部轮椅和现代轮椅相差无几。随着技术的进步和人们对体育运动的热爱，肢体障碍者借助轮椅走上了残奥会的舞台，推动了轮椅的又一场革命。

二、空间环境创设

（一）教室外环境创设

肢体障碍儿童空间环境创设，首先需要考虑的是楼梯。教学楼里楼梯遍布各处，下肢体障碍儿童往往望而却步。这是他们进入校园面临的第一个难题，即便是两步楼梯，也是难以跨越的障碍。所以，楼梯上需要考虑无障碍设计（图 6-1-10）。楼梯的无障碍设计应符合下列规定：室内外楼梯踏步宽度不宜小于 0.3 米，踏步高度不宜大于 0.15 米，并且不小于 0.1 米；踏步应防滑；三级及三级以上的楼梯应在两侧设置扶手；楼梯上行及下行的第一阶宜在颜色或材质上与其他阶有明显区别。一些坐轮椅的儿童有将轮椅放置在一楼拄着拐杖上楼梯的情况，这对楼梯的设计提出了人性化要求：宜采用直线形楼梯；不应采用无踢面和直角形突缘的踏步；宜在两侧均做扶手；如采用栏杆式楼梯，在栏杆下方宜采取安全阻挡措施；踏面应平整防滑或在踏面前缘设防滑条；踏面和踢面的颜色宜有区分和对比，如分别为白色和黄色。若条件允许，教学楼应当配备适宜的升降设备或者无障碍电梯（图 6-1-11），无障碍电梯更加适合乘轮椅的儿童行动。无障碍电梯的配备可参考项目三相关内容。

图 6-1-10　无障碍楼梯 　　　　　　图 6-1-11　无障碍电梯

其次要考虑坡道。坡道的形式和规格都应将乘坐轮椅的儿童或是拄杖的儿童方便使用作为基本原则。无障碍坡道（图 6-1-12）的宽度、坡度、长度及扶手等都有相关的

规定：轮椅坡道坡面应平整防滑、无反光，每段坡道水平长度不应大于 9 米，若超过需设置水平休息平台，在坡道的起点、终点和中间休息平台，应留有宽度不小于 1.5 米的轮椅缓冲平台。坡道两侧应在 0.9 米高度处设扶手，两段坡道之间的扶手应保持连贯。坡道起点及终点处的扶手，应水平延伸 0.3 米以上。坡道侧面凌空时，在栏杆下端宜设高度不低于 0.05 米的安全挡台。

图 6-1-12　无障碍坡道

最后要考虑设置无障碍走道（图 6-1-13）。走道净宽一般要求大于 2 米，应设置扶手。由于轮椅在走道上行驶的速度有时比健全人步行的速度快，走道转弯处容易出现直角，易引起碰撞，所以转弯处建议设置保护板（如图 6-1-14）或缓冲壁条。[1] 这些设施应尽量做成圆弧曲面的形式，同时设置提示标志。

图 6-1-13　深圳市南山区龙苑学校无障碍走道

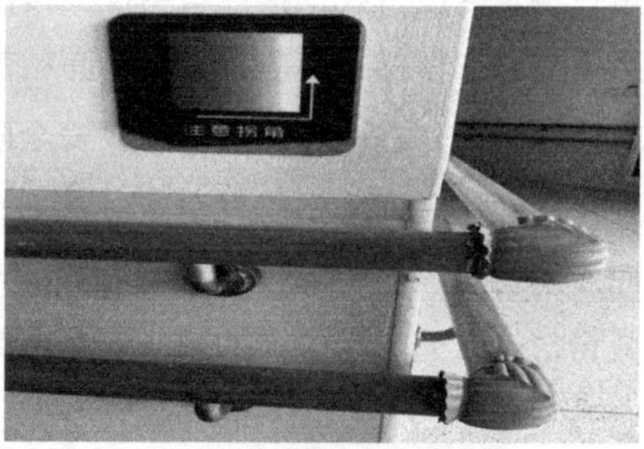

图 6-1-14　深圳市南山区龙苑学校转弯处的保护板

（二）教室内座位安排

肢体障碍儿童在教室的座位安排需要细致考虑，一般安排在前排和出入通道附近，方便轮椅出入。但实际上，轮椅比一般课桌配套的椅子更高，安排在前排容易挡住其他儿童的视线，安排在中间会不方便坐轮椅儿童进出。此外，还需考虑坐在最后排肢

---

① 范菁菁，李志民，李洁. 适应于肢残者随班就读的中小学建筑环境初探（Ⅰ）：中小学中影响肢体残疾学龄儿童随班就读的环境障碍分析[J]. 西安建筑科技大学学报（自然科学版），2002(4)：309-312，345.

体障碍儿童的心理感受。有的人可能会认为坐在教室最后一排意味着不被教师喜欢。对于肢体障碍儿童，一般建议安置在靠门的位置，方便其进出。两座位中间需留有足够的空间让肢体障碍儿童放置轮椅、腋杖等辅助设备。若可以调节轮椅的高度，应适当降低高度以免挡住后排同学。如果无法调节高度，应设法增加后排学生座位的高度。建议考虑辅助器具的放置，给予更大的空间，让班级成为肢体障碍儿童进得去、出得来、转得开、用得上的合理且科学的学习环境。教师要把握好走动到肢体障碍儿童身边的频次，一方面要实现对肢体障碍儿童的有效关注，另一方面也要避免给其他学生带来压力。教师也可以根据肢体障碍儿童的个别需求，并考虑其学习有效性、参与性来灵活地安排座位。肢体障碍儿童座位建议如图 6-1-15 所示。

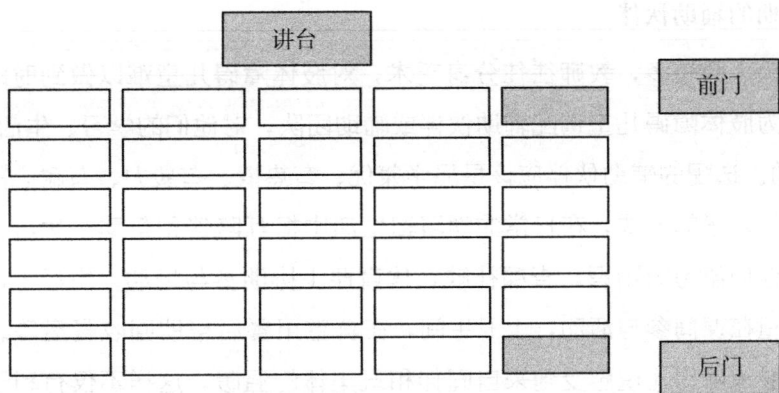

注：▭ 建议为肢体障碍儿童安置的座位

图 6-1-15　肢体障碍儿童座位建议

三、融合教育心理环境创设

在普通学校，肢体障碍儿童可能会遇到受到排斥和疏离的情况。如何进行班级文化环境建设、如何提供学业支持、如何进行同伴帮扶都会对肢体障碍儿童心理发展产生影响。

(一)良好的班风建设

班风建设是为肢体障碍儿童营造轻松、愉悦的心理环境的重要内容。教师在班级内可以开展如"独一无二的自己""我很棒""我想跟你做朋友"等主题教育活动，让学生对肢体障碍儿童形成正确的认识和尊重的态度。同时，在学习上教师可以根据肢体障碍儿童的具体需求创设学习帮扶小组，并有针对性地调整教学方法、教学内容、教学目标、教学环境等，让肢体障碍儿童在学习上没有心理负担。例如：在美术课上进行短暂的、抽离式的补充教学。对于作图题、测量角的度数、物理和化学实验中的各项精细操作或者大量的书写任务等，教师可以根据情况调整肢体障碍儿童的学习目标和内容。在班风建设中，教师需平等对待肢体障碍儿童。例如，让他们参与到力所能及的班级活动中。对于肢体障碍儿童能够完成的教学目标，教师应该严格要求，一视同仁，而不是采用怜悯和差异对待的方式。良好的班风建设可以让肢体障碍儿童更快、更好地适应普通学校的学习节奏和氛围，保持对学习的兴趣和生活的愉悦体验。

（二）长期的辅助伙伴

普通班级人数较多，教师往往分身乏术，对肢体障碍儿童难以做到时时顾及。所以，有必要为肢体障碍儿童选配辅助伙伴或辅助团队，对他们的学习、生活（特别是出行）给予帮助。选配的辅助伙伴应该是品学兼优、有热情、有毅力、有耐心的儿童。辅助伙伴采取结对子的方式，在日常的学习和生活中相互陪伴和帮助。学习上，辅助伙伴可以帮助他们温习旧知识，查漏补缺，体育课上协助参与运动。生活上，可以帮助肢体障碍儿童在课间参与活动，上卫生间，在食堂用餐后帮助回收餐盘等。辅助伙伴的设置能让肢体障碍儿童感受到来自同伴和班集体的温暖，这样不仅有利于他们的学业发展，也有利于对班级生活的尽快融入和在群体中的社会化发展。

| 案例 |

明泽的专属辅助小分队

明泽是一名初二学生，一次车祸导致其中度肢体障碍，表现为下肢疲软无力，无法独立行走。明泽所在班级教室设在教学楼二楼，他上下楼梯十分不便。针对明泽的实际情况，班主任在班级内征集大家的意愿，专门为明泽成立了辅助小分队，主要任务是每天搀扶明泽上下楼。小分队共有20人，每天安排4人。就这样，大家每天坚持帮助明泽，让他能够正常上下学、参加各种学习活动，风雨无阻。

（三）及时的心理健康教育

肢体障碍儿童因行动上有所不便，在公众场合容易引来他人不适宜的关注，因而时常处于紧张、焦虑和不自信的状态。教师有必要帮助肢体障碍儿童学习如何正确地认识自我、正确地看待他人和自我的人际冲突，并鼓励他们与他人进行真诚、平等的社会交往。教师还可以定期为肢体障碍儿童提供一对一的咨询服务，了解其近期心理动态，对于存在的心理问题及时疏导，引导其学会沟通与宣泄的方法。

对肢体障碍儿童而言，学习区融合教育环境创设要从辅助器具配备、空间环境创设、融合教育心理环境创设三个维度综合考虑。辅助器具配备让肢体障碍儿童的学习更高效；空间环境创设让肢体障碍儿童出行更便捷；融合教育心理环境创设能够让肢体障碍儿童的学习更有幸福感，更具持久性。

| 案例 |

走向阳光

妞妞，早产儿，残疾类型为小儿脑瘫。2岁才开始说话，6岁时才能扶杆走路，10岁进入小学。她能够独立进食，坐姿向前冲，不能站立和行走，上下楼梯需要人抱，思维明显滞后，性格内向，自卑，几乎不与同学和教师沟通。进入小学后，学校针对妞妞的情况为其制订了个别化教育计划，对妞妞进行了长期的学习辅导和康复训练。在每周的学习生活中随机安排一节心理疏导课，资源教师会对妞妞开展专门的心理咨询。同时，教师在对妞妞进行学习辅导和康复训练的过程中，时刻注意用语言鼓励、激发妞妞接受训练的主动性和自信心。在学习中创设机会让妞妞发言、展现自己，逐步培养妞妞积极、外向的性格。经过一个学期的努力，可以明显看出，妞妞的性格逐渐变得开朗，遇到问题能够向同学和教师寻求帮助了。

作业

简答题

1. 如何为肢体障碍儿童选择合适的辅助伙伴？
2. 你的学校有哪些地方为肢体障碍者创设了无障碍学习环境？

▶ 任务二
生活区融合教育环境创设

在学校里，生活区是肢体障碍儿童课余活动的重要场所，如食堂、宿舍等。在这些区域，他们需要获得一些辅助与支持，消除障碍，与健全儿童共同在生活中学习和成长。

一、辅助器具支持

(一)饮食餐具支持

肢体障碍儿童为了较好地适应学校生活,可以借助一些辅助器具的支持。例如,多功能生活套袖的基本结构为环绕手掌的硬质皮带,用尼龙搭扣束紧,在皮带的掌侧有一个插口,可以把餐具与牙刷的手柄等插入插口。[①] 助食筷独特的设计让使用者可将拇指、食指放在两侧支撑托上,且有自动弹开的功能,解决了手部握力不足儿童握不稳的问题,使手指对掌运动功能受限儿童可以较为轻松地夹起食物。弯柄勺子为肘关节屈曲受限的儿童提供了极大的便利,缩短了勺头与身体的距离,避免了腕关节动作过多,儿童可轻松将食物送入口中。自助进食机通过四向控制器或按压控制器操控四轴机械臂,实现三维空间定位,即上、下、左、右、前、后位置的确定。餐具采用叉、勺、夹子设计,通过电子控制在进食机特制的饭盒内夹取饭菜。餐具配有触感反馈,触碰嘴后夹子打开,将食物自动放入嘴中。定位后可一键控制自主进食,适合各类无法自主进食的肢体障碍儿童使用。图 6-2-1 所示为带特殊手把的自助餐具。

图 6-2-1　带特殊手把的自助餐具

(二)洗浴用具支持

有些肢体障碍儿童自行洗浴存在困难,有条件的学校需要备有专用的洗浴轮椅(图 6-2-2)、洗浴可折叠防滑凳、水温自动调节水龙头等。此外,还要有供上肢障碍儿童使用的洗手及洗浴装置,包括盛放皂液的底座和抹液球架。在使用时,单手向下按动抹液球即可按压出液体容置腔内的皂液,滚动抹液球,即可将黏附在抹液球上的皂液带出涂抹在手上。它还可以作为搓澡用具使用。

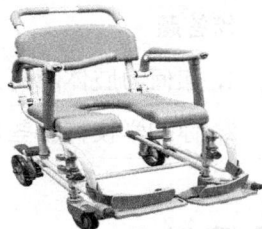

图 6-2-2　洗浴轮椅

---

① 潘娇娇,雷江华.肢体障碍儿童沟通与交往的辅助技术研究[J].绥化学院学报,2017(4):99-102.

二、空间环境创设

(一)食堂环境创设

生活区的融合教育环境创设,除了和学习区一样要考虑无障碍坡道、宽敞的活动空间等出行条件外,还可以在一层设置少量专门的无障碍餐桌,供肢体障碍儿童就餐使用。建议食堂将座椅换成无靠背可升降的圆形座椅,让肢体障碍儿童360度都可以坐下。座椅采用环形排放,加大走道宽度,便于肢体障碍儿童在其间行走,体现人性化设计。

(二)宿舍环境创设

对于需寄宿的肢体障碍儿童,则要考虑到宿舍的环境创设。宿舍的各项设施在设置时都应考虑到肢体障碍儿童的行动特点以及安全需要。例如,宿舍的地面都应采用平整防滑设计。门应该使用旋转门和弹簧门,方便开关。开关按键等尽量采用肘式开关、长柄执手或大号按键,用来简化操作。宿舍的台阶、坡道、楼梯应尽量平缓,在其两侧尽量安装适宜的双向扶手。宿舍布置以平面摆放为主,过道预留两辆轮椅相对而行的空间,清除道路障碍物。床铺采用低矮单人床,方便肢体障碍儿童就寝。床两侧应安装抓杆,设在肢体障碍儿童肢体优势一侧,或者进行双向设置。阳台洗手台采用吊式设计,台下中空,便于轮椅使用者靠近使用。

卫生间是肢体障碍儿童容易遇到障碍的地方,所以卫生间的无障碍装置格外重要。宿舍需配备卫生间,卫生间设备都应安装安全抓杆。卫生间的门宽应不小于0.8米,便于轮椅出入;卫生间门口应设置防滑地毯,采用无轨推拉门,并在门上安装横向拉手,便于乘坐轮椅的儿童开启或关闭,减少对轮椅的阻碍和对上肢功能障碍者开门的困扰。无障碍卫生间内部空间要大于1.5米×1.5米,利于轮椅回旋;淋浴区设置扶手栏杆,开关高度为坐位可触及。洗手台宜使用挂式设计,台下利于轮椅进入。图6-2-3所示为无障碍宿舍卫生间。

图 6-2-3　无障碍宿舍卫生间

三、融合教育心理环境创设

(一)关注日常需求

肢体障碍儿童由于生理上的明显残缺,严重的甚至缺乏生活自理能力,饮食、排泄与起居都需要帮助,容易产生心理障碍,所以生活教师需要随时关注这些儿童,及时了解他们在生活中的需求。比如,坐轮椅的儿童生活中没有办法取到高处的物品,手部协调性差的儿童无法自己洗衣服、系鞋带等。教师要做详细的了解,并及时提供帮助或者安排同宿舍的同学帮扶。同时,生活技能和劳动技能是人得以生存的两大基本技能,是肢体障碍儿童独立生活的根本依靠。因此,在提供帮助的同时需要着重培养他们的生活技能和劳动技能,加强相关的训练,使他们学会依靠自身的力量料理个人生活,具备一技之长,毕业后能够独立生活。

| 案例 |

小可的自立历程

小可,轻度肢体障碍儿童。上肢分解动作差,有活动能力,下肢走路时步态不稳,重心靠前,运动能力和自理能力较差,语言沟通较少。9岁时进入蓝天小学(住宿制普通学校)读一年级。进入小学后,蓝天小学的教师针对她的情况为其开展了生活自理能力训练。教师为她设计了进食、洗脸、漱口、擦鼻涕、扣纽扣等一系列生活训练活动。同时,结合学习和生活进行即时训练。根据小可的活动潜力,教师为她设计了擦桌子、写字、领读卡片等上肢精细动作的康复训练和送作业、发作业等下肢能力训练等。在教师的耐心指导和小可自身的努力下,小学三年级时,小可在生活方面很少需要别人的帮助了。

(二)鼓励自我调节

肢体障碍儿童由于生理缺陷明显,很容易产生自卑和依赖心理。幼时遭遇的挫折,受到的歧视、欺凌、取笑或不合时宜的瞩目,这些都会加强他们的自卑感。肢体障碍儿童在生活中遇到困难、情绪沮丧时,教师可以告诉他们,缺陷只是生活和自身缺点中微小的一部分,每个人都有自己的闪光点,帮助他们进行自我调节。同时,引导肢体障碍儿童学会控制情绪,掌握一些情绪调节的方法,如音乐治疗法、阅读治疗法等。另外,教师还应让肢体障碍儿童知道需要帮助时,可以向身边的同学或教师寻求帮助。强大的自我调节能力和积极的社会支持，是肢体障碍儿童融入社会环境的有力支撑。

生活区融合教育环境创设除了综合考虑以上事项之外，还需要具体结合每个肢体障碍儿童的实际情况，并不是所有的物理环境都适合每个肢体障碍儿童。同时，心理环境也需要统筹肢体障碍儿童的实际需求来安排相应的活动，学校在开展好校内活动之外，还需要获得家长和社区的支持。

作业……▶

简答题

1. 查阅资料，找一找还有哪些辅助器具能够为肢体障碍儿童的生活带来便利。
2. 请思考肢体障碍儿童在日常生活中会存在哪些特殊支持需求。

▶ 任务三
资源区融合教育环境创设

资源区是为肢体障碍儿童提供学业辅导、康复训练、行为矫正以及生活辅导的重要活动区域，包括设在随班就读学校的资源教室、能实现康复和治疗功能的教室。资源教室不仅要有适合肢体障碍儿童的一些设施、设备和资料，还需配备有专业背景的资源教师，进行康复训练和治疗。资源教师可以采用主动及被动运动的方式帮助肢体障碍儿童进行力量及协调性训练，最终改善其运动系统功能，使肢体障碍儿童能够更多地参与到学校日常活动中来。

一、资源区功能设施建设

(一)感觉统合训练室建设

肢体障碍儿童普遍存在运动障碍，在感觉统合训练室里接受康复训练与治疗，能够增强他们的活动能力和社会适应性。图 6-3-1 为深圳市南山区龙苑学校感觉统合训练室。

图 6-3-1　深圳市南山区龙苑学校感觉统合训练室

下面介绍一些常见的感觉统合活动。

1. 滚雪球

活动准备：大龙球、标志碟等。

活动目的：第一，加强身体两侧整合及手眼协调。第二，促进提升身体及大肌肉的协调控制能力。

活动流程：让肢体障碍儿童双手交替推大龙球向前直走或者控制着大龙球倒退走。可以设定目标物，请肢体障碍儿童环绕目标物后再折返，或利用标志碟让其沿"S"形方式前进。

2. 你丢我接

活动准备：触觉球。

活动目的：第一，提升身体及大肌肉的协调和控制能力。第二，提高肢体障碍儿童对距离的估测能力。第三，加强前庭系统对速度和距离变化的整合。第四，培养自信心和社会性。

活动流程：教师站在肢体障碍儿童对面，互相丢和接球，可以依照参加人数，站成几何图形轮流丢球给对方，也可以让站在中央的人躲避从周围抛来的球。熟练后不断拉大距离。

3. 超级恐龙蛋

活动准备：大龙球。

活动目的：刺激肢体障碍儿童的脑干，进而影响脑干对外界信息的处理品质。

活动流程：首先，让肢体障碍儿童趴在大龙球上，一名教师抓住肢体障碍儿童的大腿，另一名教师(辅助教师)时刻关注儿童的状态。然后，教师往前推移将肢体障碍儿童的头朝下移，当头快接触地面时，肢体障碍儿童的双手会自然伸出进行保护。如果肢体障碍儿童未做出保护动作，辅助教师需用手撑住肢体障碍儿童的上半身或辅助其将双手伸向地面。

| 案例 |

童童的感觉统合训练[①]

童童，一名5周岁的男孩，经儿科神经科专家诊断为轻度脑瘫，最突出的问题表现为语言障碍及运动障碍。其主要表现是：下肢肌张力过高，右足足跟不能着地，走路不稳易跌倒，平衡能力差，闭上眼睛容易摔倒，原地转圈易眩晕。

在专家指导下，童童及家长接受了一对一的感觉统合训练，重点改善触觉、前庭觉及本体觉失调。感觉统合训练的本质是游戏，是经过特殊设计的游戏运动训练方法，有着明确的指向性和个别化特点。

一、小滑板训练：龟滑、青蛙蹬、滑板过河、滑板推球、滑板投篮、滑板滑梯游戏以及滑板的组合练习。

二、前庭觉、本体觉训练：羊角球、花生球、大龙球、滚筒、阳光隧道、小蹦床、袋鼠跳、大陀螺、横抱桶、竖抱桶、吊床、拍球、跳绳等游戏。针对童童的特殊性，还设计了毛毛虫爬行的游戏。

三、平衡及触觉训练：独角椅、大小平衡台、S平衡、太极平衡板、平衡踩踏车、晃动平衡、跷跷板、平衡步道、手摇旋转盘、平衡触觉板、触觉坐垫、踩踏石、滚筒、花生球、大龙球、阳光隧道、球池等游戏。

四、精细动作训练：88轨道、上下转盘、万象组合、手指操、插棍儿、扣扣子、穿珠子、折纸、捏橡皮泥、捡豆子等游戏。

五、合作训练：滑板的双人滑行、双人旋转、对推球，大平衡台的双人游戏，双人陀螺旋转游戏、花生球、横抱桶的配合游戏，万象组合、创意接龙的多人游戏，脚步器的合作游戏，大滑板的推拉游戏，等等。

(二)物理治疗室建设

物理治疗室(图6-3-2)为肢体障碍儿童开展全面的运动功能评价及治疗工作，可以

---

① 孙胜然.脑瘫儿童感觉统合培训个案分析[J].辽宁师专学报(社会科学版)，2014(5)：102-103.

提高肢体障碍儿童的运动控制能力、平衡协调能力、步行能力及残肢运用能力，对个体功能发挥和生活质量的提高起到了重要作用。图 6-3-3 为深圳市南山区龙苑学校康复室放松减压椅。

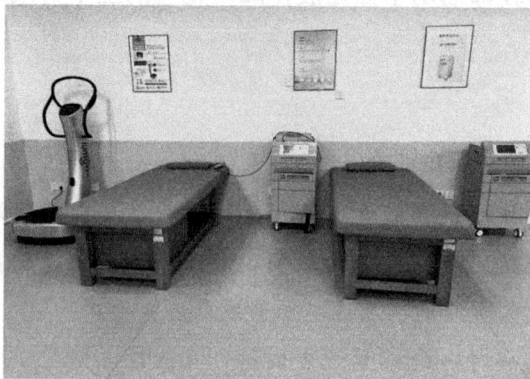

图 6-3-2 深圳市南山区龙苑学校	图 6-3-3 深圳市南山区龙苑学校
物理治疗室	康复室放松减压椅

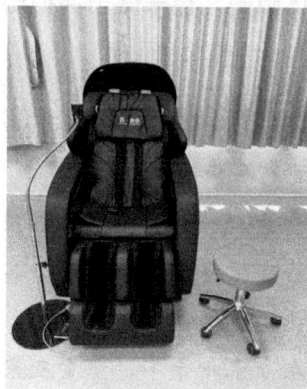

📖 | 案例 |

小 A 的康复个案①

小 A，一名 13 岁的痉挛型四肢瘫痪学生，可在间断性的辅助下步行及上下楼梯，但速度较慢，易跌倒，姿势异常，尖足步态，膝过伸，不能跑步，也不能跳跃及抛接球。

在康复教师的帮助和家长的配合下，小 A 进行了为期 8 个月的干预训练，包括运动治疗和作业治疗。

一、运动治疗

目的	操作方法
改善异常肌张力	按摩及被动牵拉肌肉：教师用按揉法放松小 A 肌张力异常的肌肉，牵拉小 A 双踝跖屈肌群、下肢外展后伸肌群，到达关节活动度末端、小 A 能忍受的疼痛边缘区保持姿势，以缓解异常肌张力。

---

① 宋吉美. 特殊学校大龄重度智障脑瘫学生康复个案研究[J]. 中国校外教育，2020(18)：54，60.

续表

目的	操作方法
改善异常肌张力	关节松动术的Ⅳ级手法：教师在小 A 关节活动度末端，小范围、节律性地来回松动踝关节，每次均接触到关节活动的终末端，并能感觉到关节周围软组织的紧张，以扩大关节活动度。
	跟腱牵拉：小 A 站立在楔形板上进行被动跟腱牵拉，缓解踝部异常肌张力。
提高核心肌群及四肢肌肉力量	仰卧起坐：保持小 A 下肢处于外展姿势，以抑制异常屈曲运动模式。在小 A 双腿中间放置一个金字塔套环，让小 A 每完成一个仰卧起坐，便取下一个套环放到身体一侧，左右侧交替放置。
	搭桥：让小 A 仰卧于床上，双下肢屈曲，双足并拢平踏于地面上，足跟不得抬起。指示小 A 将臀部抬起，髋关节尽量伸展，维持 30～60 秒。做 1 组。
	下肢负重抬腿：小 A 端坐在椅子上，双踝关节处分别绑沙袋进行交替抬腿训练，教师在小 A 脚上方伸一个小球，引导小 A 抬腿踢小球。
平衡功能训练	矮凳上单脚支撑训练：小 A 掌握该运动技巧后，逐渐增加矮凳的高度以提高难度。
	单腿负重练习：先让小 A 双手扶住梯背架单腿站立，再过渡到单手扶，最后不扶物单腿站立。
	两脚并拢站立练习：初期可以允许小 A 用手扶住康复教师。
	上下楼梯训练：初期可以允许小 A 用手扶住楼梯把手。

二、作业治疗

目的	操作方法
改善上肢异常肌张力及增加关节活动度	摸气球游戏：康复教师在小 A 前、后、左、右、上、下移动气球，让小 A 触摸，引导其上肢及手部在各关节活动范围内主动运动。
	抗痉挛牵拉及传统按摩放松疗法。
增强上肢姿势控制、上肢肌肉力量	上肢推举训练：让小 A 在上肢推举训练器上进行推举练习，注意避免肩部代偿运动。
	提重物训练：指导小 A 将地面上的沙袋用单手提到桌面上，逐渐增加沙袋质量和桌面高度。

续表

目的	操作方法
提高对指能力及手部肌肉力量	捡黄豆，捡花生。
	捏泡沫垫。
	通过重锤手指训练器进行各手指关节的屈伸训练。
	捏小夹子。
	捏握力计和握力球训练。
提高精细放置能力	插小木桩，插钉子。
	搭积木。
	钓鱼游戏。
	投硬币。
提高手眼协调能力	穿珠子。
	打地鼠游戏。
	抛接球练习。
提高日常生活自理能力	指导小A穿衣裤及鞋子，拉拉链，独立倒水。

(三)运动功能训练室建设

运动功能训练室包含一些儿童下肢康复训练的器材，如两面扶梯(图 6-3-4)、儿童液压踏步器(图 6-3-5)、儿童股四头肌训练椅等。借助这些器材，儿童下肢可以进行主被动训练，通过正确的发力模式刺激肌肉运动，锻炼神经组织，改善肢体障碍儿童下肢的血液循环，增加关节活动度，促进功能的恢复。

图 6-3-4　深圳市南山区龙苑学校
康复室两面扶梯

图 6-3-5　深圳市南山区龙苑学校
康复室儿童液压踏步器

以儿童股四头肌训练椅(图 6-3-6 和图 6-3-7)为例，肢体障碍儿童可以坐在股四头肌训练椅上，贴近椅子的边缘，将内侧阻力杆的加压垫置于小腿中下 1/3 处（高度可调节），在外侧阻力杆上加适当的重量，然后用力伸膝至最大限度（向心性收缩），再缓慢放下（离心性收缩），如此反复进行肌力训练。加阻力的力臂可根据儿童臂力调整。肢体障碍儿童也可以采用上述姿势配合加阻力调整，用所施加阻力对膝关节进行牵引，达到增加关节活动范围的目的。

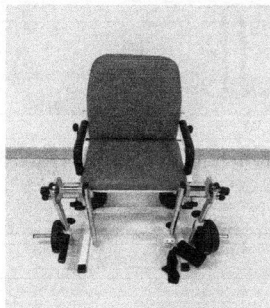

图 6-3-6　深圳市南山区龙苑学校
康复室儿童股四头肌训练椅（坐式）

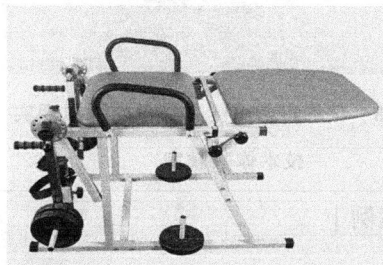

图 6-3-7　深圳市南山区龙苑学校
康复室儿童股四头肌训练椅（卧式）

（四）虚拟现实技术体验教室建设

传统的肢体康复训练由于单调枯燥、动作反复，容易使儿童产生厌烦情绪，不利于康复训练的顺利开展。黄靖远等人认为，传统康复器械存在缺陷，不能将功能测评、运动治疗及心理治疗三方面有机结合在一起，尤其是无法将心理治疗贯穿于治疗过程的始终。虚拟现实技术可以很好地解决上述问题，能够同时具有测评、辅助、监控、训练等功能，使训练更为便利和系统化，训练效果更加显著。[1]

虚拟现实技术在融合教育环境创设上的优势体现在为肢体障碍儿童提供新的肢体康复训练方式方面。儿童不仅可以在虚拟环境中扮演训练角色，与虚拟环境进行互动，还可以看到虚拟现实系统提供的反馈信息，及时调整训练计划。研究表明，肢体障碍儿童不仅能在虚拟环境中学会运动技能，而且能将习得的运动技能迁移到现实世界的真实环境中。[2] 图 6-3-8 和图 6-3-9 分别为深圳市南山区龙苑学校虚拟现实技术体验教室和社交实景互动综合训练系统。

---

① 黄靖远，刘宏增，李海燕，等 ."虚拟现实"康复工程前景初探[J]. 生物医学工程学杂志，1999(2)：203-208.

② 王庭照，许琦，赵微 . 虚拟现实技术在特殊儿童教学与训练中的应用研究[J]. 华东师范大学学报（教育科学版），2013(3)：33-40.

图 6-3-8　深圳市南山区龙苑学校虚拟现实
技术体验教室

图 6-3-9　深圳市南山区龙苑学校社交实景互动
综合训练系统

| 案例 |

虚拟现实技术在脑瘫儿童运动康复中的应用[①]

虚拟现实运动训练相对于传统康复训练有明显的优势。虚拟现实技术运用在康复中，通过模拟生活场景中的日常活动，不仅可以消除患儿的紧张感，也可以起到由治疗室向社会活动逐渐过渡的作用，并且降低错误操作导致危险的可能性。

关于虚拟现实技术结合机器人对脑瘫患儿运动功能进行训练的研究较多，大量的结果显示，虚拟现实技术作为新颖的运动康复手段可以提高脑瘫患儿的运动技能，主要表现在上肢精细运动能力的提高及下肢关节运动控制能力的增强。柳（Yoo）利用生物反馈结合虚拟现实技术对 18 例痉挛型脑瘫患儿上肢运动功能进行训练并评估，测量上肢肌电反馈，结果发现结合虚拟现实技术后，训练对患儿的肱三头肌肌肉激活更有效，可以改善肌肉失衡和肢体协调异常，增强儿童上肢精细活动的灵活性。有研究者让 4 名脑瘫儿童进行了短时间高强度的虚拟现实技术模拟步行训练。对比训练前后的运动功能发现，在平衡转移能力、6 分钟步行实验上有明显的提高，且治疗作用在训练结束后持续一至两个月，说明虚拟现实技术模拟步行训练可以提高脑瘫儿童的步行平衡能力、耐力，并出现延时治疗效果。

部分研究支持基于虚拟现实技术的训练能够提高认知能力并能缓解疼痛的观点。威特科普夫（Wittkopf）发现患者在虚拟现实训练时，与疼痛相关的大脑区域活动减少，对患肢疼痛的关注降低，疼痛阈值得到调节。但虚拟现实训练对于运动功能改善的评估以主观量表为主，缺乏更为客观的评估手段。

---

① 渠晨欢，武宝爱.虚拟现实技术在脑瘫儿童运动康复中的应用[J].体育科研，2018(6)：92-96.

二、资源区融合教育学生案例

资源区具有较好的个体服务性。资源教师通过分析、指导以及对应的运动训练计划，为肢体障碍儿童提供支持。下面以脑瘫儿童王某为例进行介绍。[①]

（一）基本情况

动作治疗专业教师和资源教师一起对王某进行了评估。评估遵循由大到小、由粗到细的规律，首先对生活能力有总体把握，然后对粗大动作的 ABCDE 五大能区的项目进行评估，最后具体到某一现有动作能力的评估，层层递进，体现目的性和严谨性。

采用康复护理日常生活能力评定量表对王某进行生活自理能力的评估，评分标准分五个级别，根据王某的具体表现分别给予 0～4 分。4 分，指患者能独立完成各评定项目；0 分，指患者在任何情况下都不能完成各评定项目。通过评估，得出王某在"衣""食""住""行"以及"个人卫生"方面的得分占比依次为 8%、7%、6%、11%、8%，表明个案在"行"方面的自理能力较强，在"住"方面的自理能力较弱。

采用国内外公认的信效度良好的粗大运动功能评估量表（GMFM-88）对王某进行初次评估后，得出其 ABCDE 五大能区的各个项目得分分别为 17 分、33 分、23 分、28 分、43 分，所占比例分别为 33.3%、55%、54.76%、71.80%、59.72%。由此可知，个案在仰俯卧位和爬跪两大方面的能力较差，而在站立与走、跑、跳方面的能力较好。

采用全人疗育（个体化）评估记录表对王某进行现有能力的评估，得出王某骨盆控制现有能力为（指）交替半跪 3 下，下肢控制的现有能力为连续蹲站 2 次。

综上，个案王某能理解已经教授过的简单概念，认知能力在 4 岁健全孩子之下；语言方面几乎不会表达，但可以用表情和动作进行交流；总体平衡水平较差，具体表现在仰俯卧位和爬跪两大方面的能力较差，而在站立与走、跑、跳方面的能力较强；骨盆控制现有能力为（指）交替半跪 3 下，下肢控制的现有能力为连续蹲站 2 次；在家除了父母外没有别的朋友，在校人际关系一般，会被一些同学欺负。比如：王某在玩玩具时常会被同学抢走；一般情况下很热情，很开朗，只要不故意招惹他，他通常会心情较好；看东西时眼睛靠得很近；嗅觉、触觉等都处于正常水平；大部分基本动作可以在辅助下完成，

---

① 陈萍. 脑瘫儿童粗大动作康复治疗的个案研究：基于全人疗育的视角[J]. 教育界，2018(11)：122-124.

但水平参差不齐；具体表现在"行"方面的自理能力较强，在"住"方面的自理能力较弱。

（二）康复教学方案

资源教师在动作治疗专业教师的指导下，根据粗大动作的 ABCDE 五大能区和全人疗育（个体化）评估记录表中现有能力项目进行康复训练，采用全人疗育动作平衡法，综合利用感统训练室的平衡圈、羊角球、滑梯、踩踏车、滑板车等器材辅助训练，为期 3 个月。在方案实施过程中，辅助者对康复过程进行视频记录。王某被外界因素干扰或者对康复训练有厌恶情绪时，用强化物来激励王某以保持相对时间下的康复状态或者变换其他康复内容等方式来处理突发状况。康复训练过程中，资源教师始终注意个案的情绪心理变化。其个别化粗大动作康复方案见表 6-3-1。

表 6-3-1　个别化粗大动作康复方案

目标	校内	家庭	备注
短期目标：保持好现有能力，并能在辅助下完成一项新能力，标准由原来需要示范交替半跪 3 下到无须示范交替半跪 5 下。	8:30—9:30 和下午两段时间按照课程表的安排来上课（主要由班主任负责）；9:40—10:40 进行粗大动作的集中训练（由陈萍和动作治疗专业教师负责），也是实验进行期，地点在学校感统训练室；中午时段由班主任对个案的午餐、午休所涉及的粗大动作进行规范。	主要做衣、食、住、行方面的强化训练和指导；早晨 7:30—8:30 完成起床、吃早餐、到学校这几个环节，家长陪同，尽量让个案自己独立完成动作，有必要时进行辅助；晚上个案回到家中，19:00—20:00 家长陪同复习当天的训练动作。该阶段也是实验期。	2016 年 3 月 11 日至 6 月 10 日为康复治疗期，每天在校训练 1 小时，在家训练 1 小时。每个月依次评估粗大动作能力，并做好相关数据记录，共评估 3 次。评估时所用的强化物相同，都是滑板车，实验期用的都是同一种康复治疗法——全人疗育动作平衡法。
中期目标：ABCDE 五大能区任意能区的能力有所改观，标准是分值从 1 提高到 2。			
长期目标：在生活自理方面的水平有所提升，标准为在"住"方面分值提高到 2。			

（三）干预效果

康复训练后个案王某在交替半跪时除了完成原有动作外，还能用手比画 1 到 5 以及扶地向后蹲走 3 步。结果表明：一方面，个案经过康复训练后没有完全达到康复方案预定的中期目标，推测可能的影响因素有个案的身心发展水平、实际康复训练的质量、外在环境等；另一方面，表明原有的全人疗育（个体化）评估记录表的项目还可以更为精细化。

作业·····▶

简答题

1. 请思考还有哪些适合肢体障碍儿童的教学用具和辅助器具。

2. 你还了解哪些帮助肢体障碍儿童进行力量和协调性训练的活动及游戏？

拓展资源·····▶

1. 何侃．特殊儿童康复概论［M］．南京：南京师范大学出版社，2015：86-115.

2. 杨晓川，詹建林，汤朝晖，等．由"特殊行为"到"特殊设计"：基于残疾儿童行为需求的教学空间设计探讨［J］．城市建筑，2008(3).

3. 郭金文．城市区级培智学校规划布局及空间模式研究［D］．西安：西安建筑科技大学，2020.

4. 王晓瑄．特殊教育学校教学生活一体化单元设计研究［D］．广州：华南理工大学，2012.

5. 胡继南．肢体障碍学生融合教育的个案研究［J］．新课程研究，2019(S1).

6. 陈爽．肢体运动障碍学生康复保健与运动训练融合的教学改革研究［J］．新丝路(上旬)，2019(2).

小结·····▶

本项目介绍了肢体障碍儿童在学习区、生活区和资源区所需要的适当环境。任务一，主要通过肢体障碍儿童辅助器具配备、空间环境创设、融合教育心理环境创设三个方面来建设学习区融合教育环境。辅助器具配备从助力器具和助行器具两个方面考虑，空间环境创设包括教室外环境创设和教室内座位安排两个方面，融合教育心理环境创设强调良好的班风建设、长期的辅助伙伴和及时的心理健康教育的重要性。任务二，主要通过饮食餐具支持和洗浴用具支持来介绍肢体障碍儿童所需的辅助器具支持，在空间环境创设中通过食堂环境创设和宿舍环境创设分类阐述，在融合教育心理环境创设上强调关注日常需求和鼓励自我调节。任务三，主要通过感觉统合训练室、物理治疗室、运动功能训练室、虚拟现实技术体验教室来介绍资源区功能设施建设，并通过案例展示资源区较好的个体服务性。融合教育环境的成功创设，目标和观念十分重要，不仅要关注健全儿童、教师的包容观念的培养，还需培养肢体障碍儿童主动参与、自主决定的社会性能力。

项目七　智力障碍儿童的融合教育环境创设

导语

智力障碍是指由于神经系统结构、功能出现障碍，智力显著低于一般人水平，并伴有适应行为障碍，使个体活动和参与受到限制，需要环境提供全面、广泛、有限和间接的支持。《残疾人残疾分类和分级》国家标准规定，智力残疾可以分为四级。0~6岁和7岁及以上两个年龄段可按发育商、智商和适应行为分级。0~6岁儿童发育商小于72分的直接按发育商分级。发育商为72~75分的按适应行为分级。7岁及以上按智商、适应行为分级。两者分值不在同一级时，按适应行为分级。智力残疾分级标准见表7-0-1。[①]

表 7-0-1　智力残疾分级标准

级别	分级标准			
	发育商（DQ） 0~6岁	智商（IQ） 7岁及以上	适应行为 （AB）	残疾等级评定 （WHO-DAS） 分值
一级	≤25	<20	极重度	≥116分
二级	26~39	20~34	重度	106~115分
三级	40~54	35~49	中度	96~105分
四级	55~75	50~69	轻度	52~95分

智力障碍儿童的智力功能和适应行为都存在显著限制，即经测评智力功能和适应行为所得分数低于相应测试工具平均值两个标准差以上。其中，适应行为的限制表现在概念性、社会性和实践性技能等方面，如难以有效使用概念和符号（如时间）以及数学函数、不恰当的社交回应和社交判断、从事简单家务劳动能力受限等。[②] 随着我国融合教育的发展，大

---

① 刘春玲，马红英. 智力障碍儿童的发展与教育[M]. 2版. 北京：北京大学出版社，2019：8-9.

② 罗伯特·夏洛克，露丝·卢卡森，马克·塔斯. 智力障碍：定义、诊断、分类和支持系统：原书第12版[M]. 彭燕，徐添喜，译. 重庆：重庆大学出版社，2022：9-27.

多数智力障碍儿童能够进入普通学校就读，但是由于障碍类型所引起的智力水平偏低，他们难以跟上课堂进度，有的甚至遭到歧视，他们在校处境往往不尽如人意。作为教育工作者，我们应该怎样完善融合教育环境，让智力障碍儿童更好地融入普通学校参与学习和生活？希望本项目的学习能带给你一些启示和思考。

学习目标

1. 掌握智力障碍儿童的基本特点及对不同环境的需求。
2. 能为智力障碍儿童进行学习区环境创设。
3. 能为智力障碍儿童进行生活区环境创设。
4. 能为智力障碍儿童进行资源区环境创设。

思维导图

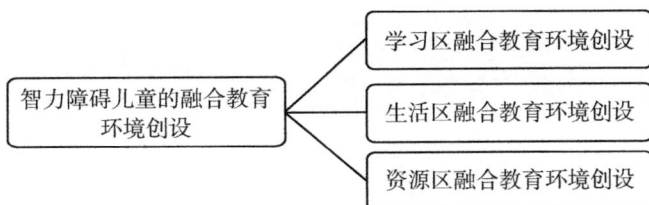

案例导入

失落的霞霞

霞霞是一个热情、善良的小女孩，她上课遵守纪律，下课和同学友好相处，平时积极参与班级活动，受到老师和同学们的喜爱。可是，上课时的霞霞总是跟不上老师的进度，其他同学听一遍就能掌握的知识，霞霞听好几遍都无法理解。霞霞的注意力不集中，记忆力也比同学们弱很多。原来，霞霞是一名智力障碍（四级）的儿童。

如果霞霞在你所任教的班级，你会怎样创设班级融合教育环境，帮助她在班上更好地参与学习呢？

▶ 任务一
学习区融合教育环境创设

为保障智力障碍儿童能够顺利有效地参与学习活动，需要在学习区内进行适当调整，以便为其提供由适宜的物理环境、心理环境以及教学策略营造的教学环境，促进全体学生对智力障碍儿童的理解和接纳，从而实现有效的融合，促进全体学生的发展。

一、融合教育物理环境创设

物理环境方面，本任务涉及学习区空间与设施两部分，主要包括空间运用、环境布置、座位安排三个方面。

（一）空间运用

空间运用主要是对学习区空间的规划与设计。教师通过合理规划，让智力障碍儿童能够在学习区内更顺利地自主活动、参与活动，构建开放、包容的互动空间。

1. 确保物理环境安全

智力障碍儿童对危险的感知、反应和应对能力较弱，与普通儿童一起活动时容易忽视安全防护。在规划、设计空间时，首先应当保证学习区内的物理环境、设备、器具是安全的，消除潜在危险。例如：桌椅、墙角等尖角处需设有保护套，墙壁或墙壁上的装饰物没有尖锐的凸起，避免对智力障碍儿童造成伤害；书柜、储物柜等注意防倾倒设计；教室内的器具避免有锋利的边缘；给墙壁插座加上装饰外壳以防智力障碍儿童触摸等。

2. 划分功能区，明确区域规则

在共同活动时，智力障碍儿童对区域功能划分的记忆比较简单，需要明显的提示和简明的功能介绍。简洁的学习环境，明确的规则解释，符合需求的设施设备，能够促进智力障碍儿童适应随班就读学校的学习环境。对一日活动划分明确范围，并在各范围内明显位置张贴活动规则，通过直接介绍、开展活动或游戏体验等形式，加强智力障碍儿童对学习场所内布置情形、活动区域功能的了解。

例如：在班级教室内划分明确的功能区，如图书角、游戏区、植物角、奖励区、

学习区、卫生角、喝水区等活动区域(可根据实际情况来设置),并张贴明显的标志及使用规则,让智力障碍儿童明确在什么样的环境中做什么事。以图书角为例,告知全体学生图书角就是借阅书籍的地方,不可以在这里玩游戏,还可明确如何借阅、如何摆放、如何爱护书籍等。图 7-1-1 为厦门市嘉禾学校教室图书角

图 7-1-1　厦门市嘉禾学校教室图书角

图书角公约

"读万卷书,行万里路。"为构建书香班级,拓展大家的阅读视野,丰富课外知识积累,经班级全体学生讨论,制定班级《图书角公约》。

1. 管理人员及其职责:

图书管理员:王小红、张小明、冯大壮。

图书管理员职责:

(1)负责图书角清洁卫生,每周一负责擦拭书架。

(2)负责图书角图书整理及检查,检查图书数量及是否存在破损情况。

(3)负责图书借阅。

2. 借阅规则:

(1)请用干净的手拿取图书、阅读图书。

(2)拿取、放回时请轻拿轻放。

(3)请爱惜图书,不折角,不乱涂乱画。

(4)请不要将图书带回家。

(5)请在放学前将借阅的图书放回原位。

书籍是精神的食粮,带给我们知识、快乐、成长,让我们用行动一起保护好它!

（二）环境布置

由于注意和记忆缺陷，智力障碍儿童随班就读需要克服很多环境干扰。减少其脱离课堂注意中心的可能，需要格外注意教室环境布置。环境布置指因教育、教学或美化的需要，对相应场所加以布置。[①] 本任务仅对学习区环境布置进行讨论，通过环境布置提高智力障碍儿童的专注力，让环境中的可利用教育资源充分发挥育人作用。

1. 减少环境不利因素干扰

从提高智力障碍儿童专注力的角度来看，在进行环境布置时应当考虑到减少智力障碍儿童学习过程中的不利环境因素。

①智力障碍儿童桌面、桌洞应当保持干净、整洁，放置上课必需用品（书、笔），减少无关物品（如课外书等）的刺激。

②装有黑板的墙壁应当清爽、简洁，装饰简单明了、不花哨。

③书写板书或使用 PPT 时，不过度花哨，对重点内容用颜色进行标记，以便于吸引智力障碍儿童注意。

④尽量减少环境中会让智力障碍儿童产生情绪和行为问题或焦虑的物理环境因素。例如，过强的灯光刺激、过于嘈杂的环境噪声等。[②]

2. 发挥环境的育人作用

从促进智力障碍儿童良好行为养成、发挥环境教育资源作用的角度来看，学习区融合教育环境创设应做到如下几点。

①共同参与环境布置。邀请智力障碍儿童一起参与环境布置，通过与同班同学一起动手，增强自我价值感，感受被他人需要的体验。

②营造融合平等的氛围。例如：在教室内的图书角，教师可以选择一些主题为"尊重并理解差异、接纳赞赏与平等、支持与共赢"等的图画书进行投放；在教室内外的墙壁上张贴名人逸事、名言警句时，其中包含关于残障人士自强不息的榜样事迹等。

③明确具体的良好行为。积极的环境提示语、提示图片能够提醒智力障碍儿童保持良好的行为。普通学校一年级正是学生养成良好的学习习惯的时期。教师可与全体学生一起确定什么样的行为是良好的行为表现，并在教室的醒目位置用图文结合的形

---

① 中国小学教学百科全书总编辑委员会美术卷编辑委员会. 中国小学教学百科全书·美术卷[M]. 沈阳：沈阳出版社，1993：63.

② 钮文英. 拥抱个别差异的新典范：融合教育[M]. 2版. 台北：心理出版社，2015：322.

式标明全体学生应当遵守的规则，如"班级公约"（图 7-1-2）、"课间好行为"、"上课好习惯"等。在各类活动区域内，也可以选取较为醒目的地方张贴该活动区域学生需要遵守的规则，提醒智力障碍儿童做出适宜的、良好的行为，如"随手关灯"（图 7-1-3）、"洗手步骤"（图 7-1-4）、值日表（表 7-1-1）等。还可以展示所有学生的作品，适当使用奖惩机制，帮助智力障碍儿童约束自我行为，展现良好的行为表现。例如，"班级评价栏""成长银行"等，为每名学生的成长及时记录，并引导全体学生逐渐自律。

图 7-1-2 厦门市嘉禾学校教室中的
班级公约

图 7-1-3 厦门市嘉禾学校教室中张贴的
"随手关灯"

图 7-1-4 厦门市嘉禾学校教室中张贴的
"洗手步骤"

表 7-1-1 班级学生值日表

值日内容	周一负责人员	周二负责人员	周三负责人员	周四负责人员	周五负责人员
教室（扫地）					
教室（拖地）					
擦黑板，整理讲台					
清理垃圾					
打扫走廊					

续表

值日内容	周一 负责人员	周二 负责人员	周三 负责人员	周四 负责人员	周五 负责人员
打扫楼梯					

备注：
　①值日时间为：上午 7:40—8:00，下午 3:40—4:00。
　②请同学们准时到岗，认真完成值日任务。

　　④配备缺陷补偿器具。在班级合适的区域里，布置能够让智力障碍儿童练习、操作、使用的补偿其缺陷的设备、器具等。可以依据其能力水平、学业表现等有针对性地配置缺陷补偿器具。例如：学生注意力水平有待提升，可以在放松区放置一些益智游戏器具，如注意力训练游戏舒尔特方格等；学生适应行为能力受限，可在图书角放置一些与社会适应相关的图画书，如居家安全类、沟通交往类、自我照料类的图画书。

　　⑤把教学融入环境。教师可依据当下所教内容、全体学生的需求或兴趣布置环境，并进行弹性调整。例如：学习人教版小学二年级上册《小蝌蚪找妈妈》一课时，教师可以布置"小蝌蚪的一生"主题墙，将蝌蚪的成长变化用图片配文字的形式直观呈现出来，便于智力障碍儿童理解教学内容。

（三）座位安排

　　智力障碍儿童的注意品质落后于普通学生，他们上课时的注意时间、广度、深度不足，容易走神，不能同时注意到多个知识点，从一个知识点转到另外一个知识点对他们来说也比较困难。在安排座位时，除了考虑学生的身高外，还应当考虑减少智力障碍儿童周围的干扰因素。综上，在为智力障碍儿童安排座位时应尽量满足以下要求。

　　①座位安排在教师容易观察与协助的位置。

　　②座位安排在同伴易协助的位置，即为智力障碍儿童安排学业成绩良好、专注稳定，愿意协助他的同学坐在旁边，共同学习。

　　③座位安排在不易分心或受干扰的位置，如远离门口及窗户等，尽量减少环境中可能产生的影响。[①]

　　④在学生课桌上贴上可视化的课表、课堂常规，方便学生了解课程安排，提前做好相关准备。

---

① 钮文英.拥抱个别差异的新典范：融合教育[M].2 版.台北：心理出版社，2015：322.

二、融合教育心理环境创设

融合教育不仅仅是物理上的融合，更是社会层面与精神层面的融入，是在融合空间中开展社会与心灵的融合。心理环境创设不仅使智力障碍儿童被其他学生认同、接纳，而且帮助智力障碍儿童学会自主完成基本活动、主动参与活动、与他人合作，双方都能够产生积极友好的沟通、互动，使得智力障碍儿童获得愉悦的学习体验，形成集体归属感，其他学生获得学业、社会与心灵的成长。心理环境创设包括营造认同与接纳的环境、营造安全与归属的环境、营造尊重与自我实现的环境三个方面。[1]

(一)营造认同与接纳的环境

引导普通儿童与智力障碍儿童建立友谊，主动提供支持和协助，需要让普通儿童对智力障碍儿童的各项特质、行为方式、优势、弱势有所了解。[2] 可以通过主题班会、综合实践活动、观看相关电影和视频、邀请智力障碍人士或其照顾者进行分享、模拟和体验智力障碍等形式增进了解，还可以开展"认同与接纳"主题的写作、演讲等，鼓励普通儿童释放善意，认同并接纳智力障碍儿童。体验和了解智力障碍的活动有：教师可以讲一段高难度指令，然后请学生做出来，或者一次性呈现大量知识点让学生记忆并复述，让学生在无关刺激影响下识记高难度材料，等等。也可以让普通儿童尝试戴上厚厚的手套扣扣子、拉拉链，体验智力障碍儿童精细动作方面的特点。这样的活动可以让普通儿童更加直观地了解智力障碍儿童的障碍特质。但同时要注意，在体验相关活动后，要注意引导学生正确对待智力障碍儿童。

(二)营造安全与归属的环境

智力障碍儿童心理上的安全感、归属感主要来源于教师和其他学生的内心态度与外化行为所构建的接纳、互助、友好的心理环境。

班主任和任课教师是融合教育班级的灵魂人物，教师对待智力障碍儿童的态度与行为不仅影响着其他学生对待智力障碍儿童的态度与行为，也会影响智力障碍儿童的自我认知。在融合的学习环境中，教师应当认同、接纳、关爱智力障碍儿童，运用恰当的策略引导其他学生与智力障碍儿童建立友好、融洽的互动关系。

---

[1] 邓猛. 融合教育理论反思与本土化探索[M]. 北京：北京大学出版社，2014：189-194.
[2] 钮文英. 拥抱个别差异的新典范：融合教育[M]. 2版. 台北：心理出版社，2015：285.

1. 安排适宜的活动内容

在集体活动中，应当依据智力障碍儿童能力水平为其安排合适的活动。所有活动都应当让智力障碍儿童参与其中，不能因其障碍因素或其他原因将其隔离于集体活动之外。一起打扫班级卫生时，可以让智力障碍儿童接水、倒水、倒垃圾、擦黑板等，或者安排同伴一起完成任务。在活动结束后，应注意肯定全体学生的参与，并鼓励智力障碍儿童。

2. 善用同伴支持策略

同伴支持是智力障碍儿童自然支持的重要来源。教师可以在对班级内其他学生的个性特点、学业成绩等有一定了解的基础上，选择专注、稳定、乐于助人、开放、包容的学生作为同伴人选，然后通过培训，教导该同伴如何为智力障碍儿童提供支持（榜样示范、语言提示、动作提示），协助其参与学校日常生活。例如：排队时，同伴用语言或动作提示智力障碍儿童一起排队；玩游戏、分组活动、完成任务时，同伴主动和智力障碍儿童一起参与，当智力障碍儿童不知道怎么做时，为他们示范或用口头语言提示等。同时，注重创造其他学生与智力障碍儿童共同完成任务的机会，并时刻观察、反思同伴支持的效果，适时调整。当同伴提供支持时，教师应当给予肯定，在其逐渐熟练后，鼓励智力障碍儿童尝试独立完成。

(三)营造尊重与自我实现的环境

马斯洛需求层次理论提出，尊重与自我实现的需求属于较高层次的需求。自尊来源于个人对成就或自我价值的感觉，也来源于他人的肯定与尊重。自我实现的需求则是指实现自我、发挥潜能等。智力障碍儿童尊重与自我实现需求的满足应当从为学生增权赋能和鼓励学生自主决定两个方面着手。

1. 为学生增权赋能

增权赋能即赋予智力障碍儿童能力和权利，改善其现状，使其各方面能力都得到增强，进而展现自我价值，实现自我。教师可从以下三个方面为智力障碍儿童增权赋能。

(1)鼓励良好行为，正向激励与引导

针对智力障碍儿童自我观念消极、失败期望高于成功期望的特征，教师可以在课堂上、课间对其表现出的良好行为、良好品质进行多样激励，如口头鼓励、实物奖励、任务减免等，但注意不滥用奖励。除教师奖励外，培养班级中的学生善于运用发现美的眼光发现智力障碍儿童的优点。比如，采用主题班会让学生将自己发现的他人的优点匿名写在纸条上并进行公布，引导学生说一说智力障碍儿童的优点，等等。还可以制作表扬榜，张贴在明显的地方，激励学生自我调节、自我约束、自我表现、自我激励。

(2)抓住兴趣需求，增强成就感

在了解全体学生(含智力障碍儿童)需求、兴趣的基础上，设计难度适宜的教学内容，组织教学活动，激发智力障碍儿童的学习兴趣，增加智力障碍儿童在活动中的成功经验，增强成就感。

(3)参与班级事务，提升自我价值

培养智力障碍儿童掌握一些实用技能，并提供智力障碍儿童感受自身价值的机会，使其在集体中找到归属感，感受到自尊与独立。例如，引导并教会智力障碍儿童掌握在班级中整理学具和图书、开关灯和计算机等技能，设置匹配的工作岗位，像"学具管理员""图书管理员""节能小明星"等，为智力障碍儿童增权赋能，让他们在班级生活和学习中为大家提供服务，摆脱单方面接受帮助的舒适区，同时增强社会适应能力。

2. 鼓励学生自主决定

融合教育思想增加了了解智力障碍儿童对未来的愿景，为他们提供选择和决定课程内容的机会，培养他们选择和决定的能力。以智力障碍儿童为主体、为导向，开展自主决定教学活动，包括了解自己、评价自己、制订计划、行动以及体验行动成败得失，并从中学习和进步。[①] 例如，复习课上，为智力障碍儿童提供三种不同内容的复习材料，让其自主选择并答题。答题结束后，引导智力障碍儿童对自己的答题表现进行评价，根据评价结果决定是否结束该项内容复习或开始其他内容复习。复习课结束后，教师引导智力障碍儿童对练习结果进行总结，分析选择是否合适，下次是否需要调整，以及如何调整。

三、融合教育教学环境创设

教学环境的品质直接关乎智力障碍儿童究竟是随班就读还是随班就坐、随班混读的关键所在，智力障碍儿童的课堂学习需要灵活的教学策略支持。狭义的教学策略即在一定教育教学理论的指导下，为实现某种教学目标而制定的包含合理选择和组织各种方法、材料、教学程序等在内的教学实施方案。[②] 有学者认为，任何学习者都可获

---

① 邓猛. 融合教育理论反思与本土化探索[M]. 北京：北京大学出版社，2014：194.
② 中国小学教学百科全书总编辑委员会教育卷编辑委员会. 中国小学教学百科全书(教育卷)[M]. 沈阳：沈阳出版社，1993：83.

益于一般的教学策略，而有证据支撑的针对障碍类型的特定教学策略几乎没有。① 我们始终需要坚持"以学定教"的教育理念，在找准学生的最近发展区的基础上，开展教育教学。

（一）评估先行，制定目标

针对随班就读智力障碍儿童开展教育评估，有助于教师掌握其所处的学业水平现状，为制定智力障碍儿童的个别化教育计划目标做参考。教师可依据学科课程标准对智力障碍儿童进行教育评估，了解其现有学业水平，为个别化教育计划目标的制定提供参考，也可以使用《普通学校特殊需要学生课程评估工具》等类似书籍开展教育评估，了解在国家课程标准的要求下智力障碍儿童语文、数学、英语各科的学习情况，在此基础之上确定智力障碍儿童的学习目标。

（二）选择方法，实施教学

融合教育中常用的教学方法与策略主要有四段教学法、情境教学法、游戏教学法、任务分析法、直接教学法、合作学习。② 教师可在教学过程中根据教学目标、教学内容灵活地选择不同的教学方法开展教育教学。现举例讲解四段教学法和任务分析法两种方法的应用。

1. 四段教学法

四段教学法即"说明""示范""协助""自动"。③ 普通儿童在学习新知时，通常经过教师的"说明""示范"即可"自动"学会。例如，在写作训练时，普通儿童通过学习范例便可以模仿着写一件事，而随班就读的智力障碍儿童则可能存在语言表达条理不清、语法错误明显等问题，这就需要外在的"协助"。教师的"协助"可以是语言上的，也可以是动作示范，还可以直接进行身体协助。

例如：在以"快乐的春游"为主题的写作训练中，智力障碍儿童不知道如何组织语言进行写作。教师便可用语言提示"第一段写去哪里春游了""第二段写去春游看到了什么、学到了什么""第三段写春游的心情是什么样的"，告知春游作文如何写。在语言提示下，如果智力障碍儿童还是不知道怎么写，教师便可以提供支持范例，将每一段的关键内容空出，由智力障碍儿童填写，最后智力障碍儿童完整地抄写一遍完成习作。即根据学生的理解程度，逐步提高支持的强度。

① 张文京. 融合教育与教学支持[M]. 重庆：重庆大学出版社，2020：115.
② 张文京. 融合教育与教学支持[M]. 重庆：重庆大学出版社，2020：119-128.
③ 张文京. 融合教育与教学支持[M]. 重庆：重庆大学出版社，2020：119.

2. 任务分析法

任务分析法是指对复杂的行为或技能进行分解后再进行逐步教学，以便于智力障碍儿童最终掌握技能。[①] 首先把教学目标分解成较小单元和步骤；然后分析学情，确定智力障碍儿童学习的重难点；最后根据学情和重难点逐步开展教学。

以语文学科为例：教授书写"红"字的过程中，智力障碍儿童需要先写"纟"，再写"工"。A学生不会书写"纟"，教师将其分为笔画"撇折、撇折、提"，并教导A学生先学习书写笔画"撇折"。通过书空、描红、抄写、书写"撇折"，待A学生会写"撇折"后，教师教授其书写"纟"，最终书写"红"字。

再以数学学科为例：教授算式计算时，如果智力障碍儿童实在难以掌握，教师可允许智力障碍儿童借助计算器进行计算。教师首先介绍计算器的应用步骤，并将其形象地教授给智力障碍儿童：第1步按开机键，第2步按数字，第3步按加/减符号，第4步按数字，第5步按等于号。

此外，在教学过程中，教师还应当注意遵循"小步子、多循环"的原则开展教学，即内容少，多重复，但重复的过程中逐渐增加知识的难度。

（三）设计材料，支持学生

智力障碍儿童的思维处于形象思维占优势阶段，因此学习材料应当尽量直观化。在学习抽象知识、内容时，教师可设计直观化的学习材料帮助智力障碍儿童融入班级学习中。

以语文学科为例：识字教学前，教师可制作词图匹配任务单，以完成词图匹配任务（图7-1-5）的形式帮助智力障碍儿童通过操作加强记忆、认读汉字。

图 7-1-5　词图匹配任务

---

①　赵小红. 改革开放40年智力残疾学生职业高中教育发展研究[M]. 北京：中国纺织出版社，2018：174.

进行写字教学时，可将纸张上前几行设置为临摹生字笔画、笔顺，后几行为空的写字格，以供智力障碍儿童临摹、抄写。等到智力障碍儿童掌握生字的书写方法后，撤去笔画、笔顺的支持，由其自行完成。

理解课文含义时，将课文中智力障碍儿童难理解的段落配以相应的图片，打印后提供其上课使用，帮助其学习、理解课文知识。归纳课文段落大意时，可为智力障碍儿童提供相应的选项，让其在支持下完成学习目标。对于其实在难以理解的课文，教师可对课文进行简化，提炼重点内容后提供给智力障碍儿童学习。

再以数学学科为例：进行算式计算时，可利用直观学具如小棒、图卡、正方体实物等来帮助智力障碍儿童学习相关知识；也可根据其能力水平决定是否采用计算器进行计算。

（四）丰富参与形式，促进自我表达

智力障碍儿童拥有参与教学活动、表达自我的权利。在教学过程中，教师应鼓励智力障碍儿童以多种方式积极参与教学活动、表达自我。考试时也应当允许智力障碍儿童用多种表达方式来完成。例如，书写能力弱的智力障碍儿童可通过口头表述的方式来完成教学活动或是课程评价等。

（五）提供同伴支持，促进共同进步

同伴支持不仅可以应用于开展各类游戏、活动中，也可应用到课堂教学中，辅助智力障碍儿童跟随课堂脚步完成学习活动。课前教师可与选定的同伴进行沟通，引导同伴注意观察智力障碍儿童的学习表现并提供适当支持；课堂上留意同伴的支持是否恰当；课后与同伴一起探讨支持中存在的优点与不足。

以语文学科为例：学习《葡萄沟》前，语文老师将红红请到办公室并对她说："最近我们要学习课文《葡萄沟》，壮壮还有一些字不认识。老师知道你是乐于助人的好孩子，你愿意帮帮壮壮吗？"善良的红红一口答应了下来。接着，老师又说："现在，你就是壮壮的'小老师'了，我们一起来看一下'小老师'需要做什么。""小老师'要教壮壮认字词。'小老师'先出示任务单，然后带领壮壮根据任务单上的图片认读生字，并和壮壮一起指着'客''城''枝'等生字读3遍，告诉壮壮这个字怎么读。""小老师'也要做好示范。例如，书写生字时，'小老师'要先写出生字，并且边写边引导壮壮看生字怎么写，随后告诉壮壮书写生字时应该先写什么后写什么。圈画重点时，如果壮壮没有圈画出来，'小老师'可以给壮壮看看怎么圈画重点，并指导壮壮圈画出来。""小老师'还要督促检查。老师布置任务后，'小老师'要配合老师看看壮壮有没有做到，并指导壮壮完

成任务。另外，老师还想说，我们在帮助壮壮的时候，要先让壮壮自己试一试，如果他不会，我们再教他，不能替他直接完成任务哦!"

老师在上课过程中注意多观察红红和壮壮的表现，并在课后与红红一起对刚刚的表现进行总结，提出改进的策略。

作业·····▶

一、判断题

1. 作为随班就读班级教师，我会将智力障碍儿童的座位安排在我可以及时监控、协助的地方。（　　）

2. 作为随班就读班级教师，在开展各项活动时，我会邀请智力障碍儿童做力所能及的事情，从而让他参与到活动中。（　　）

3. 作为随班就读班级教师，在开展教育教学活动时，我会考虑到智力障碍儿童的现有水平，设计符合其能力水平的教学活动，使其参与到课堂中来。（　　）

二、简答题

1. 通过学习本任务的内容，请你说一说如何从空间运用方面为智力障碍儿童创设物理环境。

2. 通过学习本任务的内容，请你说一说如何从环境布置方面为智力障碍儿童创设物理环境。

3. 如何发挥环境的教育资源作用？

4. 你会如何为智力障碍儿童寻求同伴支持？

5. 请你设计一个集体活动，增进全体学生对智力障碍儿童的了解。

6. 教师应当如何营造安全与归属的环境？

7. 如何帮助智力障碍儿童参与班级事务，增强归属感？

▶ 任务二
生活区融合教育环境创设

与肢体障碍儿童不同，对智力障碍儿童来说，生活区需要额外布置和变动的比较少，以安全性和提示性为主。由于其身心发展的特殊性，部分智力障碍儿童在学校生活中仍需要一些设施为他们提供辅助或康复训练。

智力障碍儿童首先需要一个相对安全的环境，然后才能顺利参与教育教学活动。[①] 他们需要感受到身心双重安全，舒服的环境和丰富的感官刺激可以帮助他们处于良好的心理状态，从而减少问题行为的发生，同时，能帮助他们从多渠道获取信息，得到经验。大多数智力障碍儿童在感知、运动、判断等方面能力较弱，功能发展上明显滞后于普通儿童。因此，生活区的创设要做到如下几点。

一、安全防护

对大多数智力障碍儿童来说，他们对危险的感知和判断能力相对较弱，因此在环境创设时需要考虑避免许多潜在危险。比如，学校走廊要有防护措施（图7-2-1），以防止学生课间玩耍时坠落。对于学校的空置场所，特别是空教室等封闭空间，要注意随时关门上锁，以防止智力障碍儿童误入而将自己反锁在里面。卫生间的门也要有防反锁功能。对于有电梯的校园，更要注意对电梯开关的控制，如使用IC卡、指纹、人脸识别系统（图7-2-2）等，防止智力障碍儿童进入，发生危险情况。食堂就餐期间人员集中，空间拥挤，最易发生意外。因此，在食堂座位的安排上要让智力障碍儿童在靠近走道和出口的位置，最好能够固定位置。

**图7-2-1 深圳市南山区龙苑学校
三楼走廊的防护栏**

**图7-2-2 深圳市南山区龙苑学校
一楼电梯的人脸识别系统**

---

① 邓猛. 融合教育实践指南[M]. 北京：北京大学出版社，2016：130.

二、标识清晰

部分智力障碍儿童存在低视力的问题，对于校园环境中的标识可能看不清楚，同时他们的注意力也可能存在缺陷。因此，对于他们经常使用的生活区的设施和设备要提供额外的标识。上下课时楼梯上容易发生拥挤，楼梯两边可设置"脚步轻轻""请勿拥挤""小心台阶"（图7-2-3）等提示性标语。考虑到智力障碍儿童的实际情况，可以用有方向的脚印来提示他们上下楼梯靠右行，也可以用比较夸张或者色彩丰富的图片来进一步指示。教室门口也可以用一定的脚印贴纸来提醒他们保持适当的距离，不拥挤。卫生间门口一般会用文字和抽象图案区分男女，但智力障碍儿童可能对文字的敏感度较低，对抽象图案的辨识也有一定困难，因此还需要加入具有明显性别特征的标识（图7-2-4），帮助他们辨认。

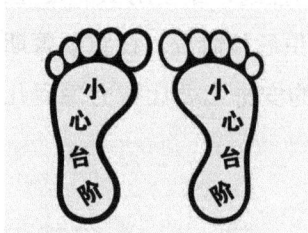

图 7-2-3　楼梯指示

图 7-2-4　深圳市南山区龙苑学校卫生间标识

三、通用设计使用

通用设计旨在通过制造产品、通信系统和更多的"可用环境"来简化每个人的生活。它支持的是在建筑、户外空间、产品和通信开发的设计阶段就考虑满足不同个体的需要。这一做法广泛应用于诸如市政工程和商业产品设计等领域。这些从最初设计时就考虑如何增强残障个体适用性的市政工程或商品，最后往往能够使绝大多数人获得更好的体验。

✐ | 知识卡片 |

电视字幕

电视字幕是电视机屏幕上出现的文字说明，以补充播音解说或画面的不足。在电视节目的播出中，字幕常用作加强对某一电视画面的理解，帮助观众更好地欣赏电视节目。还常用来预告节目、变动节目、介绍画面中人物的身份，使观众更容易地解读未经翻译的外语片、方言片的内容等。最初的字幕是为那些有听力障碍的人设计的。然而，它现在不仅仅惠及有听力障碍的人，也惠及所有观看人群。[①] 在为智力障碍儿童进行通用设计构思时，可以通过已有经验、对学生本人日常生活的观察、与主要教养人的访谈等，提前知晓他们的需求，从而在环境创设之初就有所考虑。

| 案例 |

奇妙的沟通板

小惠是一名智力障碍儿童，她敏感、内向，口腔肌肉力量较弱，音量小，说话含混不清，不熟悉的人很难听清她说的话，这导致小惠与人交往时非常被动，且越来越不愿意开口说话。这一特点严重影响了她的表达需求，在和同伴交往时，表达现有的情绪或想法很困难。渐渐地，她的朋友越来越少。小惠常常在日记里写到自己心情不好，因为同学们都不愿意和她一起玩。了解这一情况后，班主任为小惠制作了一块沟通板。沟通板上粘贴了一些小惠常用的需求和话语，还有一块可供书写的空白板，可以很好地辅助小惠表达自己的意愿。

作业 ····▶

一、判断题

1. 智力障碍儿童不需要进行额外的环境创设。（　　）

2. 通用设计只适合应用于建筑领域。（　　）

二、简答题

1. 结合生活经验，你认为智力障碍儿童在生活中还会遇到何种困难?

2. 智力障碍儿童生活区的环境布置还可以考虑哪些因素?

▶ 任务三
资源区融合教育环境创设

与班级同龄学生相比，智力障碍儿童需要学校提供更多的支持性资源来帮助他们开展补助教学、康复训练等活动。融合学校根据功能分区和智力障碍儿童的实际需求，

---

① 刘建明.宣传舆论学大辞典[M].北京：经济日报出版社，1993：811.

一般会建立资源教室作为学业辅导、运动康复等特殊教学的场所，为智力障碍儿童的学习和生活提供辅助教学支持。

一、融合教育物理环境创设

对于资源教室，各学校会根据特殊儿童类别进行具体的区域设置和功能调整，以湖北省武汉市江夏区特殊教育学校为例，其资源教室共有七大功能室，分别为多功能室、综合评估室、音乐治疗室、心理辅导室、团体辅导室、舞动治疗室、康复训练室。

多功能室(图 7-3-1)：为多种功能并存的教室。有来访者登记桌，可供来访者暂时休息；学生阅读角，布置了矮柜和沙发，供学生开展阅读学习；电视区，可供学生放松休闲、欣赏音乐、观看视频；圆桌区，可供教师开讨论会等。

综合评估室(图 7-3-2)：有认知能力测试仪和心理测评系统。资源教师利用这两台仪器，对来访个体进行认知和心理评估，确定其认知水平和心理现状，并依据此结果制订个别化教育计划或提供教学建议，帮助学生取得进步。

图 7-3-1　武汉市江夏区特殊教育学校
多功能室

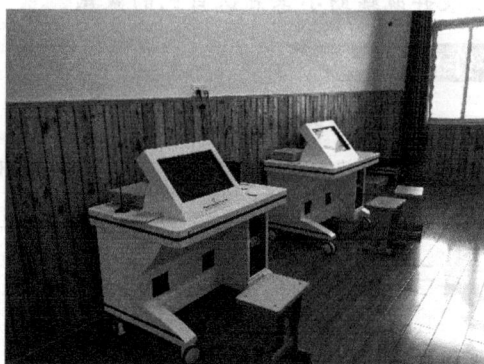

图 7-3-2　武汉市江夏区特殊教育学校
综合评估室

音乐治疗室(图 7-3-3)：资源教师依据学生的具体情况，选择音乐欣赏、独唱、合唱、器乐演奏、作曲、舞蹈、音乐比赛等形式，帮助有特殊教育需要的学生培养兴趣，抒发情感。

心理辅导室(图 7-3-4)：主要服务于个体或六人以下的团体。在这里，资源教师通过沙盘活动、圆桌会议等进行心理辅导。

团体辅导室：针对六人以上的团体来设计活动，开展团体心理辅导工作。

舞动治疗室：摆放着感统训练机、感统训练球、瑜伽垫等，主要供感统失调的学生进行物理康复。

康复训练室：主要为有特殊教育需要的学生提供生物电治疗。此种治疗完全由专业人员实施。

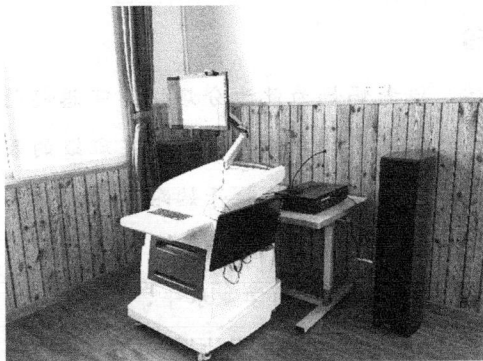

**图 7-3-3　武汉市江夏区特殊教育学校
音乐治疗室**

**图 7-3-4　武汉市江夏区特殊教育学校
心理辅导室**

📎 | 拓展阅读 |

扫描二维码，阅读《资源教室的空间规划原则》。

文本资源

二、融合教育心理环境创设

对在融合学校的智力障碍儿童来说，学业和人际交往中的障碍可能会给他们的心理发展带来很大影响。因此，有一个能让智力障碍儿童得到支持、感到舒适的场所非常重要。深圳某融合小学的一名随班就读学生在被问及在学校最喜欢的地方是哪里时，回答道："王老师（资源教师）那里。因为王老师很温柔，我学不会也不会批评我，也没有同学嘲笑我。"对智力障碍儿童来说，在课业学习和人际交往中很容易受到挫折，班级教师可以充分利用学生在资源区的时间进行心理关照，帮助他们获得在学校学习和生活的信心。

(一)个别化教学

在资源区，资源教师根据智力障碍儿童个体身心发展特点，设计并开展针对性教学活动，可以增强其在校学习的成就感和幸福感。

| 案例 |

厌学的翰翰

翰翰是个智力障碍儿童，最近非常抗拒上学，他的妈妈为此十分烦恼。回想起两年前，刚满七岁的翰翰对上学充满期待，每天早上都早早醒来等待上学，在班级的表现也很不错，还被任命为副班长。但是随着学业难度的增加，翰翰开始跟不上班级其他同学的进度，还因为考试总是最后一名而受到同学们的嘲笑，渐渐地不愿意去上学了。班主任了解到情况后，积极与资源教师沟通，并根据翰翰的学业水平，选定将"阅读理解"作为补救教学领域，并在充分评估后拟定了一份个别化教育计划(表 7-3-1)。

表 7-3-1　翰翰的个别化教育计划（节选）

项目进展	目标描述
☑正在进行 □已精熟 □停止	长期目标：能够在规定时间内读完一本图画书或故事书的一个章节，并在少量提示下完成读书笔记的撰写。
□正在进行 ☑已精熟 □停止	短期目标1：能够理解读书笔记的不同板块。 读书记录 姓名：　　阅读时间： 书名：　　笔记编号： 内容简介： 精彩词句： 我的收获：

续表

项目进展	目标描述
	基线日期：2021 年 9 月 13 日。 基线数据：问及"内容简介""精彩词句""我的收获"分别是什么意思时，回答"不知道"。 精熟标准：能用自己的语言解释读书笔记的每个板块需要填写什么内容。 教学策略及活动：阅读图画书《中秋节》，以页为单位，让学生逐字读出图画书内容，并用自己的话对插图进行描述。教师随时对学生不能理解的部分进行解释。在确保学生完全了解所读页的内容后，依次解释读书笔记中每个板块的意义，并指导学生填写。 当前数据：能够在少量提示下说出每个板块的含义。 目标总结：此目标基本达成。
☑正在进行 □已精熟 □停止	短期目标 2：能够正确填写每个板块的内容。 基线日期：2021 年 9 月 13 日。 基线数据：不太理解每个板块的意义。 精熟标准：能将内容正确地填写在每个板块中。 教学策略及活动：再次阅读图画书《中秋节》，以页为单位，让学生逐字读出图画书内容，并用自己的话对插图进行描述。教师随时对学生不能理解的部分进行解释。在确保学生完全了解所读页的内容后，进一步解释读书笔记中每个板块的意义，并指导学生填写。 当前数据：能够快速填写"精彩词句"部分；"我的收获"有一半时间可以自行完成，一半时间回答"不知道"（可能与图画书内容和生活实际的贴切程度有关。如果是学生比较熟悉的内容，如"妈妈""上学"，就能很快说出自己的收获；如果是与生活实际较远的内容，如"用智慧帮助自己脱险的丁婆婆"，则很难说出有什么收获）；"内容简介"部分存在较大困难。 目标总结：此目标需继续练习。
☑正在进行 □已精熟 □停止	短期目标 3：能够基本复述故事内容，填写"内容简介"板块。 基线日期：2021 年 11 月 1 日。 基线数据：当要求用两三句话复述故事内容时，翰翰会选择将图画书内容从头读一遍；当要求用自己的话表述时，翰翰会回答"不知道"。 精熟标准：能在教师的语言提示下，基本完成故事内容复述（不超过 5 句话）。 教学策略及活动：阅读图画书《快乐的母狮子》，在学生填写"精彩词句"后，要求用简短的话复述故事内容。使用"绘制思维导图"和"关键词提示"的教学策略，先带领学生一起复述，同时绘制故事内容的相关思维导图并写下关键词；随后要求学生自行复述（此时可有思维导图的提示）；最后让学生根据绘制的思维导图将故事内容转化为文本，填写在读书笔记中。 当前数据：能够在提示下完成复述，但比较依赖各种提示。 目标总结：此目标需继续练习。

通过一段时间的资源区补救教学，翰翰对学习的信心得到了提高，很期待每周的资源教室时间。翰翰妈妈也表示翰翰的厌学情绪得到了很大缓解，在家里也愿意谈论学校里发生的事情了。从对语文教师的回访中得知，翰翰在语文阅读方面有了明显进步。

（二）融合理念渗透

除了在资源区进行个别化辅导之外，营造宽容的班级氛围也非常重要。一致、包容的融合观念是融合班级的灵魂。在班级融合教育理念建构上，教育人员首先需了解、尊重与欣赏学生的个别差异，包括学生的性别、心理特质、智力水平、学习风格、特殊需求和文化等。对融合学校教师来说，需要从多元融合的角度来看学生的能力，以全人的角度来看所有学生，以正面且积极的态度欣赏学生之间的差异。[①] 不仅仅是教师，普通学生也应该从小培养这种接纳态度。作为融合学校教师，我们可以利用各种场合和机会进行融合教育理念的熏陶。

1. 融合活动

资源教师在团体课活动时间，带领全体学生进入资源教室，让特殊儿童带领班级同学参观。资源教师也可以通过讲故事、做游戏等活动，传达融合理念，潜移默化地影响学生成长，从而接纳身边的智力障碍儿童。表 7-3-2 为一节融合团体课的教学设计。

表 7-3-2 《不一样的你我他》教学设计[②]

项目	内容
教学目标	①帮助学生感受人的不同，了解自己与众不同。 ②初步培养学生理解、尊重和接纳他人的品质，促进学生培养和谐的人格。
教学重难点	重点：引导学生在活动中感受人与人之间所存在的差异，让学生学会正确、全面地看待自己的优缺点。 难点：在了解到大千世界各有不同后，学会接纳他人。
教学过程	①课前约定(1分钟)。 当听到教师拍手时，就停下手中的活动，跟着教师拍手的节奏重复一次，并且坐在座位上，安静下来，眼睛注视教师。 尊重同学，认真听，不随意打断同学的发言，如果有不同的意见或看法，先举手，再发言。

---

① 钮文英．拥抱个别差异的新典范：融合教育[M]．2 版．台北：心理出版社，2015：119.

② 本教学设计参考珠海市香洲区第六小学周琼老师《不一样的你我他》教案，参见罗品超．中小学心理健康教育优质教案[M]．广州：广东人民出版社，2016：46-50.

项目	内容
	②热身活动：马兰花开(4分钟)。 规则说明：所有人站起来，在自己小组的凳子外面围成一个圈，随着音乐的节奏，按照相同的方向，围着凳子转圈。听到教师说"请你马上就开花"时，在自己的小组找一个空位置坐下，并且把手举过头顶，做开花的样子，保持不动。 ③活动一：听音辨人。 规则说明：教师从每个小组中请一名学生到讲台上说一句话，其他学生转过身去，仔细听他说话。等他们说完，猜猜那句话是谁说的。 教师：为什么你们的眼睛根本没看，就能知道是谁在说话呢？ 板书：声音不一样。 教师：每个人除了声音不一样以外，你还发现有哪些不一样呢？请你们结合自己小组成员的不同来讨论。 小结：从刚才同学的发言中，我们发现，原来世界上没有两个完全相同的人，就算是双胞胎也会有很多不同之处。因此，看到和自己不一样的人，不用大惊小怪，我们要学着去接纳别人。 ④活动二：奇思妙想。 规则说明：组长给每个组员分发一张印有一个圆的纸片。学生在纸上画自己想象的东西，画完后用几个简单的词语对自己的画加以说明。在轻柔的背景音乐声中，学生开始边想象边画画。 在不影响别人画画的前提下，画完的同学在自己小组找一找，有没有两张画得完全一样，连画上的说明也是一样的画？画完之后，小组内分享。发现在本组内找不到相同的两张画。 全班分享，展示一部分学生的画。 小结：在这个活动中，我们知道了每个人除了长相、声音、性格、爱好不一样，每个人的想法也是不一样的。每个人都是与众不同的。你能发现身边的同学有哪些不一样吗？你自己又有哪些独特之处呢？ ⑤活动三：我的五句诗。 教师：写完的同学可以离开座位找一找，能不能找到和你完全相同的纸片？比较一下，哪些方面相同，哪些方面不一样。 教师和大家分享自己的小诗。 教师：大家都没有找到两张完全相同的纸片，有什么想说的？ ⑥活动四：如何相处。 教师：我们班就是一个小世界，在这个小世界里没有完全相同的两个人。面对这么多不一样的你、我、他，我们该怎么做？你们平时是怎样和这么多与自己不一样的人相处的呢？ 小组内讨论。 全班交流。

续表

项目	内容
	(根据学生的回答板书，或者让学生自己写。) ⑦课堂总结。 教师：通过这节课几个活动，我们知道了人与人在声音、性格等各方面都是不一样的。结合大家的讨论和生活的经历，我们明白了，面对不一样的人，我们该如何与他相处，并尝试着发掘他人的优点。
教学建议	在执教本课时，应该充分尊重学生的自我体验，并及时给予肯定，每次不同的体验，也正是体现"不一样"的最好方式。在分小组时，尽量让班级中的特殊儿童分散在各个小组中。在如何相处环节，教师需要引导学生多关注身边同学的优点，接纳同学与自己不一样的地方。

拓展阅读

扫描二维码，阅读《融合教育图画书推荐》。

案例

多元智能理论在智力障碍儿童教学中的应用

多元智能理论为智力障碍儿童日常教学提供了宽广的道路。它认为没有任何一种教学方法在所有的时期、对所有的学生都适合。换言之，所有学生在八项智能中有不同的倾向，因此任何一种方法都很可能对某些学生非常有效，然而对另外一些学生就不太有效了。

比如，一名智力障碍儿童在阅读和书写方面存在问题。从多元智能的角度，我们可以进行如下调整：①

（1）语言智能

·分组计划如何使用其他没有困难的语言形态（如听和说的方式）来学习和表现其

————————————

① 钮文英.拥抱个别差异的新典范：融合教育[M].2版.台北：心理出版社，2015：422.

学习成果。

(2)自然观察智能

· 叙述有关自然和社区的故事，同桌可提供协助。

· 全班以唱读的方式阅读。

(3)内省智能

· 将自己的观感录下来，请同桌帮忙誊写成文字。

(4)人际智能

· 分组活动。在小组中，同伴带着他一起阅读书籍或课文，或是读给他听。

· 小组同伴分享书籍或课文的大意。

(5)身体动作智能

· 在小组同伴的引导下，采用角色扮演的策略。

(6)逻辑-数学智能

· 计算一篇文章中某个字词使用的次数。

(7)空间智能

· 为书中的一篇故事或一个段落画图，同伴协助他为每一张图加上文字。

(8)音乐智能

· 分组为书中的一篇故事或一个段落制作音乐。

2. 团体活动

教师可以利用课后服务时间开展一定的团体活动。活动设计应尽量让智力障碍儿童展示自己的长处，让所有学生认识到每个人都有自己的长处和短板，每个人都是独一无二的，要多看到别人的长处。

|案例|

旺旺是"大厨"

旺旺是一名智力障碍儿童。她性格热情开朗，爱分享，喜欢交朋友，对做美食很感兴趣。虽然旺旺对同学们都非常友善，但是因为她在学业方面出现的与其他同学越来越大的差距，大家开始远离她，不愿意和她交往，甚至有的同学会嘲笑她。教师了解到，旺旺一直很喜欢做小蛋糕，味道还不错。于是教师和旺旺的家长沟通后，让旺旺在家里拍摄一段教同学们做小蛋糕的视频，利用团体活动时间播放给同学们看，还将做好的小蛋糕分给大家吃。同学们吃到了美味的小蛋糕后对旺旺刮目相看，纷纷对她竖起了大拇指，还有的同学表达了想要向旺旺学习做小蛋糕的想法。

3. 家校沟通

班级可以为智力障碍儿童建立家庭联络本(表 7-3-3)。每周在校时间由教师填写，告知家长孩子在校一周的学习和生活情况、行为表现、建议和要求等，周末家长填写这一周对孩子在校表现的评议、周末或晚间家庭教育情况及对班级、教师、学校的意见、建议等。家庭联络本可使教师、家长联系通畅，互相有应答。[1]

表 7-3-3　家庭联络本

学生姓名：

项目	内容	项目	内容
在校行为表现	(教师填写：学校日常、上课表现) ××同学本周在学习上进步较大，上课时安静了很多，注意力集中，而且积极回答教师问题。在情绪行为方面，由于掌握了一定的发泄方法，大部分时候能在情绪不佳时有深呼吸的动作，且能有意识地控制情绪，主动去做一些事情转移注意力。	在家行为表现	(家长填写：生活、学习、作业表现) 在家辅导较以往好得多，也较易接受。生活能自理，家务劳动方面有明显进步，近段时间较为突出。早上起床能很自觉地收拾床铺，吃饭后能自觉收拾碗筷，有条理地收拾东西。
联络事项	本周特别喜欢搭积木，对体能活动很感兴趣，但有时很任性，偶尔会骂脏话。生活自理方面能力较强，有时还会帮助同学。有喝生水的习惯，请家长监督，帮助改正。	联络事项	
教师签名	2022 年 5 月 6 日	家长签名	2022 年 5 月 8 日

本任务从资源区的物理环境和心理环境两个方面开展融合教育环境创设学习。在物理环境上，通过具体案例，着重展现了学校可以从哪些层面为智力障碍儿童提供资源帮助；在心理环境上，从个别化教学和融合理念的渗透等方面进行阐释，提出了可行性方案建议。

作业

一、简答题

1. 通过查阅相关资料，简述资源教室的相关布置。

2. 针对智力障碍儿童，资源区环境布置中有哪些注意事项？

3. 如果你的班级中有一名智力障碍儿童，你会如何为他布置一间资源教室？

---

① 张文京. 特殊教育班级管理与建设[M]. 重庆：重庆大学出版社，2017：72-73.

二、操作题

如果你的班级中有一名智力障碍儿童，班级中的其他学生常常嫌弃、嘲笑这名儿童，作为班主任，请写出一个主题班会计划。

拓展资源·····▶

1. 刘瑞霞．浅谈资源教室的"小岗位"建设[J]．现代特殊教育，2014(11).

2. 暴占光，张向葵．促进残疾学生自我决定能力发展的教育策略[J]．中国特殊教育，2005(2).

3. 张文京．特殊教育班级管理与建设[M]．重庆：重庆大学出版社，2017.

4. 洪耀伟．打造最美的教室：教室环境布置创意设计与典型案例[M]．上海：华东师范大学出版社，2020.

5. 贝丝·奥纳，贝丝·伯特，彼得·热纳罗．融合教室问题行为解决手册[M]．张雪琴，译．北京：华夏出版社，2018.

6. 霍尔，等．学习的通用设计：课堂应用[M]．裴新宁，陈舒，译．上海：华东师范大学出版社，2018.

小结·····▶

智力障碍儿童智力水平显著低于普通儿童水平，并伴有适应行为障碍，使个体活动和参与受到限制，需要环境提供全面、广泛、有限和间接的支持。智力障碍儿童主要安置形式是随班就读，适宜的融合教育环境创设是保障智力障碍儿童高质量发展的关键。智力障碍儿童的融合环境创设从学习区、生活区、资源区三个方面展开。任务一，主要着眼于学习区的环境创设。学习区是指智力障碍儿童在学校参与学习的场所，需要在学习区内对融合教育物理环境、心理环境以及教学策略进行适当调整，提供受限制最少的环境，促进全体学生对智力障碍儿童的理解和接纳，从而实现有效融合，促进全体学生的发展。任务二，从生活区的环境创设出发，聚焦无障碍环境建设，配备适当的辅具保障智力障碍儿童生活需求。任务三，在资源区展开探索，以资源教室为中心，细化物理资源与个别化教育计划，渗透融合教育理念，为智力障碍儿童及教师提供教学支持，为家长提供教育咨询服务，成为家校合作教育的纽带。

项目八　孤独症儿童的融合教育环境创设

导语

孤独症(亦称"自闭症"，autism spectrum disorder，ASD)是一种由大脑、神经以及基因病变引起的综合征，其核心症状包括社交、言语与语言发展障碍、重复刻板行为及异常兴趣爱好等，是一种终身性发展障碍。韦氏智力测验在 55 以下称为"低功能孤独症"，而将 IQ 接近正常及以上的称为"高功能孤独症"。[①] 根据 2020 年美国疾病控制与预防中心数据，孤独症发病率已升至 1/54。2016 年《中国自闭症教育康复行业发展状况报告Ⅱ》显示，我国孤独症人数超过 1000 万，且每年新增孤独症儿童病例约 20 万。随着融合教育的发展，越来越多的孤独症儿童进入普通学校接受教育。实证研究表明，孤独症儿童有着独特的学习和思维方式，并且孤独症儿童中有 45%～95% 的个体存在感觉异常。由于上述特点，被普通人欣然接受的环境却极有可能使他们感到混乱和恐惧，从而引发问题行为。因此，需要为孤独症儿童设计一个支持性的学习环境。我们需要思考如下问题：融合学校该如何为他们提供适合的学习环境和生活环境？如何建立一个安全、有归属感、提升自我价值、拥有友谊、充满关爱的班集体？教师如何根据孤独症儿童的特点调整教学策略？孤独症儿童如何在学校中参与各项活动并获得成长？只有建立起支持的环境，才能为有效的融合教育保驾护航。

[①] 徐光兴.自闭症的性别差异及其与认知神经功能障碍的关系[J].心理科学，2007(2)：425-427.

学习目标

1. 了解孤独症儿童学习区融合教育环境创设的内容。
2. 了解孤独症儿童生活区融合教育环境创设的内容。
3. 理解结构化环境的创设和视觉提示的使用。
4. 了解孤独症儿童需要哪些人力资源和物力资源。

思维导图

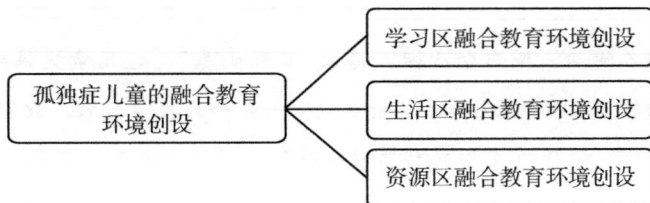

案例导入

纽斯特鲁恩学校①

纽斯特鲁恩学校(New Struan School)是世界范围内领先的孤独症儿童学校，坐落于苏格兰阿洛阿镇，于 2005 年开放，是一所寄宿与非寄宿相结合的独立学校(私立学校的一种)，接收 5～19 岁的孤独症谱系障碍儿童，最多可容纳 42 名学生。

学校为单一楼层，中间是一条贯穿整个建筑的中央走道，被命名为"街"(street)。整个建筑围绕"街"设有"学习洞穴"、教室和外部空间。整个建筑使用那些被认为会对孤独症儿童心情产生积极影响的颜色，并且采光良

———————————

① 顾泳芬，苏雪云. 自闭症谱系障碍儿童的支持性学习环境构建[J]. 现代特殊教育，2017(9)：74-77.

好。学校采用地下供暖装置，在提供适宜温度的同时不破坏建筑的外观，内置散热器不会分散儿童的注意力，不同区域的温度可以独立调节。

"街"的设置可以让人们清楚地观察学校，便于有秩序地移动、转衔。"街"很宽敞，儿童在里面走，不会产生拥挤感。中间是通气良好的玻璃中庭，有着充足的自然光线，置身其中，幸福感油然而生。"街"的两侧设有一个个"学习洞穴"，为儿童提供多种学习机会，中间设有可供儿童社交游戏和休息放松的港湾。整个区域铺有地毯，以减少噪声，柔化环境，并利用地毯的不同颜色来明确功能区的界限，以便儿童更好地转衔。周边采取曲面墙，有效地减少尖锐的墙角、隐蔽的门道以及妨碍性的角落。此外，街中还设有视觉空间提醒标志。

教室内各活动区域划分清晰，特设"安静小屋"，为儿童提供感觉控制、令人镇静的缓冲空间(withdrawal space)和一对一的教学区域。教室的天花板角度设计合理，能保证充足的自然光线投射。窗户有高有低，高的窗户用于安全通风，低的窗户便于儿童欣赏外景。教室门上设有玻璃嵌窗，可以让儿童在进入教室或离开教室前，对即将进入的环境有预先的判断。教室设有模拟日光装置和调光器。教室地面铺有地毯以减少噪声，整个房间有充足的贮藏空间，用于存放各种杂物。教室内设有牢固、安全、有趣、柔和的装饰，营造温馨的环境、提供适宜的学习刺激。

这所学校从哪些方面为孤独症儿童提供环境支持呢？

▶ 任务一
学习区融合教育环境创设

学习区适宜的环境创设能够帮助孤独症儿童有效地参与课堂学习，减少问题行为。我们可以从物理环境、心理环境两个方面进行创设，这两个方面的环境共同形成一个立体的构建，为特殊儿童的融合教育提供服务。

一、融合教育物理环境创设

（一）校园物理环境创设

孤独症儿童在学习方式、感官发展、行为、思维等方面都有着异于常人的特点。英国教育部《评估学校为孤独症谱系障碍提供的服务》手册中提出，孤独症儿童偏爱可预期和熟悉的环境，更容易接受环境中的视觉线索。在物理环境创设时需要提供支持性的学习环境，比如：适宜的灯光、声音、色调可以使儿童放松和安静下来学习、工作；给儿童预留足够的个人空间，让他们在有需求的时候，能够找到让自己感到舒适和减轻压力的地方；在学习环境中要设置可以满足孤独症儿童特殊兴趣的区域。这样的环境有利于发展他们的兴趣，促进其健康成长。

1. 校园空间布局

对孤独症儿童来说，合理的空间布局要求环境结构化，就是用清晰的界限为儿童划定不同的活动与学习的空间，以便儿童了解活动、学习与环境的关系，掌握环境对他们的要求。校园空间规划合理、舒适，大小空间兼备，功能分区比例良好；校园布局简明有序，各区域界限清晰；环境简洁，墙面装饰简单，环境中感觉刺激弱；环境中能提供良好的视觉线索，有充足的视觉支持和引导标识，如方向指示牌、手绘地图引导等；预留个人缓冲空间，也可以作为独立工作或个别化教育空间。

2. 校园自然环境创设

校园环境要安静，避免噪声干扰，要有良好的自然光线，无眩光。孤独症儿童对光比较敏感，校园内应提供充足的遮阳物，如树荫或大的遮阳伞。校园通风条件良好，尽量保证自然通风，也可用健康环保的通风透气设施。建筑色彩颜色柔和，适当使用绿色、蓝色等让人心情平静的颜色。

3. 安全防护

基础设施安全有保障，室外空间边界应设置不低于1.5米的防护墙，尽量消除安全隐患，如尖锐的转角、扎人的植物等。在布置校园时，要特别考虑哪些物品会引起身体的损伤，如在学生身体可触及的墙壁上是否有钉子、突出的木条等物品，做好安全防护措施。

(二)教室物理环境创设

1. 教室环境创设

教室环境创设的前提是消除教室内存在危险的尖角、边、突出物、钩角、夹缝和障碍物等。孤独症儿童喜欢结构化的环境，教室结构化要从以下几个方面进行。首先，要在教室里划分出明确的功能区域。一般来说，在普通教室中，可以按照需要规划出教学区、学习区、过渡区、冷静区、游戏区、物品存放区、图书区等。孤独症儿童很难自觉学习，因此，在教学区有一个属于他们的独立区非常重要。在普通教室可以用彩色胶带区分出孤独症儿童的桌椅摆放空间，如果孤独症儿童对周围环境过度关心无法集中注意力，可以教会他们用隔板在桌面上隔出学习空间，以减少周围环境的影响。教师要教会孤独症儿童学会区分他们在哪里学习，当他们焦虑不安的时候，又该去哪里。其次，每个区域都制定出时间和空间使用规则，比如图书区只在课间开放，上课的时候不能随意去看书。最后，每个区域都有明确的标识，提醒学生该区域的用途是什么，什么时候可以使用，遵守的规则是什么。大部分孤独症儿童是视觉思维，他们很难根据教师的口头指示完成某项任务，但是他们可以根据图片展示的内容来理解要做什么、怎么做。因此，在必要的区域(如教室的墙壁上)、物品上贴上标识图片，能够帮助孤独症儿童理解学校生活、遵守学校纪律、完成课堂学习。

拓展阅读

扫描二维码，阅读《教室环境创设小贴士》。

2. 教室内座位的调整

孤独症儿童的座位应该根据他们的特点来安排，一般可安排他们坐在一排桌子最后面的位置，或者靠近教室门口的座位。靠近教室门口的座位可以让那些需要离开教室去休息的学生感到舒适，从而减轻他们的焦虑。有的孤独症儿童比较刻板，接受不了每个学期重新换座位，教师可以将其安排在固定的地方。有的孤独症儿童存在感官敏感的问题，教室的声音容易让其分心，如教室时钟的滴答声和投影仪的嗡嗡声，可以安排其远离时钟和投影仪的位置，减少噪声造成的困扰。有的孤独症儿童不知道注意力集中在哪里，可以将其安排在靠近教师或者面对教师的位置。这样教师可以在课堂上随时关注他的情况，并提醒他。还有的孤独症儿童对下课铃声比较敏感，存在焦虑。教师可以教会他在上课前设定好时间，在铃响前提醒他戴好耳塞，减少声音对他的刺激。

3.考场物理环境创设

孤独症儿童在常规考场上可能存在两种困难：其一，孤独症儿童本身在集体环境中不易集中注意力，需要支持的环境；其二，孤独症儿童可能会干扰其他学生。因此，如果孤独症儿童需要离开熟悉的教室去其他环境考试，要根据其特点提供结构化的物理环境，允许提供相应的支持。例如：可以与少部分同学一起考试；可以在他熟悉的教室中进行考试；在考试时允许孤独症儿童戴上耳机，减少背景声音的干扰。

(三)作业的布置与安排

1.作业结构化

在教学中，孤独症儿童需完成一定的作业来检验知识的掌握程度。由于孤独症儿童多用视觉思维方式，教师为孤独症儿童布置作业时应考虑其特点。教师可以把作业结构化，就是把作业分成清晰的几个步骤，让孤独症儿童按照步骤的提示，一步一步完成家庭作业。有时候作业比较多，教师可以先用白板遮住后面的作业，这样会减弱学生的畏难情绪。为孤独症儿童提供结构化的作业，可以帮助其顺利完成作业，更好地掌握教学知识。教师可参考表 8-1-1，为孤独症儿童提供作业完成记录表，帮助其完成作业。

表 8-1-1 作业完成记录表

日期：_____年_____月_____日　　星期_____

科目	作业内容	自我检查(开始和完成时分别打"√")	自我评价(完成后打"√")
语文	①_____，页码(　　)	开始□　完成□	□
	②_____，页码(　　)	开始□　完成□	□
	……	开始□　完成□	□

科目	作业内容	自我检查(开始和完成时分别打"√")	自我评价(完成后打"√")
数学	①_____，页码(　　　)	开始□　完成□	□
	②_____，页码(　　　)	开始□　完成□	□
	……	开始□　完成□	□
英语	①_____，页码(　　　)	开始□　完成□	□
	②_____，页码(　　　)	开始□　完成□	□
	……	开始□　完成□	□
教师评语			

2. 调整作业形式

孤独症儿童的作业可以采用不同的题型。例如：用多选题而不是开放式的问题；在遇到不理解的题目时，可以重读题目，或者简化题目。有的孤独症儿童不会默读题目，可以让他们出声读题干，理解题目。此外，应为孤独症儿童提供良好的作业环境。

3. 分析错误类型

孤独症儿童在小学低年级阶段，一般能跟上学习进度。到了小学中年级，不少孤独症儿童出现学习困难，如不会写作，数学应用题做不好，涉及混合运算的计算题目也经常出错。到了小学高年级，程度较好的孤独症儿童也可能出现这些问题。对学科教师而言，最有效的方法就是先对错误原因进行分析，如数学应用题是由于不理解题意做错的，还是不会计算做错的，然后根据需求给予支持，寻找解决方案。

针对孤独症儿童的特点，在其做作业的过程中，分析其出现的问题，根据问题，为孤独症儿童提供适宜的作业环境，帮助其顺利地完成作业，更好地掌握知识，促进其学业发展。

二、融合教育心理环境创设

(一)教师心态的形成

建立一个成功的融合教育环境，教师扮演着非常重要的角色，凯塔菲丝指出：在教室里，教师拥有很大的权力——营造教室氛围的权力，让孩子在教室里悲惨或喜悦的权力。[①] 人本主义心理学也认为，我们如何看自己、看别人、看这个社会，将会影响我们采取的行动与表现的行为。如果班级教师对孤独症儿童有负面的想法，从一开始就排斥他们，这种想法将会影响教师接下来的行动，进而影响班级的整个氛围，影响孤独症儿童的表现，甚至产生恶性循环。如果班级教师以积极开放的心态接纳孤独症儿童，把这种安置视为自己增长专业技能、营造班级氛围的机会，采取积极的行动，努力教导他们，就会产生良好的效果。

首先，教师在创设融合班级之前就要做好积极的心理准备，要以开放、接纳的心态去迎接孤独症儿童。其次，教师要有同理心，能够站在孤独症儿童的角度了解他们面对的困难，并对孤独症儿童保持合理期待，用多元的方法来看待孤独症儿童的能力和成就。再次，教师愿意接受和面对自身专业能力上的限制，愿意寻求资源，积极学习，如与特殊教育资源中心的教师合作，积极创设良好的班级环境等。最后，将积极的态度保持下去。教师对融合教育的态度越积极，便会以越积极的行为对待孤独症儿童，就越能产生良好的融合教育效果。

（二）教学策略的选取

实证研究证明，结构化教学是对孤独症、沟通障碍、中重度智力障碍儿童非常有效且被广泛使用的教学方法。结构化教学是由美国北卡罗来纳州立大学医学院精神科的舍普勒等人在 20 世纪六七十年代开发的"孤独症和相关沟通障碍儿童治疗与教育方案"（TEACCH）中发展出来的一整套教育教学策略。结构化教学旨在根据孤独症儿童的特征，借助可视化实物媒介，如相片、卡片、图片等来辅助教学，帮助孤独症儿童理解教师的要求并在高度结构化的环境中开展学习。[②]

1. 视觉结构化[③]

视觉结构化就是把学习环境、学习材料、工作程序做适当的安排，使儿童无需语言，只用视觉辨别，便可以明白和理解学习的要求。视觉结构主要包含三个方面，分别是视觉清晰显示、视觉组织及视觉指示。

视觉清晰显示就是把学习中的重要资料以清楚而具体的材料及视觉的线索清晰地显示出来，以便于儿童辨认。清楚而具体的视觉线索不但可以引起学生的兴趣并能帮

---

① 钮文英. 拥抱个别差异的新典范：融合教育[M]. 台北：心理出版社，2008：144.

② 张睿智，孙玉梅. 自闭症谱系障碍儿童教学空间设计研究：以宜昌市博爱特殊教育学校为例[J]. 教育研究与实验，2019（1）：84-89.

③ 邓猛. 融合教育实践指南[M]. 北京：北京大学出版社，2016：120.

助他们集中注意力，而且能帮助孤独症儿童确定其中最重要的部分及特点。例如，使用颜色卡、名牌、文字符号等视觉线索标明活动场所，让孤独症儿童知道该在何处进行何种活动以及所要做的具体内容为何。

视觉组织是将原本大范围或较复杂的任务分割成系统的小单位，帮助孤独症儿童完成学习任务，避免其因复杂的任务表象产生不必要的混乱与分心。例如，教导孤独症儿童擦黑板，可以用彩色粉笔将黑板画出四块明显的方形区域，即把黑板分成四小块，让孤独症儿童分区域完成擦拭工作，将之前较难的任务转化成简单的任务。

视觉指示，就是利用文字、图片把要完成的任务安排成一个模式，说明任务的内容及步骤，以便儿童按照指示去完成。特别是在教抽象的概念时，教师应配合图画的提示，以具体的方式呈现，或以实物操作让孤独症儿童理解，避免使用模糊的语言。图 8-1-1 所示为洗手视觉指示。

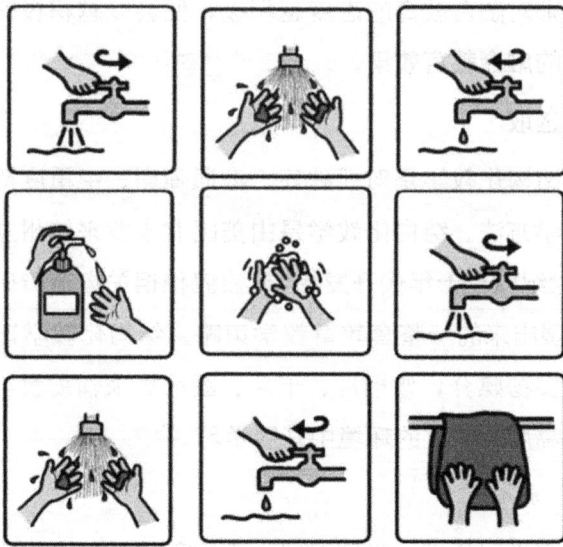

图 8-1-1 洗手视觉指示

2. 视觉时间表（程序时间表）

时间表对学校来说并不新鲜，学校生活就是按照课程表的顺序进行的，学生和教师能够知道在特定时间应该做什么事情。然而，孤独症儿童在理解课程表时会存在困难，他们需要个别化的视觉时间表。视觉时间表是指提供一个视觉提示，告诉孤独症儿童一天中有什么活动以及活动的顺序，提醒孤独症儿童注意自己的任务，也让孤独症儿童预测与了解将会发生什么，以什么顺序发生。

视觉时间表的使用可以帮助孤独症儿童解决以下问题：①改善教师与学生之间的交流；②促进学生对于发生什么，何时、何地、和谁等问题的理解；③提高从一门课程到另一门课程的转换能力；④提高遵循时间表的能力；⑤减少焦虑；⑥增强学生的灵活性，增大其可参加活动的范围。在教学环境中，视觉时间表的应用，能给予孤独症儿童活动信号，帮助他们预测与了解将会发生什么，以什么顺序发生，以便于孤独症儿童有准备地进一步参与下面的活动。表 8-1-2 为广东省中山市特殊教育学校视觉时间表（部分）。

表 8-1-2　广东省中山市特殊教育学校视觉时间表（部分）

8:00—8:30	8:40—9:15	9:25—10:00	10:00—10:25	10:25—11:00	11:10—11:45
升国旗	语文	语文	课间操、休息	数学	数学

3. 工作程序表（个人工作系统）

视觉时间表是让孤独症儿童遵守一天活动的顺序，工作程序表则是明确地告诉他们如何进行活动。工作程序表以视觉化的结构方法，帮助孤独症儿童有效完成任务，让学生了解到：①要做什么任务？②要做多少任务？③知道现在做到哪里了？怎么样表示做完了？做完时东西要放在哪里？④接下来做什么？这些都是我们每天生活中需要面对的问题，但有些孤独症儿童不理解怎么做。在教学环境中，需为孤独症儿童提供工作程序表，给出明确的视觉信息，让孤独症儿童学会了解上述问题，并按照工作程序表完成指定的任务。

如果有条件，可以把孤独症儿童安置在教室的"独立工作区"（有课桌椅，以及用来摆放教学材料的层架），让他们在有组织及不受干扰的学习环境中，专心地自行完成学习任务。其目的是引导孤独症儿童在有系统的结构环境下主动学习，达成其能力内可以达成的目标，也发展孤独症儿童的自信、专注与动机等能力。

工作程序表无论是对课堂的学习还是对生活中的体验都是一种有效的策略，并不限于用在孤独症儿童身上。事实上，我们当中很多人在日常生活中使用工作程序表。通过列出工作清单，划掉完成的任务而获得极大的满足。区别在于我们多数人可以自己建立并执行工作程序，而孤独症儿童则需要在每个环节上给予帮助。使用工作程序表可以帮助孤独症人士为以后的职业做准备，并学会在职场中如何进行自我管理和组织。

拓展阅读

扫描二维码，阅读《用图像思考：与孤独症共生》（节选）。

（三）教学语言的使用

1. 教学语言简洁明了

大部分孤独症儿童对口语的加工和处理方式与普通人有很大的不同。普通人可以把听到的所有信息放在一起进行分析，然后找到主要线索；而孤独症儿童的分析是流水线式的，听到什么信息就加工什么信息，很容易造成信息混乱。因此，在教学环境中，教师与孤独症儿童交流与沟通时，尤其是希望他们执行学习任务或指令时，要用简洁、肯定的语言，避免使用双关、暗示、隐喻的语言，即对他们的指令要明确、具体，用简单的话概括出活动目的、预期目标等。若活动内容过于复杂，可以用结构化教学法，在纸上写下步骤，清晰、具体地表达出来。

2. 采用选择式提问

要求孤独症儿童做选择时，不要用过于开放的问句。例如，问他们："你现在想做什么？"大部分孤独症儿童可能会不理解。如果问他们："你想做手工还是画画？"给他们一些选择，更有助于他们思考并回答问题。

有些孤独症儿童在对话时会重复一句话最后的词或短语。比如，问他们"你想做手工，还是画画？"，他们会说"还是画画"。换个顺序问"你想画画，还是做手工？"，他们又会说"还是做手工"。遇到这种情况，教师不要为了弄清楚他们的想法而不停地问来问去。这时候，孤独症儿童回答什么，就让他做什么。如果他们发现不是自己想要做的，甚至发脾气的时候，教师就要告诉他们，这是他们刚才的选择。教师通过情境教学的方式，让孤独症儿童明白自己想要做什么就回答什么。

3. 调整对话思路

孤独症儿童存在很大的差异。有的程度较轻的孤独症儿童语言能力较好，但在对话中总是谈论自己感兴趣的话题，跟教师的沟通中没有形成有来有回的对话，甚至在课堂回答问题时不停地重复自己感兴趣的内容。这个时候，教师就需要通过孤独症儿童感兴趣的事物来引导他回到课堂相关的内容中来。教师要站在儿童的角度来思考对话逻辑，逐渐将其引导到课堂内容中来。

总之，孤独症儿童由于其核心障碍，在课堂上容易出现各种问题。他们出现问题行为不是故意捣乱，也不是家长和教师教养不当，而是他们不同的思维方式和学习方式造成的。因此，在教学环境中，教师应根据孤独症儿童的特点有的放矢地为孤独症儿童营造良好的语言沟通环境，提供有效的支持，促进孤独症儿童发展。

（四）班级氛围的创设

与教室的物理环境相比，班级氛围更能对孤独症儿童产生影响。在良好的班级氛围中，教师和普通学生能够平等地接纳和尊重孤独症儿童，孤独症儿童能愉快地接纳和尊重自己的教师、同学，和班级同学一起享受学习、成长的快乐。

1. 引导树立正确的差异观

大多数情况下，普通学生眼中的残疾和特殊是中性的，没有好坏之分。特殊儿童在普通学生眼中往往是"有点奇怪的、不一样的、不知道如何相处的人"。因此，教师需要引导学生正确看待残疾和特殊。

引导普通学生将"特殊"看成人与人之间的差异，"差异"并不表示缺陷，而是指多样性，每个人都有不同的能力，才能显示出世界的多姿多彩、生命的丰富美丽。这种认识不仅有助于普通学生接纳孤独症儿童，也有助于孤独症儿童更积极地接纳自己。将"不合群的孩子、不搭理人的孩子"，解释为"不知道如何跟同学交往的孩子"或者"有自己特殊表达方式的孩子"。将"有怪异行为的孩子"解释为"行为方式不同的、感觉不一样的孩子"。另外，教师在班级活动中，可以创设一些情境，帮助学生从积极的角度看待差异。孤独症儿童行为刻板，往往让人费解。教师可以这样引导学生：每个人都是不一样的，只是有的人的"不一样"更明显一些，有的不那么明显而已。教师也可以借助班会、少先队会课，选一些以个体差异为主题的图画书，如《多多的鲸鱼》《利奥和章鱼》《不一样也没关系》等，让学生理解、接纳孤独症儿童。图 8-1-2 为广东省中山市东区水云轩小学图画书宣导课。

2. 班级同伴的支持

孤独症儿童在社会交往上存在障碍，表面上看来，孤独症儿童不愿意和同伴一起玩耍，也不在意是否有朋友的陪伴，但这并不意味着他们不需要友谊。教师需要通过引导，

图 8-1-2　广东省中山市东区水云轩小学图画书宣导课

帮助有需要的孤独症儿童学会与同学建立友谊。同时，也需要让普通儿童更好地理解和接受孤独症儿童的行为方式，主动与其建立平等友爱、互帮互助的同伴关系。

3. 孤独症儿童的自我支持

孤独症儿童存在学校适应、学业学习、同伴交往等方面的困难，容易产生挫败感。教师要教导孤独症儿童学会正确归因，学会在不同情境下进行自我开导的方法。例如，成绩不理想时告诉自己"没关系，好好努力下次就考好了"。另外，适当地培养孤独症儿童的兴趣爱好，如体育、音乐、美术等，挖掘潜能，从中获得成功的体验，不仅可以使其增强自信、发展学习能力和动力，还能提升在班集体中的地位，增强对班级的认同感。

（五）家校合作环境创设

1. 建立家校沟通机制

班主任接手班级后，要尽早与孤独症儿童的家长沟通，了解其具体情况，如身体状况、教育情况、家庭教养情况、兴趣爱好等。根据学生的情况，可以安排孤独症儿童及其家长提前参观学校，了解学校的物理环境，包括学校的功能教室、生活区、教室等，提前让其适应学校生活。

2. 建立家校合作小组

了解具体情况后，学校要建立家校合作小组，如个案跟进小组。学校行政领导为组长，成员包括德育主任、班主任、班级任课教师及学校资源教师，共同跟进学生情况，为孤独症儿童提供支持。在这个过程中，注意沟通，通过个案会议共同确定教育目标，及时告诉家长孩子在校的情况，出现问题所采取的措施，保证学校教育和家庭教育的一致性。

3. 面向家长组织宣导

通过召开家长会，向学生家长普及融合教育的理念。首先，要告诉家长每个孩子都是有差异的，融合教育的目的是根据每个孩子的特点，发挥其潜能；其次，要定时召开家长座谈会，让家长分享教育孩子的经历，拉近普通学生和孤独症儿童家长之间的距离；最后，设计校园开放日活动课程，展现尊重友爱、接纳合作的良好氛围，让家长看到在融合教育环境下，所有孩子都能受益。

在孤独症儿童的融合教育过程中，教师扮演着引导者、支持者、助力者的角色。在实际教学中，教师要充分了解学生具备的能力，合理制定学生能达到的目标，创造适宜的融合教育环境，帮助孤独症儿童更好地适应学校生活，进一步发展社会适应能力。

作业

一、单项选择题

1. 以下不属于孤独症儿童校园物理环境创设的是（　　）。

A. 校园自然环境　　　　　　B. 教室座位调整

C. 家校合作　　　　　　　　D. 校园安全防护

2. 班级氛围创设不包括（　　）。

A. 引导树立正确的差异观　　B. 班级同伴的支持

C. 孤独症儿童的自我支持　　D. 建立视觉时间表

3. 在孤独症儿童的教学环境中，教学语言需要（　　）。

A. 简洁明了　　　　　　　　B. 采取选择式提问

C. 根据学生兴趣增加内容　　D. 以上都是

二、简答题

1. 在创设校园物理环境的过程中，如何为孤独症儿童提供支持？

2. 在创设校园心理环境的过程中，如何为孤独症儿童提供支持？

3. 假如你是一位教师，如何为一名识字量不多的低年级孤独症儿童制作一份上午的视觉时间表？

▶ 任务二
生活区融合教育环境创设

让孤独症儿童顺利融入学校，首先，要确保校园环境对孤独症儿童而言是安全的，有恰当的视觉提示帮助其了解学校。其次，要在班级营造包容的集体氛围，为孤独症儿童与同学沟通和交往搭建桥梁。最后，要让孤独症儿童在学校生活中感受到乐趣，从游戏中学习。

一、融合教育物理环境创设

学校准备接纳孤独症儿童就读时，需要根据孤独症儿童的特征对环境做出调整，提供各种支持，来满足其需要，尽可能让其能够顺利度过自己的校园生活。

（一）打造安全的环境

学生在校内活动首先要考虑的问题是安全。校园内玻璃、陶瓷等易碎物品须放置在远离学生的位置，最好能够放进带锁的柜子统一存放。学校布置工艺品、塑像等摆件时，相比外表是否美观，更应考虑其是否牢固、实用。面对孤独症儿童时，校园环境还需满足更多的要求。

1. 学生个人信息名卡

当孤独症儿童进入学校就读时，学校教师、工作人员需要了解学生的基本情况，包括姓名、班级、障碍类型、习惯表达方式等。学校可复印带有学生个人简介的卡片，发给教职工并定期更新。教师在了解孤独症儿童特征后，才能有效地与其交流、提供适宜的帮助。尤其是负责校园安全的保安，知道情况后可给予孤独症儿童更多关注。同时，孤独症儿童自己也可随身携带信息名卡(图 8-2-1)，在遇到麻烦、做错事情，如走错教室、乱丢垃圾等情境下，周围的教师和学生可根据信息名卡的提示对其进行帮助或教导。

> 王小明一（3）班孤独症
> 　　我听不懂长句，能听和说常用词语和短句。
> 　　如果上课了我还在教室外玩，请提醒我"上课，回教室"。
> 如果课间我在捡落叶，没关系，这是我的游戏。
> 　　如果我遇到麻烦了，请找刘××老师。

图 8-2-1　学生个人信息名卡范例

2. 危险或禁止入内的视觉标识

学校里部分场所禁止学生入内，为此除装订标牌进行文字说明之外，还应利用视觉标识提醒孤独症儿童，保护其安全。禁止入内的房间如配电室、杂物间，门外可张贴表示拒绝、禁止的符号图片，门外地面上可以用油漆绘制一条表示界限的横线。① 除此之外，也可根据校园的环境规划在房门和墙面上进行绘画作为隔断。教室里不希望学生触碰的物品，如讲台、电脑，可将彩色胶带粘到地面或桌面上，圈出禁止触碰的区域。学校可使用醒目、明确的视觉标识，帮助学生理解禁止进入的区域。

(二)善用视觉标识

学校的各类功能室和场所的门外可装订带有卡通图片的标牌，舞蹈房可采用儿童跳舞的图片，音乐教室可采用唱歌和音乐符号的图片，食堂可采用餐具的图片，卫生间可用简单形象的男女图片进行区分。这些图片标牌可帮助认读汉字有困难的学生分辨不同场所的功能。有特殊要求的功能室，如舞蹈房要求学生脱鞋、计算机室要求学生穿上鞋套，可在入口处贴上图片提示，清晰的视觉标识可用连环画的形式说明要求。对孤独症儿童而言，视觉标识比语言信息简单明了、易于接受。

(三)制定个别化作息时间表

在学校生活中，为学生制定作息时间表是必要的。教师可根据学生的认知能力，将学校的课程和活动以文字、图文结合或图片等形式进行呈现，让学生知道自己在学校需要做的事情，特别是让孤独症儿童知道将要发生的事。

刚进入新环境，孤独症儿童可能无法快速适应学校的活动和节奏。有些孤独症儿童讨厌人多拥挤的环境，在人群中感到焦虑，不能集中精神去做自己的事，往往表现得紧张、手足无措。针对这类问题，最简便的解决方法是避免让孤独症儿童陷入人群混乱的局面中。在校园生活中，课间休息、使用卫生间、放学排队、食堂排队就餐等情境易出现嘈杂、拥挤的情况。教师可以根据实际情况安排孤独症儿童提前几分钟去解决个人事务，如允许其提前3分钟下课去卫生间、提前5分钟放学去食堂就餐。教师也可以让孤独症儿童延后几分钟去做某件事情，如组织学生排队时，孤独症儿童可以等其他学生排整齐之后再站到自己的位置上，而不是和所有学生同时排队。有的孤独症儿童由于动作缓慢，用餐时间较长，从本班教室到音乐教室等功能室也要很长时

---

① PAULA KLUTH, JOHN SHOUSE. 自闭症检核手册：家长与教师实用指南[M]. 陈威胜，陈芝萍，译. 台北：心理出版社，2012：60.

间，教师可以延长其用餐时间，适当允许其在音乐课上迟到。根据孤独症儿童特点合理安排其作息时间表，能让孤独症儿童在做事情时有充足的时间和空间，同时为学校教师和工作人员针对性地解决孤独症儿童的突发问题提供时间。等到逐步适应学校生活后，再对孤独症儿童遵守活动时间做出要求。

| 案例 |

早一点去

小强是个自理能力很不错的孤独症儿童，他可以独立使用家中的卫生间和学校的公共厕所。有一天，其他班的学生和教师打报告说小强在校园里对着消防栓小便。教师留意观察一段时间后发现，小强自己去厕所没有问题，但如果厕所里面人很多或者去厕所的路上迎面过来许多人，小强就会放弃去厕所小便转而在班级附近的消防栓那里小便。之后，教师每次都在下课前几分钟提醒小强去厕所。又过了一段时间，教师不再提醒，小强已经知道自己可以提前离开教室了。

孤独症儿童小刚做事很慢，每次去食堂打饭都慢吞吞的，排在他后面的学生都很着急。教师就让小刚提前去食堂，这样他可以静下心来打饭。食堂的工作人员也可以耐心地与小刚沟通，小刚就能慢慢地表达清楚自己的需要。

| 知识卡片 |

作息时间表的制定[①]

良好的作息时间表需包含当天重要的课程和活动，让学生能预知今天需要做些什么。制定作息时间表时需注意以下问题。

①依据学生的能力状况弹性调整活动所需时间。

②考虑学生的生理和情绪状况安排课表或作息时间表。

③依据学生年龄、健康、体能和注意力持续时间，适度调整活动时间的长短。

④尽量依照预定的时间表进行整日的教学活动，若有改动或加入新的活动，宜尽可能事先告知学生。

⑤可将作息时间表复印，让学生带回家告知家长，让家长也能参与学校的活动。

⑥下课时间，让学生能够选择或安排合适的休闲活动。

⑦确定学生能理解作息时间表的内容。

---

① 钮文英.拥抱个别差异的新典范：融合教育[M].2版.台北：心理出版社，2015：345-346.

(四)娱乐环境创设

孤独症儿童在学校里除了日常课程、与同学相处，还有个人的娱乐时间。一般来说，我们不需要担心孤独症儿童不会主动通过游戏获取乐趣，需要考虑的是孤独症儿童如何能不破坏课堂常规，在合适的时间做适宜的游戏，而在游戏之后又能平稳地进入学习状态。

1. 娱乐时间安排

孤独症儿童要在校园内安全、恰当地进行休闲娱乐，首先教师要明确可以游戏的场所、时间段和项目，制定游戏规则。然后，教师才能引导学生在学校里有序地进行游戏，同时避免对他人造成干扰或破坏学校常规。

在具体选择娱乐内容时，应尽量满足学生的兴趣爱好，挑选学生愿意主动进行的游戏并安排在恰当的时间。学校休闲和娱乐时间一般在课间休息和午休时间，孤独症儿童的娱乐时间应与学校保持一致，然后根据休息时间长短来选择游戏项目。课间休息一般在 10 分钟左右，可安排耗时较短的游戏，如 9 块拼图、积木、图画书。午休时间相对较长，为 1～2 小时，可以安排到操场踢球等耗时较长的活动。确定时间和内容后，可将其做成图片、标签粘贴在学生的作息时间表上，用以提醒学生。

2. 游戏区的结构化布置

结构化教学包含四个要素：物理环境的结构化、工作时间的结构化、工作系列的结构化与视觉的结构化。游戏区设计可采取物理环境的结构化理念，满足孤独症儿童的自我刺激需求。以游戏区的方式，为孤独症儿童在教学环境中建立合适的休闲空间，减少因得不到自我刺激的满足而产生情绪行为问题。[①]

在游戏区内，应为不同活动设置专门的区域摆放相应的器材，并用彩色胶带、彩色柜子来进行视觉区分，使学生能够清楚地辨别不同的活动区域。在不同的区域中也可粘贴标签、图片，向学生说明区域内包含的物品。给游戏区的各类物品，如图画书、积木、皮球打印照片和字条，粘贴到物品固定的摆放位置上。学生可根据图片和文字信息找到物品，并在使用后放回原处。

---

① 王大延. 自闭症教材教法：下册：沟通训练、休闲教育与职业训练篇[M]. 台北：心理出版社，2010：405.

案例

游戏角的规划①

以喜欢塑胶类制品与甩动塑胶绳索之孤独症儿童为设计对象，在找到适当的游戏角落（以两面墙的 90 度夹角为佳）后，对空间做以下规划。

①在游戏角的上方，自天花板悬挂一根塑胶绳至孤独症儿童眼睛的高度。选择孤独症儿童喜欢的玩具，如气球，绑在塑胶绳的下端。请注意，以不让孤独症儿童将玩具置入口中为适当高度。在下课时间，教师可于此角落教导孤独症儿童击球。

②选择夹角的一面墙，将一个宝特瓶固定于墙上但要使其能旋转，高度为孤独症儿童的眼睛处。此设计以游戏化的方式，适度满足孤独症儿童的感官需求。

③夹角的另一面墙上，于孤独症儿童手的高度处固定一根跳绳，教师可于休息时间教导孤独症儿童甩动跳绳，并邀请会跳绳的小朋友与孤独症儿童互动。

二、融合教育心理环境创设

孤独症儿童几乎全部的在校时间都是与同班同学一起度过的，班级融合的质量很大程度上取决于学生间的互动与关系。因此，教师需要根据学生的特点，采取不同的手段让学生彼此了解、营造班集体归属感。普通学生乐于接纳孤独症儿童，能平等、顺畅地交流；孤独症儿童也能够清晰地知道班级中的日常活动，能部分参与或担任某种职责。

（一）增强班集体归属感

对孤独症儿童而言，融入新环境、独立与他人沟通、建立融洽的关系是比较困难的。如果孤独症儿童只是坐在教室的一角，在班级的学习可能会变成一种孤单而充满挫折的体验。因此，教师需要建立一个鼓励学生积极互动的班集体。教师可通过定期组织主题活动、班会、游戏，调动所有学生参与的兴趣，鼓励学生展示自我、学会分享、互相学习、熟悉彼此，增进班上学生的关系，促进友谊的发展，增强班集体归属感。② 孤独症儿童可在活动中观察，进而学习社交技巧。同时，孤独症儿童在用语言或图片介绍自己所准备的内容以及与教师沟通时，同学也可直观地了解孤独症儿童

---

① 王大延.自闭症教材教法：下册：沟通训练、休闲教育与职业训练篇[M].台北：心理出版社，2010：407.

② PAULA KLUTH.爱上小雨人：自闭症参与融合教育完全手册[M].黄惠姿，林铭泉，译.台北：心理出版社，2006：149.

的表达方式，模仿教师与孤独症儿童的沟通方法。在学校举行的大型考试、运动会等活动中，可根据孤独症儿童的情况降低难度或让其部分参与。无论如何，孤独症儿童作为班级的一分子，应参与到班集体活动中来。图 8-2-2 所示为合肥市太湖路小学孤独症儿童参加赛跑。

图 8-2-2　合肥市太湖路小学孤独症儿童参加赛跑

（二）加强学生之间的沟通与交流

教师通过组织活动让学生彼此分享、互相学习、分工合作，了解自己的同学并建立良好的同伴关系。在这之后，教师可使用一些策略让学生在课堂之外也能保持互动，促进学生间友谊的发展。

1. 创造交流空间

在组织班级活动时，教师可退出主导地位，由学生来主持。让普通学生带领孤独症儿童做展示，并就内容进行适当的引导和提问。孤独症儿童如果具有较好的语言表达能力，也可以担任主持人，按照既定的流程指挥其他同学一步一步地进行活动。在课堂之外，教师可以通过布置小组作业、团体训练等活动形式为学生创造交流空间。例如，四人小组完成的手抄报、接力赛跑训练、排练演出节目，都可为学生间的沟通与交流创造机会，打造良好的班级氛围。

2. 理解和接受不同的社交方式

孤独症儿童多数在言语沟通方面存在障碍，有的能够进行简单的问答交流，有的能够模仿说句子但不能用其表达自己的意愿，有的则不能正确发音。不论孤独症儿童的语言发展如何，在生活交往中都需要一套完整可行的沟通方法，沟通的形式可以是语言、肢体动作、图片或实物。①因此，教师需要定期组织能让所有学生都参与的班级活动，为孤独症儿童提供机会表达自己，让同班同学理解孤独症儿童的社交方式，从而让他们在学校生活中能够和谐地交流。

3. 同伴支持

在学校里，同班同学是与孤独症儿童相处时间最久的人，他们都遵循相同的作息时间表、按照相似的节奏度过自己的校园生活。教师可以为孤独症儿童安排一个有责任心的同桌，帮助其在班级里学习和生活；也可以安排几个小伙伴，在课堂之外带着孤独症儿童去操场、食堂，帮助他适应学校生活。

孤独症儿童与普通学生相比在特定的方面存在不足，在相处中接受同学包容与照顾的情况居多。但这并不意味着孤独症儿童只能接受帮助，而不能依靠自己的力量为同学服务。在班级管理中，教师根据孤独症儿童的特点和能力让他们参与班级事务和活动，不仅可增强学生的荣誉感，也可促进孤独症儿童与同学的互动和交流。②

📖 | 案例 |

快乐"工作"

孤独症儿童小乙性格温和，但有点儿"迷糊"，喜欢在校园里到处逛，但又不清楚自己该去哪里做什么事。不过他从来不会走错教室，放学也能和同学一起排队离开学校。因为教师给他安排了很多小伙伴，他们牵着小乙去教室然后告诉小乙该做什么。

孤独症儿童小明的汉字认读能力很好，喜欢读各种书籍却不理解文章的含义，言语沟通方面可以和教师、同学进行简单的对话。班主任安排小明担任第二小组的组长，每天的任务是从教师那里领取作业本，通过点名的方式给组内同学发作业本，待作业完成后收齐再交给教师。

孤独症儿童小青很爱动，做事很急躁，不细心，下课铃声响起一定要离开座位乱跑乱跳。教师就让小青负责擦黑板。当小青把黑板擦干净，他已经活动了一会儿，之后就可以平静地去做别的事情。卫生值日时，也让小青去擦桌子，而扫地、整理书架这些细致的工作小青还做不好，但可适当地让小青帮忙。

（三）开设孤独症儿童社交课程

孤独症儿童在言语沟通和社会交往方面存在障碍，但这并不意味着孤独症儿童不

---

① LINDA A. HODGDON. 自闭症行为问题的解决方案：促进沟通的视觉策略[M]. 陈质采，龚万青，译. 台北：心理出版社，2006：123.

② 钮文英. 拥抱个别差异的新典范：融合教育[M]. 2版. 台北：心理出版社，2015：339.

愿与他人沟通和交流，而是他们不会以恰当的方法与人交往，致使他们无法顺利地融入环境。比如，孤独症儿童只能被动地应答他人的问好，会把脸藏在帽子里表示拒绝，想要结束交谈时会去收拾对方的物品，而这些行为可能会给他人带来不礼貌的印象。教师和家长可采取适合的方式帮助孤独症儿童了解学校中的社交和活动规则，促进其人际交往、融入班级，进而更好地融入社会。

1. 社交故事

学校可购置社交故事书籍，便于教师教导学生。社交故事可以让孤独症儿童理解情境，明白面对的人或事，最重要的是知道自己要说的话、做的事。教师在设计社交故事时，务必注意要以学生的视角来讲述故事，如"我在学校看到了老师，我跟老师说你好，我做得很棒"。社交故事的呈现形式并不固定，可以是一段话，也可以是故事图卡或几分钟的视频。教师可根据学生的能力来进行选择和调整，确保学生能够理解情境和行为。

2. 角色扮演

学校资源教室可配备器材，根据需要搭建简易的场景。在模拟情境中进行角色扮演，可以让孤独症儿童深层次地感知情境，真实地面对人物练习应答。同时，教师可从角色扮演中判断孤独症儿童是否掌握了应答方法，了解其在应答时存在的困难并予以解决。在进行角色扮演时，孤独症儿童可先作为旁观者在一旁等待。表演者先示范完整的社交场景，孤独症儿童在明确恰当的应答后再参与扮演。此外，需注意应答方式的一致性。如果孤独症儿童需要用图片进行沟通，其他扮演同一角色的学生也应使用图片。

3. 预习关键的社交规则

学校的常规课程和活动涉及的社交规则需要提前教给学生。例如，交作业要给小组长、在学校见到教师要问好，教师要让孤独症儿童预知在学校可能遇到的情况和应对方法。如果学校要举办集体活动，教师应当提前告诉孤独症儿童活动规则，帮助他们了解自己在活动中应当遵守的规则以及自己需要做的事情。孤独症儿童在预习社交规则后，便有心理准备去面对校园生活。例如，学校要举行运动会，孤独症儿童报的项目是短跑。教师需要提前告知规则，并允许孤独症儿童事先到运动场练习。

| 案例 |

动口不动手

孤独症儿童小华在班里打了同学。教师了解情况后发现，原来是被打的学生走路经过小华的座位时不小心碰到了小华。因为是轻微的肢体触碰，这名学生没有道歉就走开了。但小华很难受，在很生气又说不出来时打了同学。之后，教师用社交故事告诉小华应该怎么处理这种情况：我坐在座位上，同学经过我身边碰到我了。我很生气，我对同学说"你碰到我了，不要这样"。同学不会碰到我了，我很开心。

之后再有同学碰到小华，小华会直接说出自己的想法，而不是去打人。

| 知识卡片 |

图片交换系统①

图片交换系统(the picture exchange communication system，PECS)是一种帮助孤独症儿童和交流障碍儿童与他人交流的方法。最初应用于孤独症和那些不能用口语进行社会沟通的学龄前儿童，通过图片的采编和应用帮助他们达到沟通的目的。它由可视性媒介(图片、文字、沟通板)，设置的情境，训练者和被训练者组成。在专门创设的情境中，训练者教儿童选取图卡来换取对应物、辨别图卡、完成句子排列、主动表达等。

为帮助孤独症儿童融入学校环境，教师需要根据其特征对环境做出调整。在校园环境中使用视觉标识让学生了解各场所的功能，在班级中动员所有学生营造包容、互助的轻松氛围。同时，根据孤独症儿童的个别差异，适当对规则进行弹性调整，做好任务间隙的缓冲过渡，进而帮助孤独症儿童适应并融入学校生活，促进其健康成长。

作业 ⟶

一、判断题

1. 在校园中设立图片标牌，比文字标牌更易让学生理解。（　　）

2. 学校的运动会，可拒绝孤独症儿童参与。（　　）

3. 班级的图书角、卫生角、游戏角，都可以贴上标签便于学生区分。（　　）

4. 班级游戏区的玩具、器材等可以随意摆放。（　　）

二、简答题

1. 功能室的标识图片应具备哪些特点？

2. 在生活区的融合教育环境创设中，如何为孤独症儿童创造一个良好的班级生活环境？

---

① 朴永馨.特殊教育辞典[M].2版.北京：华夏出版社，2006：350.

▶ 任务三
资源区融合教育环境创设

作为一所融合学校，要迎接普通学生和不同障碍类别的学生。为了向学生提供适宜的教育支持，满足学生的特殊教育需求，学校需创设资源区。

资源区首先需要配备档案区来系统收集、整理学生的个人档案，其次要将针对孤独症儿童的支持性教材、教具等分类存放在固定的区域，最后要为孤独症儿童提供接受个训指导的场地。

一、档案室

融合学校需要设立专门的档案室为每一名特殊儿童建立个人档案。档案包括特殊儿童的个人信息、残疾证信息、评估结果、个别化教育计划、过程性评价资料等，以此作为了解特殊儿童、为其提供适宜的教育支持的依据。个人信息、残疾证信息等基本信息可在特殊儿童入学初存入档案，评估结果、个别化教育计划每学期补充一次，其他资料应及时更新。因此，特殊儿童的档案数量会逐年增加，管理档案也是一项繁重的工作。班主任和任课教师直接参与孤独症儿童的教育，需要参考和使用档案的次数较多，但不建议由班主任或任课教师来管理学生档案，这样不利于档案的保存。所有特殊儿童的档案应统一管理，由专门的教师来系统分类整理。档案平时存放在独立的档案室，可供教师查阅。

二、学习辅导区

学习辅导区主要用于对孤独症儿童开展辅导教学、补救教学、学习技能等。教学形式可以是一对一教学，也可以是小组学习。因此，学习辅导区环境的创设对孤独症儿童有着重要的意义。学习辅导区环境的创设要符合孤独症儿童身心特点，吸引儿童的注意力，帮助其掌握教学知识。学习辅导区应配有专门的资源教师、学生使用的桌椅，以及书籍、教具等，旨在为孤独症儿童提供所需的学业辅导。图 8-3-1 和图 8-3-2 为合肥市太湖路小学的蒙氏教具。

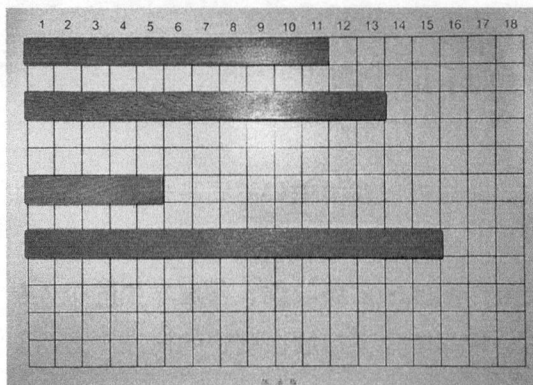

图 8-3-1　合肥市太湖路小学蒙氏教具加减法板

图 8-3-2　合肥市太湖路小学蒙氏教具百数板

　　根据孤独症儿童的认知特点、教材的具体内容，可将普通教材进行不同层次的直观性修改，为孤独症儿童提供一份辅助教材。以语文为例，对低年级的简单课文可分句配图，整理一份专门的辅助教材供孤独症儿童使用。配有直观图片的读物可帮助孤独症儿童理解大意。

　　此外，可以根据教学内容制作微课，帮助孤独症儿童直观地理解知识点。音像素材可直观、形象地向孤独症儿童传达信息，同时，可使教师操作简单。音像素材可在不同的方面发挥作用。在课堂教学中，教师可播放相应的动画短片帮助学生理解课文中的故事，活跃课堂的气氛，帮助孤独症儿童集中注意力。数学课堂上，可播放有关知识点的微课视频，如"6 块蛋糕，被吃掉 2 块，还有 4 块蛋糕"，便于孤独症儿童更好地理解数学知识。音像素材还可以包含社会交往、生活技能、工作流程等内容。音像素材不需要教师准备实物，却能让学生看到事物变化的过程，而且这一过程是可多次重复演示的。

在设计个别化作业时，可根据实际情况选择不同的策略。一种是在普通学生已有作业的基础上进行修改，精简题目的语言描述让孤独症儿童便于理解，减少数量、删除超出孤独症儿童能力范围的作业。使用这种策略帮助其获得练习效果，同时保障作业时间不会过长。另一种是重新设计作业。当已有作业的内容或练习方式完全不适合孤独症儿童时，教师需要为其专门设计一份作业。在学习辅导区的环境中，为孤独症儿童提供专门的辅助教材、利用音像素材制作教学内容以及设计个别化作业，促进孤独症儿童学业发展。

| 案例 |

"特殊"的作业

乐乐的数学计算很好，能很快地计算千以内的进位加法和退位减法，可是一碰到应用题就犯难。例如，数学题"六一儿童节同学们做花，兰兰做了 3 朵黄花、8 朵红花，一共做了多少朵花？"。乐乐完全看不懂题目，不能像别的学生那样列式计算。为了让乐乐能准确地理解题目，教师决定把题目的语言进行删减，用马克笔把部分文字涂抹掉，改为"3 朵黄花、8 朵红花，一共多少朵花？"，既保留题目原有的知识点，又让乐乐能轻松地读懂题目。

小洁能正确地认读、书写课本上的所有字词，却不会造句子和写作文。例如，作文题目是"我的周末"，小洁能在提示下写"我吃了米饭""我去公园""坐车"等短句和词语。自己写时则会偏题，出现如"桌子是蓝色的""妈妈在说话"等无关内容。对此，教师有两种解决方法：一种是列出表格，让小洁利用图片或词语在表格中填写自己的周末生活；另一种是家长帮忙口述，小洁记录。

三、精细动作训练区

有的孤独症儿童的精细动作能力差，需要去精细动作训练区进行训练，来提高自己的精细动作能力。这一区域配备有穿绳、夹珠子、雪花片、乐高积木、齿轮积木、配对万花筒等玩具。这些玩具制作精美、安全无毒并定期进行整理与消毒，能有效吸引孤独症儿童的注意，起到锻炼其精细动作能力的作用。教师可针对孤独症儿童不同水平进行训练，如用筷子夹珠子、用绳子穿纽扣等。教师可先示范，然后辅助孤独症儿童多次练习。精细动作训练区的器材视情况还可作为学习活动的强化物，穿插到认知训练中。它们的使用不仅能使孤独症儿童得到放松和乐趣，而且对其手指精细动作能力的提高有很大帮助。图 8-3-3 和图 8-3-4 为合肥市太湖路小学精细动作训练区配备的器材。

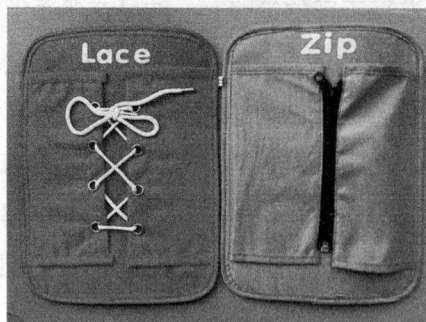

图 8-3-3　合肥市太湖路小学
系带和拉链练习用具

图 8-3-4　合肥市太湖路小学
配对万花筒

|案例|

精细动作训练穿珠子①

单元主题：穿珠子。

理论基础：

孤独症儿童的精细动作训练对其未来职前训练和就业相当重要。穿珠子是排列顺序的工作之一，通过将整组珠子排列及穿在线上，可培养孤独症儿童的注意力和排列顺序的技能。

教学目标：

（一）能够将珠子和模板上的形状对应。

（二）能够将整组珠子穿在线上。

（三）能够将穿好的珠子放进成品容器内。

适用对象：

低、中功能孤独症儿童。

具备概念和能力：

（一）具备配对、分类概念。

（二）能分辨形状。

教学材料：

（一）各种形状的珠子各数颗，一端打结的线段数条，装珠子的容器一个，装成品

---

① 王大延.自闭症教材教法：下册：沟通训练、休闲教育与职业训练篇[M].台北：心理出版社，2010：418.

的容器一个。

(二)视觉线索标示(印刻珠子形状的模板)。

(三)提示图片(将珠子和模板对应摆好，将珠子穿在线上，放进成品容器中)。

(四)强化物(实物、代币、强化系统等)。

教学策略：

(一)准备：教师将摆放珠子的容器、视觉线索的模板、线段、摆放成品的容器放在桌子上。

(二)示范：请示范同学/教师示范穿珠子的整个流程。

(三)模仿：让孤独症儿童模仿动作。

(四)图片提示：使用工作分析图片，将各项动作分解并做说明，提示需完成的动作。

(五)逐步减少提示：运用口语、图片及肢体动作提示。以图片和口语提示为主，若孤独症儿童无法完成动作，再辅以肢体协助。孤独症儿童一旦完成目标行为，则逐步减少协助及提示。

(六)强化：给予激励(尽量采取社会性强化，如鼓掌或使用代币来强化)，以强化学生正确行为。

教学步骤：

准备活动：教师将摆放珠子的容器、视觉线索的模板、一段打结的线、摆放成品的容器放在桌子上，并将用于提示的工作分析图片贴在桌子前方。

步骤一：示范穿珠子的整个流程(将珠子与模板对应摆好、将珠子穿在线上、放进成品容器中)，重复做三次。

步骤二：让孤独症儿童做相同的动作。

将珠子和模板对应摆好：孤独症儿童从放珠子的盒子里拿出一颗和模板的第一个形状对应的珠子，然后放进同形状的位置里，再用相同的方法放好后续的各种形状的珠子。如果孤独症儿童无法做出动作，教师要给予口头提示，如"拿圆形的珠子"，以及动作提示(抓住孤独症儿童的手移到盒子和模板处)。

将珠子穿在线上：孤独症儿童拿出一段一端打结的线，再将整组摆在模板上的珠子一一穿在线上。如果孤独症儿童无法做出动作，教师要给予口头提示，如"拿起圆形珠子，放进盒子里"，以及动作提示(抓住孤独症儿童的手移到模板处，孤独症儿童拿起后，再将他的手移到线段处)。

放进成品容器：孤独症儿童将成品放进放成品的容器里。如果孤独症儿童无法做出动作，教师要给予口头提示，如"放进去"，以及动作提示(抓着孤独症儿童的手移到成品容器外）。需提示孤独症儿童将成品整齐地摆放在容器里。

步骤三：孤独症儿童做出一个成品就给予强化，如果孤独症儿童已经熟练，就逐步减少提示。

四、康复训练区

根据孤独症儿童的康复需要，在康复训练区开展感觉统合训练、语言训练、肢体训练等。训练区配有各种康复设备，如言语语言康复治疗仪、大龙球、羊角球、万象组合、感统圈等。根据需要，教师可安排课程为孤独症儿童提供感统、语言等方面的康复训练。考虑到孤独症儿童肢体活动的安全性，这一区域四周的墙面应使用软垫包边，地面铺上瑜伽垫或铺设木地板，防止孤独症儿童受伤。图 8-3-5 至图 8-3-8 为合肥市太湖路小学康复训练区设施、设备。

图 8-3-5　合肥市太湖路小学言语康复设备

图 8-3-6　合肥市太湖路小学康复训练区墙面

图 8-3-7　合肥市太湖路小学七彩滚筒

图 8-3-8　合肥市太湖路小学平衡木

| 案例 |

平衡力训练[①]

平衡力训练教学策略：

(一)预告：教学者使用图卡向学生预告今天学习的课程是平衡木。

(二)准备：

1. 教学者先将视觉图卡以及强化物放在适当的位置。

2. 在平衡木上贴上脚印视觉图。

3. 在皮球上贴上抓握位置的手印。

4. 水桶内放置大约1升水。

(三)示范：使用工作分析图卡说明，请示范同学示范走平衡木的动作。

(四)模仿：请学生模仿示范同学走平衡木的动作。

(五)提示：用口语、图卡及肢体动作提示。以图卡和口语提示为主，若学生无法完成动作，再辅以肢体协助。

(六)逐步撤除辅助：逐步增加任务指令和辅助之间的时间，最终完全撤除辅助，让学生做出正确的动作。

(七)强化：适时给予学生激励，以强化学生产生正确行为。

(八)教学安排：

阶段一：平地平衡行走训练。

阶段二：平地握球平衡行走训练。

阶段三：平地提水平衡行走训练。

阶段四：平衡木行走训练。

五、活动休闲区

活动休闲区配有游戏机、平衡脚踏车(图8-3-9)、平衡板(图8-3-10)、滑梯、秋千等运动器材，还有拼图、飞行棋、五子棋、纸牌等桌面游戏器材。各类运动可以帮助孤独症儿童活动四肢并放松大脑，同时可以训练孤独症儿童的肢体协调性。桌面游戏可以让孤独症儿童从中获得乐趣，并在游戏中与同学、教师沟通，训练语言表达和思维能力。

---

① 王大延. 自闭症教材教法：下册：沟通训练、休闲教育与职业训练篇[M]. 台北：心理出版社，2010：348.

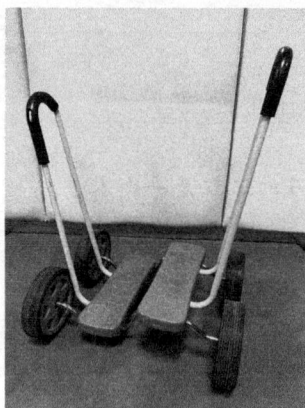
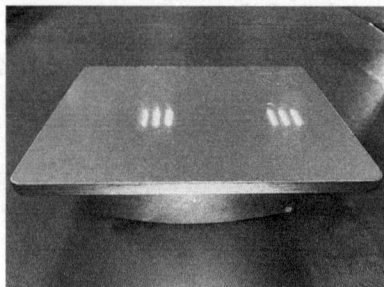

图 8-3-9　合肥市太湖路小学平衡脚踏车　　图 8-3-10　合肥市太湖路小学平衡板

例如，使用纸牌玩"抽鬼牌"游戏，将 6 对 12 张纸牌加 1 张鬼牌随机分给 3 名学生，学生按固定顺序轮流从下家手中抽一张牌，然后与自己手中纸牌的数字对比，若相同则将 2 张牌放到纸盒里。直到 3 人手中仅有一人剩余一张鬼牌，游戏结束。游戏过程中不同数字纸牌的配对和轮流抽牌活动，可锻炼学生的注意力和社会交往能力。在学生刚接触游戏时，教师需要使用社交故事或图片等工具帮助学生理解规则，在学生游戏过程中运用语言和动作提示。学生熟悉游戏流程后，教师应撤去辅助。

作业

简答题

1. 查阅资料，为孤独症儿童布置考场时可以提供哪些物理环境和心理环境支持？

2. 想一想，在校园环境中可以从哪些方面为孤独症儿童创设物理环境和心理环境？

拓展资源

1. 加里·麦西博夫，玛丽·霍利，西格妮·纳福特. 孤独症谱系障碍学生课程融合：应用 TEACCH 助力融合教育[M]. 2 版. 于松梅，曾刚，译. 北京：华夏出版社，2019.

2. 葆拉·克拉思. "你会爱上这个孩子的!"：在融合环境中教育孤独症学生：第二版[M]. 屠彬，张哲，译. 北京：华夏出版社，2021.

3. 薛炜，刘敏，刘巧云. 孤独症儿童在不同会话情境中的会话能力特征[J]. 陕西学前师范学院学报，2022(10).

4. 林洁燕. 对话式阅读对孤独症儿童口语叙事能力的干预研究[D]. 桂林：广西

师范大学，2021.

5. 李莉. 基于人机功效学的孤独症儿童游戏场地及设施设计[J]. 包装工程，2019(12).

小结 ····▶

本项目主要介绍了如何为孤独症儿童创设融合教育环境。任务一，主要从校园物理环境创设、教室物理环境创设以及作业的布置与安排方面来创设符合孤独症儿童学习需求的融合教育物理环境，从教师心态、教学策略、教学语言、班级氛围、家校合作方面来为孤独症儿童创设适合的融合教育心理环境。任务二，主要从视觉标识、制定个别化作息时间表以及娱乐环境创设等方面来为孤独症儿童打造安全、便利的生活区，通过增强班集体归属感、加强学生之间的沟通与交流、开设孤独症儿童社交课程等举措来营造适宜孤独症儿童生活的融合教育心理环境。任务三，主要从档案室、学习辅导区、精细动作训练区、康复训练区来为孤独症儿童创设具有支持力的、安全的资源区，满足孤独症儿童的干预训练需要。综上，创设适合孤独症儿童的融合教育环境，需要教师、家长、同伴的共同支持。虽任重道远，但融合教育的推广也将使每一名儿童受益。

项目九 其他障碍儿童的融合教育环境创设

导语

我们的班级中可能还存在这样的学生：他们的智力处于正常水平，但在上课时总是动来动去；他们遇到一点小事就容易情绪爆发甚至出现不良行为；他们的发音器官并无异常，却无法清晰地发出声音。作为教师，我们需为他们创造一个适宜的环境，促进其健康成长。

学习目标

1. 了解多动症儿童的环境需求并能为他们进行环境创设。

2. 了解情绪与行为障碍儿童的环境需求并能为他们进行环境创设。

3. 了解言语与语言障碍儿童的环境需求并能为他们进行环境创设。

思维导图

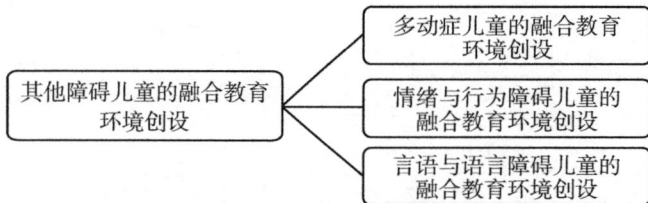

▶ 任务一
多动症儿童的融合教育环境创设

多动症是注意缺陷多动障碍（attention deficit and hyperactivity disorder, ADHD)的简称，是一种运动机能亢进的神经行为障碍，其核心症状为注意力不足、多动、冲动，即儿童行为持续表现出注意力集中困难、注意持续时间短暂、活动过度或冲动方面的障碍，可分为注意力缺陷型、多动-冲动型、复合型。[①]

多动症儿童在课堂上表现为听课注意力不集中、无法坚持完成作业、坐立不安、侵扰别人等。多动症儿童给教师教学和班级管理带来了较大挑战，不仅自身无法顺利地完成学习等任务，还会因为自己的多动和冲动表现影响周围学生和班级秩序。[②] 对于融合教育环境中的多动症儿童，需要为他们创设更加适宜的学习环境，同时要格外关注他们的心理健康，创造出和谐、友爱的班级氛围。对多动症儿童来说，环境的创设可以从物理环境和心理环境两个方面来进行。

一、融合教育物理环境创设

在物理环境方面，主要包括教室环境、体育活动环境以及教学环境三个方面的创设。

（一）教室环境布置

教师在教学过程中为了降低多动症儿童分心的程度，应减少环境中不必要的刺激，主要涉及座位、书桌等方面的合理安排。

在座位排列上，可以安排多动症儿童坐在教室的前排，且远离人们经常走动的地方，减少环境中刺激的干扰。教师也可以将其安排于安静的角落，避免过多的刺激影响多动症儿童；或者把多动症儿童安排在教师附近，以便在上课时能随时监督和指导。

在书桌整理上，让多动症儿童把桌面上不需要的东西及时清除。上课时只保留该堂课的书和一支笔，并将书桌倒放，让其接触不到书桌里的东西，在一定程度上减少

---

① 郑毅. 儿童注意缺陷多动障碍防治指南[M]. 北京：北京大学医学出版社，2007：3.
② 张华，韩成秀. 改善多动症儿童学习的有效教学干预[J]. 南阳师范学院学报，2020(4)：39-42.

分散其注意力的外部条件。

(二)体育活动环境创设

在学校中，体育活动是必不可少的一部分。研究者通过儿童行为评估量表发现，为期 10 周的有氧训练、肌肉力量训练以及足球、篮球等球类训练可以提高多动症儿童的注意力并能帮助多动症儿童克服焦虑情绪和社交障碍。[①] 还有的研究者对 7 至 10 岁的多动症儿童实施了 6 周的有氧训练、目标投掷训练和跳绳训练，其执行功能明显改善，社交障碍和多动行为减少。[②] 这些研究表明，运动不仅可以提高多动症儿童的注意力，还可以有效减少多动症儿童的多动行为，改善其执行和认知功能，减少心理障碍和社交障碍，有利于多动症儿童的心理健康。有的研究表明，运动对多动症儿童脑功能的改善也有一定的效果，能提高其身体素质，还可以有效促进多动症儿童动作技能的发展，提高其粗大动作技能和精细动作技能。[③] 综合以上研究可见，运动对多动症儿童有着重要的作用。因此，为多动症儿童创设良好的体育活动环境是很重要的。首先，教师可以选择干扰较少的室内环境或空旷场地，也可根据多动症儿童的需要，适当地变换运动场地。其次，在保证安全的前提下，可为多动症儿童提供一些运动器材，器材的选择要符合多动症儿童的特点。最后，教师还需要合理安排体育活动的时间，运动强度和时间要适当。

(三)教学环境创设

注意偏向是指相对于中性刺激，个体对相应威胁或相关刺激表现出不同的注意分配。有研究发现，彩色(红、黄、蓝)刺激比黑色刺激更能引起多动症儿童的注意偏向。其中，红色引起的注意偏向更大，蓝色最小。当彩色无关刺激与黑色线索刺激同时呈现时，彩色刺激会减弱多动症儿童对黑色线索刺激的注意偏向，尤其是红色，对目标刺激的编码产生较大的干扰。[④] 因此，教师在给予多动症儿童教学材料时，要考虑多动症儿童注意偏向的特点。一方面，对教材中重要的内容与知识点，教师最好用红色的字体标记出来，引起多动症儿童的注意，便于多动症儿童感知。对于一些无关的刺

① CLAUDIA VERRET, MARIE-CLAUDE GUAY, CLAUDE BERTHIAUME, et al. A physical activity program improves behavior and cognitive functions in children with ADHD[J]. Journal of Attention Disorders, 2012, 16(1): 71-80.

② KANG K D, CHOI J W, KANG S G, et al. Sports therapy for attention, cognitions and sociality[J]. International journal of sports medicine, 2011(12): 953-959.

③ 舒瑶，张英波. 运动疗法对儿童多动症影响的研究综述[J]. 中国特殊教育，2021(9): 47-53.

④ 吴思. 颜色对注意力缺陷多动障碍儿童注意偏向的影响机制[D]. 苏州：苏州大学，2020: 38.

激材料，教师尽量不要使用彩色的材料，避免产生不必要的干扰。另一方面，在环境的布置上，也要考虑到注意偏向的特点。在一些区域内，贴上醒目彩色标签，提醒多动症儿童在该区域内应该做的事情。

二、融合教育心理环境创设

从教师自身而言，要树立接纳、理解和支持的教育观念，在了解多动症儿童教育教学相关知识的基础上，为多动症儿童营造适宜的心理环境。

(一)班级集体氛围营造

教师可以通过角色扮演、情景体验、讨论分析、游戏互动以及图画书阅读等方式让普通学生了解多动症儿童，促进学生之间友好相处。以下是部分多动症儿童的主题图画书。

1.《小章鱼大混乱》

马洛(Malo)是一只充满活力的小章鱼，心情总是很好，而且极度活跃。海里的每个小动物都很喜欢他，除了他的老师沙丁鱼先生。沙丁鱼先生喜欢每件东西都整洁有序。小章鱼总是激动地搅动海水，让沙丁鱼先生觉得有些晕海了……

本书通过一只小章鱼的视角讲述多动症儿童的问题，通过一个暖心的小故事告诉我们，每个孩子都是不同的，找到适合的教育方式才是最重要的。

2.《亢奋的哈利》

哈利跳来跳去，翻滚打转，跌跌撞撞。不过他不是故意这么做的，他控制不住自己。他感觉身体就像一根橡皮筋，脑子里好像有个乒乓球，跳个不停。这种状态时而会为他的生活增加诸多不易。比如：在必须集中精力完成学校布置的任务时，他做不到；在心里说"不"时，脱口而出的却是"好"。但是，有办法帮助哈利摆脱这种状况。这本图画书展现了多动症儿童的生活，告诉大家只是静静坐着对有些人而言可能也无比艰难。

教师在课堂和日常教学中，可以利用班会课等机会，让班级普通学生多了解多动症儿童的特质，从而诚心接纳并愿意帮助多动症儿童。

(二)多动症儿童心理干预

教师要留意其他学生的行为是否会对多动症儿童的不当行为产生强化作用。例如，当多动症儿童出现不当行为时，同学们的嘲笑变成了一种增强性的注意。教师要告诉其他学生不要注意多动症儿童的不当行为，要用正面反馈的方式接纳多动症儿童。① 对于多动症儿童的不良行为，教师可以采取忽视等消退法减少其继续该行为的可能性。

1. 课堂规则视觉化

在多动症儿童座位左边的墙上张贴课堂规则，建立课堂常规，用图画加文字的形式，将简单的课堂规则贴在最醒目的地方。这些视觉化的规则，对多动症儿童记住规则有帮助。②

2. 代币系统的建立

教师可以根据多动症儿童的在校情况，制作一天课程的奖励表格（表9-1-1），在表格中记录多动症儿童上课的情况。教师可以和学生一起制定代币系统的规则，包含一些具体条款：第一，课堂十分钟不离座则奖励一颗星星；第二，听从教师指令三次奖励一颗星星；第三，一科课程作业完成率达到60%奖励三颗星星。一天课程结束后，合计星星数，数量达到标准可以兑换喜欢的零食或活动。

表 9-1-1 多动症儿童一日课程奖励

星期	节数	项目			星星数
周一	1	不离座( )分钟	听从指令( )次	作业完成率( )	
	2	不离座( )分钟	听从指令( )次	作业完成率( )	
	3	不离座( )分钟	听从指令( )次	作业完成率( )	
	4	不离座( )分钟	听从指令( )次	作业完成率( )	
	5	不离座( )分钟	听从指令( )次	作业完成率( )	
	6	不离座( )分钟	听从指令( )次	作业完成率( )	
	7	不离座( )分钟	听从指令( )次	作业完成率( )	
	8	不离座( )分钟	听从指令( )次	作业完成率( )	
合计					

（三）多动症儿童的教学策略

1. 教学语言和手势

教师说话要简单明了，说话时要注意指示语的长度、用语的深浅及句子结构的复

---

① 华国栋. 特殊儿童随班就读师资培训用书[M]. 北京：华夏出版社，2014：198.
② 杜笑梅. 从"融"向前，提高 ADHD 儿童语文课堂参与度个案研究[J]. 新课程研究，2021(S1)：88-91.

杂性。对于短时间内要完成的工作，采用清楚而明确的任务说明；对费时而复杂的作业或动作，应将它分成多段，以便多动症儿童能够理解并能最终完成。

在教学过程中，教师可以适当增加巡视或提问，将多动症儿童的注意力转移到课堂教学中。多动症儿童如果在学习时得到教师的手势帮助和支持，他们就能更多地关注当前的任务，反应更灵敏，更容易完成学习任务。教师可以通过指示性手势为多动症儿童指明方向，并吸引其注意力。例如：指着一幅图画，将多动症儿童的注意力转移到画上；用表征性手势来模仿物体的形状或运动的手势，如把左手掌移向右手掌，表示把两个物体放在一起。

2. 整理并利用表单

在教学中，教师还需要额外为多动症儿童梳理教学知识点，通过利用规划簿、直接教授学习技能等办法，帮助多动症儿童的思绪从杂乱无章走向有条有理。由于无法长时间集中注意力，所以多动症儿童自己总结、归纳学习技巧有较大难度。如果教师帮助多动症儿童学会整理学习思路或解题思路，当多动症儿童遇到类似题型的时候，会根据表单利用已有的办法、按照已有的步骤写出答案。

由于多动症儿童注意力容易涣散，很难完成一项需要持续投入精力的任务，在任务开始之前，教师需要先将任务细化，设计任务表。任务表前期，设计一些简单、轻松的任务，重点在于慢慢培养习惯，不能让多动症儿童产生畏难情绪。任务表中期和后期：第一，循序渐进地增加任务的难度，引导多动症儿童集中注意力去思考。第二，完成之后要夸奖。完成任务之后可以在表上打个钩或者贴朵小花，这样能够增强多动症儿童的成就感。第三，弱化时间感觉。教师不要催促，减少多动症儿童的时间压力，让多动症儿童保持完成任务的动力。

3. 多感官教学

教师还可以采用多媒体教学手段辅助教学，以吸引多动症儿童的注意力。常用的多媒体课件在设计时要利用好素材，突出教学内容的重点，整体效果清晰、简洁、明了，图像、文字、色彩和声音等搭配合理。同时，课件的制作也要符合学生注意力、认知的特点，充分调动学生多感官参与。这样不仅能吸引多动症儿童的注意力、调动其参与课堂的积极性，也能促进多动症儿童学业发展。

动态样例也可以应用到多动症儿童的教学中。动态样例是指以动画、视频等可视化方式为个体提供问题解决技能、社会技能、元认知技能或动作技能的范例。动态样例的特点是直观性、可视化、简短性，可以有效减轻学生的认知负荷。教师在设计微课、网络课程中的视频样例时，可以采用视频分段、外在指导、反馈、引导自我解释等方式进行设计，帮助其进行有效的认知，增强多动症儿童的注意力和学习效果。[①] 针对学生注意力困难，教师可参照表 9-1-2 采取一定的调整策略。

表 9-1-2　调整策略[②]

维度	调整策略
内在调整策略	教导学生注意看或听的策略。
外在调整策略	①使用一些手势或动作(如拍手和轻拍桌面)、眼光接触、提示词(如"最重要的是")，或是改变声调(如在关键字句上加重语气)做引导，提醒学生注意，或拉回其注意力。 ②变化信息接收的渠道，用不同的方式让重要信息重复出现，如学生不只用听觉的方式接收，教师也可以提供视觉线索，或要求学生复述教师说的内容。 ③根据学生的注意力特性设计教学活动。例如，学生的注意力持续时间最多 10 分钟，教师就要注意在 10 分钟静态的课程之后，变换动态的活动，使教学活动静动搭配。除此之外，可以在静态的活动中注入一些动态的成分，如在学生阅读时，允许其站着、移动，甚至移动至讲台上，或是搭配音乐(拍手节奏)来阅读。 ④注意座位的安排是否适切，尽可能减少环境中的干扰因素。

| 拓展阅读 |

扫描二维码，阅读《多动症儿童注意力训练》。

| 案例 |

注意力训练个案[③]

研究者通过对一名多动症儿童(小郑)课堂注意力的观察，分析其注意力不集中的

① 张华，韩成秀. 改善多动症儿童学习的有效教学干预[J]. 南阳师范学院学报，2020(4)：39-42.
② 钮文英. 拥抱个别差异的新典范：融合教育[M]. 2 版. 台北：心理出版社，2015：459.
③ 杜文浩. 多动症儿童课堂注意力的干预个案[J]. 现代特殊教育，2015(17)：77-78.

原因，在此基础上实施干预。教师为个案制定了注意力自我控制训练方案。训练形式为个训，训练时间为每天中午12:10—12:45。训练主要包括以下3个要点。

①自我控制。

给个案出示注意力自控记录表，向小郑说明规则：本记录表，有笑脸和哭脸两个图案。在规定时间内表现专心，自己就在笑脸上画"√"；如果表现不专心，自己就在哭脸上画"√"。在测试过程中，要适当运用提示音，从具体的"我有没有在做我应该做的事"到"叩叩"声，再到取消提示音。通过反复训练，提高小郑的注意力自我控制能力。

②关注过程。

测试过程从4个方面入手：一是测试时间不断增加。二是提示音由具体的"我有没有在做我应该做的事"到抽象的"叩叩"声。三是教师由在场到不在场。四是任务安排由小郑感兴趣的任务到不感兴趣的。

③及时反馈。

每次训练过后，都对个案此次训练的情况进行总结。指出个案表现好的地方，给予物质奖励。告诉个案表现不好的地方，提出希望：下次能更加集中注意力。

作业

一、判断题

1. 上课时减少多动症儿童书桌上的物品，并将书桌倒放，有利于多动症儿童学习。（　　）

2. 多动症儿童下课期间进行适当的体育活动不利于上课学习。（　　）

3. 在教学时，教师给予多动症儿童的学习材料全部都要用单一黑色的字。（　　）

4. 教师可以通过组织角色扮演、情境体验、讨论分析、游戏互动以及图画书阅读等活动让普通学生了解多动症儿童，促进学生之间的友好相处，营造良好的班级氛围。（　　）

二、简答题

1. 多动症儿童融合教育物理环境的创设可以从哪几个方面入手？

2. 如何对多动症儿童融合教育心理环境进行创设？

3. 请思考教师应该如何组织多动症儿童与同学开展合作学习。

▶ 任务二
情绪与行为障碍儿童的融合教育环境创设

儿童的情绪与行为障碍是指其情绪情感活动产生变态与失常现象，在行为表现上与一般同龄儿童的行为有明显的偏离。一般而言，情绪与行为障碍儿童都存在认知不协调、情绪不稳定、对消极和负面的体验比较强烈、自我中心倾向明显、不良行为表现等共同特点。[①]

✈ | 知识卡片 |

情绪与行为障碍的定义[②]

从 20 世纪 60 年代开始，特殊教育界开始采用不同的名称和术语来描述有情绪与行为障碍的儿童。有的将他们称为社会适应不良儿童、行为失调儿童，有的将他们称为严重的情绪困扰儿童，有的将他们简称为有严重情绪困扰的问题儿童。这些儿童的共同特点是，他们在没有智力障碍和精神失常的情况下，情绪与行为表现显著地异于常态，违背社会要求及社会评价，妨碍个人对正常社会生活的适应。这些表现不仅影响他们的社会适应和人际交往，甚至产生危害他人、危害集体、危害社会的行为倾向。

✈ | 知识卡片 |

常见的儿童情绪与行为障碍的类型[③]

被美国《所有残疾儿童教育法》鉴定为"情绪与行为障碍"，并需要接受特殊教育的儿童主要涉及以下障碍类型。

• 焦虑症：是由过度的、经常发生的、不合理的恐惧和焦虑引起不适当的情绪状态或行为表现，其典型特征是过分的恐惧、担忧或不安。

• 恐惧症：是指对特定的物体或情形（如蛇、狗和高处）有强烈的恐惧反应，患者对事物产生的恐惧程度不适当，会被认为失去理性，导致对日常普通事物的逃避。

• 强迫症：主要表现是反复出现而且持久不退的强迫思想，伴有夸大的焦虑或恐惧情绪。

---

① 华国栋. 特殊儿童随班就读师资培训用书[M]. 北京：华夏出版社，2014：256.
② 方俊明. 特殊教育学[M]. 北京：人民教育出版社，2005：363.
③ 李闻戈. 情绪与行为障碍儿童的发展与教育[M]. 北京：北京大学出版社，2012：17-18.

• 神经性厌食症和神经性狂食症：主要表现为强迫性地关注自己的体重和体形，以及过度地进行自我评价。神经性厌食症患者迷恋于减肥，即使已经骨瘦如柴，对增重和变胖也有强烈的焦虑感。因此拒绝适当的饮食，甚至极端到拒绝饮食（对食物产生生理性的排斥和呕吐的反应）。神经性狂食症患者反复出现两种情况：暴饮暴食（在连续不断的时间内比大多数人吃得多，并且感觉无法停止）；为了不增加体重而采取不当的惩罚行为（比如自我催吐、禁食或过度锻炼等）。

• 创伤后应激障碍：主要表现是遭受和经历了极端痛苦和异常危险的创伤事件后，对这些事件的回忆表现出异常和极端的悲伤。

• 抑郁症：是一种情绪障碍，以弥漫性悲伤情绪和无助感为特征，其特点表现为长时间的、无理由的情绪低落。有些患者是由单独或混合出现的极端的情绪沮丧，或者极端的情绪亢奋构成。所以，又被称为躁狂抑郁症。这类患者有时会体验到一种极度的沮丧，有时又会体验到一种高度的兴奋和激动。

• 社交恐惧症：基本特征是对可能引起困窘的社交场合表现出显著和持久的恐惧、焦虑或回避行为。

• 攻击性行为：是一种有目的、有意图地伤害他人，给他人带来不愉快或痛苦的行为。

学校是儿童活动的主要场所，是学生在家庭以外停留时间最长的地方。因此，仔细观察儿童在学校里的表现，分析影响儿童形成不良情绪与行为的因素是很有必要的。大量的相关研究表明，学校环境中导致学生情绪与行为问题的主要因素包括：①无效的教育、教学指导，导致学生学业的失败；②不清晰、不合理的规章制度和过高的期望；③矛盾的、不协调的或过于苛刻的纪律要求；④教师缺乏对学生的学业和社会行为的赞扬和批评，或给予不公正的赞扬和批评；⑤教师失去威信，对学生个人指导的全面失败；⑥不良的校风、班风和缺乏良好的校园文化和正确的舆论。[1]

美国特殊教育领域相关的研究认为，大多数被鉴定为有情绪与行为障碍的儿童，从小学开始在学业成绩水平上就表现出低于同龄儿童1年或1年以上。其中，有些儿童在阅读和数学方面都有明显的学习困难，大部分儿童至少会遇到一种确定的学习障碍。正常儿童大约用85%的时间积极完成教师布置的学习任务，但情绪与行为障碍儿童只会用60%或者更少的时间进行学习。情绪与行为障碍影响着儿童的学业成就。[2] 我们可以

① 李闻戈. 情绪与行为障碍儿童的发展与教育[M]. 北京：北京大学出版社，2012：26.
② 休厄德. 特殊需要儿童教育导论：第八版[M]. 肖非，等译. 北京：中国轻工业出版社，2007：203.

根据情绪与行为障碍儿童的身心发展特点，从物理环境和心理环境两个方面入手，考虑此类儿童的实际需求并据此进行环境创设。

一、融合教育物理环境创设

对情绪与行为障碍儿童来说，物理环境创设主要包括学习环境创设和情绪宣泄室的建立两个方面。

（一）学习环境创设

1. 座位的安排

情绪与行为障碍儿童根据其不同的障碍类型，在课堂上存在不同的表现，有的孤僻少语，有的注意力涣散，有的情绪低落、不稳定，有的爱做小动作、爱寻衅闹事，甚至存在攻击行为。因此，教师在安排座位时要充分考虑这些因素：将注意力涣散、爱做小动作、学习较困难的情绪与行为障碍儿童尽量安排在前排居中的位置，便于教师关注；对行为冲动，有攻击行为的儿童，应将其置于教师面对的中心区域；同时，教师还可以根据需要将座位编排成圆形、马蹄形，通过环绕教室走动等措施，减少空间给学生带来的负面影响。

除此之外，情绪与行为障碍儿童的座位安排还应充分考虑采光、行动方便和有助学伙伴的区域，将有利于他们的情绪放松、行为改变及学业进步。

2. 教室的布置

同时，教师还可以充分利用教室中的可利用空间，如前后黑板、储物柜上方、窗户等，进行有针对性的环境布置。教室环境布置创意设计见表 9-2-1。

表 9-2-1　教室环境布置创意设计[①]

板块	可供选择的空间	用途说明
学科板块	墙面	学习委员组织各科课代表，选定需要布置的墙面，制定规则后，按照规则进行布置。

---

① 洪耀伟. 打造最美的教室：教室环境布置创意设计与典型案例[M]. 上海：华东师范大学出版社，2020：95.

续表

板块	可供选择的空间	用途说明
阅读板块	讲台旁的空台	图书角：图书管理员选定图书摆放的几个位置，定期进行图书更换(每次更换需要涉及至少一本特殊儿童的相关读物，潜移默化地让学生了解班级中的特殊儿童)。
	前黑板旁	心灵信箱：心理委员选定一个摆放心灵信箱的位置(为班级内的情绪与行为障碍儿童提供合理的表达方式)。
	后黑板	黑板报：宣传委员定期完成(每年的世界孤独症日、世界唐氏综合征日、国际残疾人日等相关日期，可开辟一小块版面进行科普)。
	前黑板	每日积累：把前黑板进行分割，在教师上课用不到的地方进行每日积累的更新。
评比板块	墙面	选择教室门口正对着的这面墙，张贴班集体及学生个人获得的奖状。
	储物柜面	将柜面分成三个部分，分别张贴获得"本月劳动之星""本月学习之星""本月进步之星"称号的学生的照片。
作品展示板块	墙面	余下没有被利用的墙面都可以作为作品展示墙。
	窗户	配合节日，可选择展示一些合适的作品，如剪纸、窗花、对联等。

| 知识卡片 |

情绪与行为障碍儿童学校适应不佳的行为特征[①]

①学业表现。

情绪障碍儿童的学业表现通常不佳，缺乏基本的阅读与数学技巧。台湾地区的经验显示，许多学习障碍儿童伴有情绪障碍，情绪障碍儿童中也有很多学业成就低甚至已达学习障碍的标准。这两者是互相影响的。因此，他们不仅需要心理辅导、情绪支持，还需要结构化且有效的教学来提供帮助。

②人际沟通。

情绪与行为障碍儿童在智力量表上的检测结果常是操作性的智商高于语文性的智商。这表明他们的沟通能力较差。也可能由于冲动性、不专注性，他们从小就缺乏"有耐心听完别人的叙述"及"好好叙述自己的感觉"的经验，而无法发展出较有质量的听说

---

① 李泽慧：特殊儿童沟通与交往[M]．南京：南京师范大学出版社，2015：235-236．

能力，并影响今后的阅读水平。

③社会交往。

坐在教室里上课的规定、学习的技巧、与同学讨论功课的技巧，或者下课与同学互动、游戏、解决问题和冲突的技巧都包含在社会交往概念中。情绪与行为障碍儿童的社会技巧都比较差，轻者只是在团体中人际关系不佳，严重者如大部分外向性行为的儿童会引起同学的反感、排斥甚至攻击。因此，这也是需要特教教师特别费心安排课程而加以改善的。

（二）情绪宣泄室的建立

情绪宣泄室是一个释放不良情绪，保持身心健康，缓解痛苦、压抑、恐惧等强烈的情绪波动，减轻压力、放松身心，给人放松、畅快体验的功能室。情绪与行为障碍儿童可以去情绪宣泄室释放自己的不良情绪。情绪宣泄室里有智能击打宣泄仪、智能呐喊宣泄仪、仿真宣泄人、宣泄墙、宣泄地板等专业设备以及盆栽和鞋架等辅助设备。情绪宣泄室的建设需要注意以下四点：第一，房间光线通透、面积宽敞，同时配备监控视频以保证安全；第二，选择比较安静、舒适的环境；第三，地板、墙面采用软性材料布置，以保证对人体的保护作用；第四，背景色建议是明亮、鲜艳的色系，如亮白色、草绿色等。图9-2-1为深圳市南山区龙苑学校情绪宣泄室模拟图。

图 9-2-1　深圳市南山区龙苑学校情绪宣泄室模拟图

二、融合教育心理环境创设

（一）开展心理辅导，营造良好的班级氛围

情绪与行为障碍儿童大多伴随着学习困难、学业成绩落后等问题，再加上这些儿

童存在不同类型的情绪与行为障碍，教师在缺乏特殊教育知识的情况下，容易将他们视为品行不端的学生，从而不能给予正确、科学的教育。有的情绪与行为障碍儿童消极沉默，有的出现反抗的过激行为等。宽容、和谐、平等的环境可以减少情绪与行为障碍儿童的不良行为，帮助他们塑造良好行为。教师要民主、平等地对待每一个儿童，无论儿童学习成绩如何，对他们每一个人都应有适度的期望，对情绪与行为障碍儿童不歧视，同时要给予其更多的关爱。在遇到情绪与行为障碍儿童发生不良行为时，教师要冷静分析、正确对待，以高度的责任感和爱心、耐心妥善处理。

面对情绪与行为障碍儿童，我们可以采用班级心理辅导来帮助他们管理自己的情绪。班级心理辅导是在班级团体的心理环境下为成员提供心理帮助与指导的一种心理辅导形式。以下主要从心理辅导的实施途径和心理辅导的设计流程两个方面来展开。

📎 | 知识卡片 |

传统班级管理运作与班级心理辅导方式运作

传统班级管理运作与班级心理辅导方式运作见表 9-2-2。

表 9-2-2　传统班级管理运作与班级心理辅导方式运作[①]

传统班级管理运作	班级心理辅导方式运作
用行政方式建立管理层级(如每班的分组)。	用行政方式分组后，再用心路历程的实施手法去建立小组。
维持社会的秩序。	在责任中善用个人的权利与自由。
侧重统一要求，整齐划一。	容纳并重视个人的独特性，激励个人的创造性。
灌输性的单向传授。	协助学生从活动中自我体验、分享。
从外到内的教育、控制、约束模式。	由内到外的启发、体验、激荡、探索、自动自觉模式。
偏重于外显行为。	着重全人关注(重心理活动历程，去达到外显)。
班会着重纸上谈兵。	着重团队、亲身的社会实践的领悟。
相互竞争式的惩罚与奖励制度，具法治精神，较消极。	自我比较的评价和自我(小组)实现活动，尽量避免竞争带来的心理伤害，重情感、体谅、宽容，较积极。

① 张文京. 特殊教育班级管理与建设[M]. 重庆：重庆大学出版社，2017：115.

续表

传统班级管理运作	班级心理辅导方式运作
活动中，体现的是传统的师生关系。	活动中，师生之间是一种辅导关系。
由班主任吸取课外知识(包括学习方法等)再传递给学生。	班主任给予方向，由小组产生动力去获取课外知识。
肯定优秀率(即个人/集体)的重要性。	肯定个人自身的价值。
评价重结果。	评价过程与结果并重。

1. 实施途径

(1)游戏参与

游戏参与是指以游戏为中介，让学生通过参与游戏活动，在轻松、愉快、和谐、活跃的氛围中自由地表露自己的情绪，投射自己的内心世界，体验与反思自己的行为，分享同伴的经验与感悟，从而达到某种建设性效果的心理辅导形式。

(2)角色扮演

角色扮演是指个体在想象中扮演他人的角色，即试图把自己想象成他人，以他人的观点来看待问题，理解他人的处境和感觉，从而预测他人可能采取的行动及其对自己行动做出的反应。

|案例|

生气的欣欣(一)——图画书剧表演《被拒绝也没关系》

欣欣喜欢看书，涉猎广泛，在课堂上总是以较多的知识储备惊艳众人。但是，这样优秀的欣欣，在感受到"被拒绝"或是"被批评"时会突然像变了一个人一样，会情绪激动地带着哭腔问别人为什么要拒绝或批评她，也会不停地敲打自己的头表示懊悔。面对这样的情况，班主任联合班级主要任课教师、学校心理教师，在班级中开展了多次情绪管理班会课。其中，《被拒绝也没关系》是以角色扮演的方式来展开的。

图画书故事《被拒绝也没关系》中的小鹅在回家的路上，想要和小猪分享自己爱吃的棒棒糖、想要加入伙伴们的游戏、想要帮助熊伯伯锯木头，但是都被无情地拒绝了。小鹅每遭受一次拒绝都变得更加失落。这时小猪出现了，希望小鹅能分给自己一颗棒棒糖时，小鹅也生气地拒绝了他。可是小猪一点儿也不懊恼，说了一句"没关系"后便离开了。熊伯伯看到疑惑的小鹅，向他解释了拒绝背后的原因，并告诉小鹅："其实，被拒绝也没关系的。"

在班会课中，教师让欣欣扮演小鹅的角色，再次体会被拒绝的感受，重点观察被拒绝后他人是如何接受事实的，引导欣欣自己说出"被拒绝也没关系"，树立正确的人际交往观念。

(3)情境体验

情境体验是指通过教师的设计，让学生进入模拟情境、实际情境或想象情境中去体验、思考、分析，了解自己的心理反应，获得情感体验。

📓 | 案例 |

生气的欣欣(二)

图画书剧表演结束后，教师可以设置几个学生常遇见的"被拒绝"的场景，请学生们说一说自己的感受。比如"上课举手了但是没有被给予发言机会""邀请同学一起玩但是被拒绝了""在小组合作中提出了一个想法但是被否决了"等，引导学生体验被拒绝，随后说出或写下自己的心情，并且全班同学一起商讨如何消解这种不舒适的心情。

🔗 | 拓展阅读 |

扫描二维码，阅读图画书《菲菲生气了：非常、非常的生气》课堂活动设计。

2.设计流程

(1)班级心理辅导的一般过程

班级心理辅导是通过班级团体的方式去辅导他人，而任何一个团体都会经历启动、发展、成熟、结束的过程。对于班级团体的形成与发展，可以分为四个阶段，即热身—凝聚—探索—结束的发展过程，具体历程结构如下。

定向探索→规范建立→磨合转变→凝聚信任→成长建设→结束跟进。

(2)班级心理辅导的设计步骤

①确立辅导活动的目标。

辅导教师要根据班级的发展需要和问题需要设定目标，目标的设定要具体、明确，要围绕目标去设计活动内容、途径、方法和分享讨论的提纲。比如，针对情绪与行为障碍儿童，可以设计认识情绪、情绪管理、情绪处理等方面的内容，以帮助他们认识自己的情绪，学会妥善处理自己的情绪。

②明确参加对象。

一般发展性、预防性的班级心理辅导包括整个班级的学生；一些矫治性的班级心理辅导，就要找同质的群体成员。在融合教育背景下，可以利用班会、团体课等集体课时间设计班级心理辅导，利用特殊儿童的资源教室时间开展个别化的辅导，双管齐下，效果更佳。

③组织过程与内容(表 9-2-3)。

表 9-2-3　组织过程与内容

组织过程	内容
时间与地点	班级心理辅导一般在学校教室内进行，如果有条件的话，可设立团体辅导室。
经费来源	校内辅导也需要物资，是学校负责还是家庭负责？校外的辅导有没有单位赞助？这些都要考虑。一切都要以服务学生为本。
设备与资源	每一次辅导需要的物资设备是不同的，设计时应以勤俭节约的原则去购买用品，如强化物可以用实物也可以用象征物。
甄别和挑选成员	如果整个班级都参加就不用挑选，但是要甄别。例如，讲到家庭父母问题，就要调查班级中有没有单亲家庭的学生，因为辅导者如果用语不当，便会伤害到这些成员。
选用小组领袖	班级心理辅导时，班主任就是导师。各小组要选一个组员，经过培训成为小组领袖，担任导师的助手，起到示范作用。
程序书写格式	班级心理辅导程序书写格式有表格和非表格之分，与教师的日常备课差不多；也可以采用卡片式，即每张卡片就是一个程序，导师按目标需要抽出不同的卡片来组合成一个方案。
选取热身活动	这是一个助人的技巧性活动，一般用于活动的开始，目的在于创设宽松的心理氛围，要让学生尽快兴奋、活跃起来，积极地投入接下来进行的各种形式的活动中。形式可以不限，如跳健身操、做游戏、讲故事、唱歌、看视频等。

(二)利用功能性行为分析，提高课堂参与

在教学环境中，教师发现一个儿童有情绪问题或行为问题时，最先想采取的行动应该是管理他们的行为。但是研究发现，盲目的行为管理不仅无效，还有可能破坏师生关系，让其情绪或行为问题更严重。因此，在干预前，需进行功能性行为评量。[①] 表 9-2-

① 李泽慧.特殊儿童沟通与交往[M].南京：南京师范大学出版社，2015：238.

4 为功能性行为评量记录表。

表 9-2-4　功能性行为评量记录表

学生姓名：_____　　　观察者：_____　　　观察时间：_____

情境：尚未干预处理/已采取干预策略

日期	出现时间		行为出现的情境（前事）(A)	行为出现的描述(B)	行为出现的后果(C)	行为处理	处理结果
	起	止					

第一，准确描述问题行为(B)。例如，应该描述为"在教师讲课时玩弄文具"而不是简单地命名为"不专心"。

第二，明确记录事件发生的时间、地点、周围的人、情境(A)。

第三，确认问题持续所导致的后果(C)。

第四，持续记录后进行分析，得出可能引发问题的原因(A)，或行为发生后，学生想要达成的目的或后果(C)。

第五，根据假设提出策略，验证假设，检验改进策略能否减少问题行为的发生(B)。

例如，一名儿童除了数学课，在其他每门课上都会不断插话和干扰上课(B)。数学教师习惯一上课就让学生当小老师，上讲台做黑板上的练习题。他每次都举手并能做对题目，在全班的掌声中走回座位。于是，教师"假设"他的问题行为想达到的目的(C)是"引人注意"，因为"上讲台做题目"替代"干扰上课"，一样可达到相同的目的——引人注意。这时，"上讲台做题目"就是替代性行为，可替代原有的问题行为。因此，其他教师也效仿而主动制造出让他可以"引人注意"的情境，大幅减少了该儿童的干扰行为。

这就是在科学化的功能性行为分析后，采取有效策略的做法。因此，在面对儿童突如其来的情绪或行为问题时，教师要学会分析前因后果，选择"替代性行为"才是治标又治本的正确做法。同时，教师要及时关注情绪与行为障碍儿童，鼓励他们勇敢面对困难，参与课堂，给予他们展现自己的机会，让他们感受到教师的关注，增强其自信心。当他们出现良好行为或作业完成较好时，教师要及时给予积极反馈和表扬，让他们知道自己的行为是正确的，并延续正确的行为。

本任务从物理环境和心理环境两个方面展开。我们一起了解了物理环境的创设主要包括学习环境的创设以及建立情绪宣泄室，心理环境的创设主要从心理辅导的角度来进行，包括以何种形式开展教学以及如何组织一节心理辅导课。

作业⋯⋯▶

一、判断题

1. 对于注意力易分散、爱做小动作、学习较困难的情绪与行为障碍儿童，教师应该把他安排在后面的位置上，避免情绪与行为障碍儿童影响其他学生上课。（　　）

2. 在学校教学楼中可以随便拿一间教室作为情绪宣泄室，不需要提供专门的情绪宣泄设备。（　　）

3. 在教学环境中，教师发现一个儿童有情绪问题或行为问题时，最先采取的行动应该是管理他们的行为，提高他们的课堂参与度。（　　）

二、简答题

1. 情绪与行为障碍儿童融合教育物理环境创设的需求有哪些？

2. 教师应如何为情绪与行为障碍儿童安排座位？

3. 结合自己的实践，你认为应该如何利用情绪宣泄室帮助情绪与行为障碍儿童？

4. 情绪与行为障碍儿童融合教育心理环境创设的需求有哪些？

▶ 任务三
言语与语言障碍儿童的融合教育环境创设

言语与语言障碍在许多文献中被统称为语言障碍。不过在专业著作中，二者是有区别的。一般来讲，言语障碍是指个体的言语或说话异于常人，使说话内容受损害，既妨碍个体间的交流，又造成自己的不良适应。语言障碍则是指个体表现出的语言学知识系统与其年龄不相称，落后于正常儿童的发展水平。言语障碍通常分为构音障碍、声音障碍和语流障碍，语言障碍可分为语言发展迟缓和失语症。[①]

例如，美国言语语言听力协会对言语障碍的定义是：与其他人的言语偏离甚远。

---

① 杨广学，张巧明，王芳．特殊儿童心理与教育[M]．2版．北京：北京大学出版社，2017：154．

其结果是：①引起了别人对言语本身的注意；②妨碍了沟通；③引起了说话者或听者的不适。[①] 语言障碍的定义是：在口语、书面语及其他符号系统的理解和/或运用上的障碍。这类障碍可能包括：①语言形式（语音体系、形态音位学和句法）；②语言内容（语义学）；③在任何词句中的语言的沟通功能（语用学）上的障碍。

言语与语言障碍的常见病因包括遗传、听力障碍、智力发育迟缓、构音器官异常、孤独症、神经系统损伤、行为障碍、环境剥夺等。[②] 上述言语与语言障碍儿童在融合教育环境中可能受到挫折，因此，对于融合教育环境中的言语与语言障碍儿童，需要为其创设适宜的学习环境。

一、融合教育物理环境创设

言语与语言障碍儿童主要是在发音的准确性、连贯性等方面存在问题。在教学中，教师需要在这些方面给予言语与语言障碍儿童格外的关注和照顾。

（一）座位安排

在座位安排上，应该将此类障碍儿童安置在容易看到教师面部的位置上，可以让他们有意识地模仿教师的口型及发音。同时，有利于教师时刻关注到他们在发音方面的困难，并及时给予正确的指导。

（二）资源教室的创设

资源教室是学校物理环境创设中必不可少的一部分。言语与语言障碍儿童可以去资源教室进行言语康复训练，与资源教师进行谈心交流，促进言语与语言沟通能力的发展。

（三）康复辅具的配备

言语与语言障碍儿童在进行康复训练时，需要一些辅具设备的支持，这些辅具设备大多为专业设备。对融合教育教师来说，需要了解和掌握一些较为易得、使用方便的辅助用具。[③] 辅助用具的合理使用，能有效地促进言语与语言障碍儿童的言语发展。

① 休厄德. 特殊需要儿童教育导论：第八版[M]. 肖非，等译. 北京：中国轻工业出版社，2007：268-272.
② 雷江华. 特殊儿童发展与学习[M]. 北京：高等教育出版社，2015：177-205.
③ 蒋建荣. 特殊教育的辅具与康复[M]. 北京：北京大学出版社，2012：133-137.

| 知识卡片 |

言语与语言障碍儿童康复专用辅具选择指南①

教师可参考表 9-3-1 为言语与语言障碍儿童选择康复专用辅具。

表 9-3-1 康复专用辅具选择指南

言语与语言障碍儿童康复专用辅具	功能
言语测量(评估)设备	呼吸、发声、共鸣功能的实时测量,声门波动态显示与测量。声带振动动态显示及定量分析。
言语矫治(评估)设备	具有实时声音、音调、响度、起音、清浊音的感知及发音教育功能;呼吸、发声、共鸣、构音、汉语语音功能的视听反馈训练;电声门图显示及其发声训练,能根据汉语的言语功能评估标准提供动态的个别化建议。
构音训练设备	具有构音运动能力评估、构音语音能力评估功能,能进行下颌距、舌距、舌域图、语音类型、构音语音能力评估,能根据构音功能评估标准提供个别化康复建议。
语音测量(评估)设备	具有超音段音位评估与测量功能。
语音训练设备	具有超音段音位训练、音段音位训练功能,能根据语音功能评估标准提供个别化康复建议。
言语重读治疗(训练)仪器	能进行词、句、段重读的实时反馈训练。
早期语言评估设备	能进行前语言能力的评估,词、词组、句、短文理解能力的评估,语言韵律能力的测量。
早期语言干预(康复)设备	具有非语言沟通能力的训练、前语言阶段的辅助沟通能力训练功能,能进行言语与语言综合训练。可根据语言及韵律功能评估标准提供个别化康复建议。
积木式语音训练器	具有字、词、句的发音及韵律训练,以及言语沟通辅助功能。
口部构音运动训练器	包括咀嚼器、唇运动训练器、舌尖运动训练器、舌前位运动训练器、舌后位运动训练器、下颌运动训练器、悬雍垂运动训练器、唇肌刺激器、舌肌刺激器、指套型乳牙刷、压舌板等,能进行相应的训练。
沟通辅具	对无言语沟通能力者进行沟通训练及辅助功能。

---

① 摘自华东师范大学言语听觉科学研究院培智学校教学康复专用仪器设备说明。

图 9-3-1 至图 9-3-5 为深圳市南山区龙苑学校配备的康复辅具。

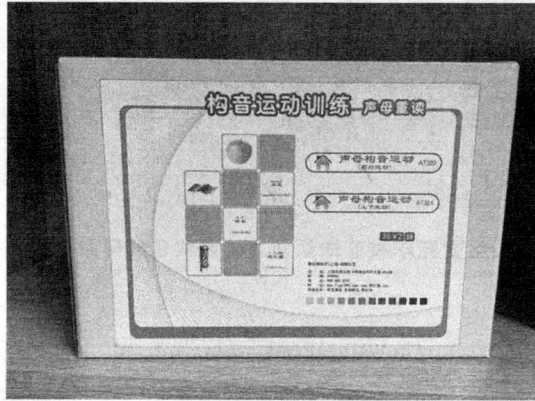

图 9-3-1　深圳市南山区龙苑学校构音运动训练声母重读训练包

图 9-3-2　深圳市南山区龙苑学校言语矫治手册

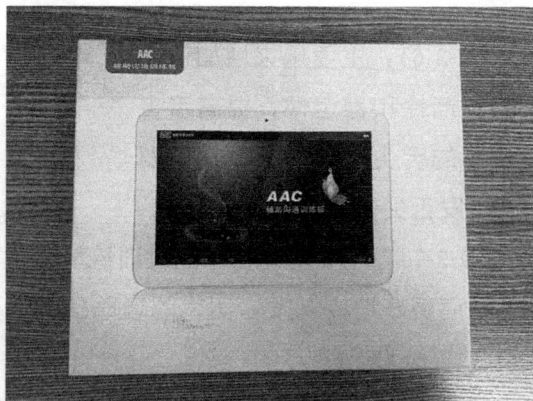

图 9-3-3　深圳市南山区龙苑学校辅助沟通训练板

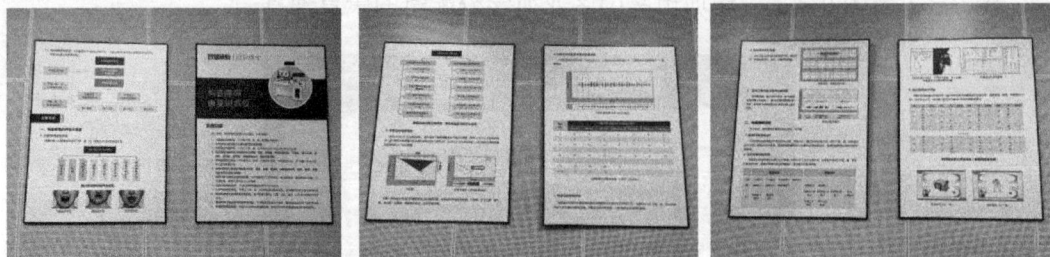

图 9-3-4　深圳市南山区龙苑学校感知认知功能室构音障碍康复训练仪教室相关介绍

图 9-3-5　深圳市南山区龙苑学校教育评估室早期语言评估与干预仪

①压舌板：压舌板为一种常见的用于儿童进行口舌肌肉训练的辅具，主要用来增加唇、舌部肌群的力量和增强唇、舌部肌群的感知觉，适用于舌肌张力过高或低下的儿童。

②舌尖运动训练器（图 9-3-6）：主要用来增加舌尖的肌肉力量，增强运动的灵活性和稳定性，提高舌尖运动的协调能力，建立正确的舌尖运动模式。它主要适用于异常舌尖运动模式、发舌尖音有障碍的儿童。

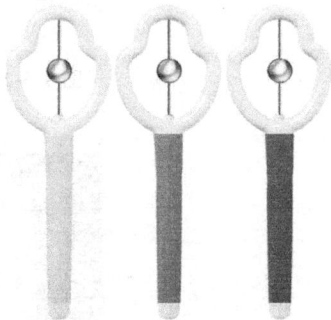

图 9-3-6　舌尖运动训练器

③下颌运动训练器（图 9-3-7）：主要功能在于通过训练增强下颌的肌力，使下颌运动幅度和强度得到增加，从而更好地控制发音器官的运动。它主要适用于下颌肌群过度紧张或过度松弛的儿童。

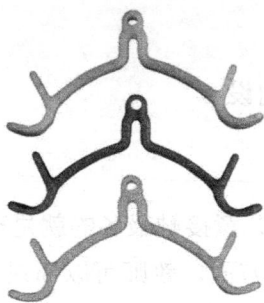

图 9-3-7　下颌运动训练器

| 知识卡片 |

辅助器具在儿童语言与言语障碍治疗中的应用①

美国现代心理学家布鲁纳曾经说过:"最好的学习刺激乃是对学习材料产生兴趣。"因此,多媒体辅助设备就是训练者最好的助手。专门用于语言发育迟缓儿童语言训练的"启智博士",以人机交流的方式针对儿童的语言障碍进行矫治和训练。其设计符合儿童的生理和心理特点,通过制作精美生动的动画,很好地吸引儿童的注意和兴趣,在很大程度上弥补了儿童的注意缺陷,使得儿童能很长时间地关注训练者所设定的训练内容。而且在训练过程中,音、形、意、色同时出现,多通道刺激同时介入,增强了训练的效果。课程结束后还附有训练效果的自动评估,便于教师了解儿童的训练状况,为下一步的训练提供依据。此外,语言训练的过程中还可以要求儿童触摸屏幕或移动鼠标,锻炼了儿童的手眼协调性以及小肌肉的运动。更重要的是,采用集图文、影像于一体的多媒体辅助设备,还能让儿童在亲身感知、动手操作的过程中加深感性认识,唤起并发展儿童的思维活动。

| 拓展阅读 |

扫描二维码,阅读《各种沟通方式或辅具的优缺点》。

---

① 陈小娟,张婷.特殊儿童语言与言语治疗[M].南京:南京师范大学出版社,2015:267-268.

二、融合教育心理环境创设

（一）营造良好的沟通环境

在学校中，言语与语言障碍儿童接触最多的就是班级同学以及教师。因此，营造良好的沟通环境是很重要的。一方面，教师可以通过一些小活动（如班会、角色扮演等），让其他学生了解言语与语言障碍儿童的一些特点，体验他们的沟通与交流环境，进而正确对待言语与语言障碍儿童，不歧视、不嘲笑，愿意与言语与语言障碍儿童交朋友，形成互帮、互助的学习氛围，建立良好的伙伴关系。另一方面，教师正确对待言语与语言障碍儿童，以积极的态度迎接他们，在班级中营造愉快、轻松的沟通环境。在这个环境中，言语与语言障碍儿童愿意大胆说、勇敢说，发表自己的感想，并且乐于与同伴和教师交流。同时，教师应给予他们展现自己的机会，增强他们的自信心，促进他们言语和语言的发展以及社会交往能力的发展。

（二）营造良好的教学环境

在教学活动中，教师需要根据言语与语言障碍儿童的现有技能和特点，设计一些有针对性的活动，构造良好的教学环境，促进言语与语言障碍儿童能力的发展。以常用名词的训练为例，如果教师想要教学生认识和使用常用的名词，除了常规的教学手段以外，还可以进行如下活动，构建一个有针对性的教学环境，帮助学生在比较轻松、愉快的环境氛围中积极学习与交流。

活动一：擦出火花（运用身体部位名称）。

准备不同质感的物品（如刷子、海绵等）和数张身体部位的图片（如鼻子、手、脚、脸颊、脖子等）。教师先利用刷子或海绵轻轻擦拭儿童，以观察其反应。之后教师拿一种物品（如海绵）问儿童"擦哪里呢"，同时出示一张身体部位（如鼻子）图片，并做出相应身体部位名称的口型，引导儿童说出该身体部位的名称，然后教师即以该物品擦拭儿童的相应身体部位。

活动二：开心美食会（运用食物名称）。

准备一个布袋、不同的食物图片和相关实物，并把食物图片放进布袋内。教师与儿童模拟进行美食会。教师先让儿童从布袋内抽出一张食物图片，问儿童"你吃什么"，同时指着该食物图片做出相应名称的口型，引导儿童说出该名称，然后教师把相应的食物（实物）给儿童作为奖励。

活动三：动物搬家（运用动物名称）。

准备一个篮子、一间玩具屋、数只玩具动物及数张动物图片，教师先把所有玩具动物收藏在篮子里。教师从篮子里随机取出一只玩具动物，问儿童"这是什么"，同时出示该动物的图片并做出相应名称的口型，引导儿童说出动物名称，然后教师让儿童把相应的玩具动物放进玩具屋里。

活动四：车车世界（运用交通工具名称）。

准备几种常见交通工具的图片（一式两份）。让儿童抽出其中一张，问儿童"你开什么车"，同时指着该交通工具图片做出相应名称的口型，引导儿童说出该名称。然后，让儿童驾驶贴有相应交通工具图片的踏步车作为奖励。

活动五：星级的家（运用家具名称）。

准备几个人偶、几种家具模型（如桌子、椅子、床等）和相应的家具图片。教师把数种家具模型放在儿童面前，然后把一个人偶交给儿童，并问"人偶睡在哪里"，同时出示一张"床"的图片并做出相应名称的口型，引导儿童说出该家具名称。然后，让儿童玩人偶和家具作为奖励。

| 案例 |

动物搬家①

· 活动目标：

运用常见的动物名称。

· 前提条件：

儿童能掌握物品概念，也能理解常用的词汇（如动物名称）和简单问题（如"是什么"），并能模仿声音或发出字词的近似音。

· 活动用具：

两个篮子（一个作为完成篮）、一间玩具屋、几个动物玩具（如白兔、狗、猫、老虎等）、"结束"提示卡和几张动物图片。

· 注意事项：

①此活动需要两名教师参与。

②可用纸盒代替玩具屋，并把盒子的底部剪去（保留顶部的盖子），把盒子平放在桌上，盒盖向上，教师在盒底出示动物玩具，让儿童自行揭开盖子找动物并说出名称。

③可加入儿童喜爱的玩具（如车子），让儿童找到玩具动物后，假装带玩具动物乘车，以增强活动的趣味性。

④当儿童说出目标动物名称后，教师可指导儿童把动物图片放在完成篮里。

———————————

① 协康会. 孤独症儿童训练指南：全新版. 活动指引.2, 语言理解和语言表达[M]. 广州：广东海燕电子音像出版社，2016：70.

• 活动步骤：

活动步骤见表 9-3-2。

表 9-3-2　活动步骤

步骤	原理	步骤分析
1	—	教师 A 让儿童玩动物玩具和玩具屋，之后教师 A 把所有动物玩具放在篮子里。
2	视觉提示/示范	示范说出动物名称。教师 A 从篮子里取出一只玩具狗，问教师 B"这是什么"，同时出示一张"狗"的图片并做出该名称的口型。教师 B 示范说"狗"。教师 A 便把玩具狗交给教师 B。
3	视觉提示/口头提示	教师 A 从篮子里取出一只玩具老虎，并问儿童"这是什么"，同时出示一张"老虎"的图片并做出该名称的口型，引导儿童说出名称。若儿童不能说出目标名词，教师 A 可示范说出该名词，并引导儿童模仿。
4	奖励	若儿童能说出相应的名词，教师 A 即给予口头赞赏，同时描述儿童的回答"对了，这是老虎"，并把玩具老虎给儿童玩或让儿童把它放进玩具屋里。
5	完成概念	重复步骤 3～4。在此过程中，教师 A 可出示其他动物玩具和图片，以引导儿童说出其他动物的名称。儿童把所有动物玩具都放进玩具屋里之后，教师即出示"结束"提示卡，并示意活动已结束。

• 调整能力：

（难度提高）教师可加入一些不常见的动物玩具，如斑马、海豚、鳄鱼等，以扩展词汇运用的范围。

• 训练拓展：

家长可利用日常生活场景，继续教有关目标词汇。例如，参观动物园时，家长可以出示动物图片来引导儿童说出该动物的名称。

📎 | 拓展阅读 |

扫描二维码，阅读《常用的游戏》。

(三)选取合适的教学策略有效地进行教学

教师常用的干预策略包括如下几种。[①]

1. 循序渐进地教导

教师根据言语与语言障碍儿童现有的沟通能力来调节自己所运用的语言，避免以命令式或指导式的话语来强迫言语与语言障碍儿童表达过于复杂的意思，或要求他们过度模仿成人说话。

2. 情景的学习与类化

教师可利用日常生活中的活动来让言语与语言障碍儿童理解周围的事物。例如：言语与语言障碍儿童在吃饭时，可以让其学习蔬菜的名称；或在不同的生活情景中，引导言语与语言障碍儿童运用已学会的词语或句子，以增强其运用口语的灵活性。

3. 运用视觉提示

视觉提示如肢体语言(包括表情、动作、目光接触、口型等)，实物，图片，图卡，文字等，都能帮助儿童清晰和具体地接收信息，并协助他们理解和参与活动。例如，教师教导言语与语言障碍儿童跟从语言指令时，可以利用动作图片来说明指令的内容，并通过示范和出示图片来帮助他们理解自己要做的动作。这样比只用口头指令更能让言语与语言障碍儿童理解指令的内容。

4. 语调和声线的配合

教师同言语与语言障碍儿童说话时，所用的字词要简单和清楚，并强调语句中的重要字眼，以使其更容易地掌握说话内容。此外，教师需要根据言语与语言障碍儿童的反应调节自己说话时的语调。例如，面对表现较被动的言语与语言障碍儿童，可尝试以略夸张的声线和起伏的语调来吸引其注意。

5. 协助者的支援

在需要两人互动时，可安排两名成人参与。其中一人负责发出指令，另一人则提供示范让言语与语言障碍儿童学习回应指令，并协助言语与语言障碍儿童进行活动。

6. 语言刺激与回应

教师应经常回应言语与语言障碍儿童的表达行为，无论是面部表情、身体动作、声音还是口语。教师的回应，除了能给予言语与语言障碍儿童适量的语言刺激外，还

---

① 协康会. 孤独症儿童训练指南：全新版. 活动指引.2，语言理解和语言表达[M]. 广州：广东海燕电子音像出版社，2016：6-7.

能修补句式不完整的句子或延展语句，让言语与语言障碍儿童有更多机会聆听说话和接收正确的语言输入。

7. 重复练习

重复练习可以帮助言语与语言障碍儿童巩固已学习的技巧。教师可营造类似的学习环境，让言语与语言障碍儿童有更多的重复学习的机会。例如，当言语与语言障碍儿童学会运用短句"吃饼干"来表达需求时，教师可以在下午吃点心的时候，让其重复地运用这个句子来获得食物。

8. 学习的调适与配合

教师需要针对言语与语言障碍儿童在口语表达上不同程度的困难而调节其学习方法。

| 拓展阅读 |

扫描二维码，阅读《言语与语言障碍儿童的练习策略》。

| 知识卡片 |

针对口语表达有困难的学生采取的策略

针对口语表达有困难的学生，教师可采取表 9-3-3 中的策略。

表 9-3-3　针对口语表达有困难的学生采取的策略①（节选）

困难处	策略
口语表达有困难	①要有耐心并鼓励口语表达有困难的学生试着说出其想要的东西。 ②在班级中让口语表达有困难的学生做一些需要沟通的事情。例如：在用餐时间，说出自己想吃的食物；传纸条给另一个班级的教师。 ③提供选择的机会，并让口语表达有困难的学生用语言表达出选择。 ④与口语表达有困难的学生讨论其感兴趣的事物。 ⑤让口语表达有困难的学生与同伴借着阅读课文的机会来练习困难的语音。 ⑥鼓励口语表达有困难的学生与同伴互动。 ⑦教师示范并引导同伴注意听口语表达有困难的学生说话，重点在其说话的内容，而不是说话的方式。

---

① 钮文英．拥抱个别差异的新典范：融合教育[M]．2 版．台北：心理出版社，2015：462.

续表

困难处	策略
	⑧在口语表达有困难的学生说话时，教师不要为了纠正他而打断他说话，在他说完后，再示范正确的说法。 ⑨当口语表达有困难的学生口吃或说话速度很慢时，给予等待的时间，不要结束其思考。 ⑩让口语表达有困难的学生将口语和熟悉的活动、物品联系起来。也就是说，当口语表达有困难的学生在做某件事情的时候，教师教其边做边叙述正在做什么，或是正在想什么。教师也可以先示范。 ⑪对于阅读流畅度有困难的学生，教师可教其用不同颜色标示完整的词语。

　　本任务首先简要介绍了言语与语言障碍的定义，接着从融合教育物理环境和融合教育心理环境两个方面来展开。在融合教育物理环境创设上，可以从班级座位安排、资源教室、康复辅具等方面考虑；在融合教育心理环境创设上，应为言语与语言障碍儿童营造良好的沟通环境、教学环境，促进言语与语言障碍儿童言语的发展，更好地与人沟通和交往，更好地融入社会。

作业

一、简答题

通过查阅资料，了解对言语与语言障碍儿童进行康复训练，还可以使用哪些辅具。

二、操作题

如果你的班级有一位发音异常的学生，你会如何为他建立一个良好的融合教育环境呢？

拓展资源

1. 凤丹. 注意力缺陷多动障碍儿童的感统训练玩教具设计[D]. 上海：华东师范大学，2022.

2. 梅玲. 基于绘本的教育戏剧对多动症儿童同伴交往的干预研究[D]. 成都：四川师范大学，2022.

3. 谭展华. 面向多动症儿童的家庭辅助训练产品设计[D]. 福州：福建工程学院，2022.

4. 王成. 提高情绪与行为障碍儿童言语沟通能力的个案研究[J]. 现代特殊教育，2022(15).

5. 陈淼，刘建东. 正强化理论在情绪与行为障碍儿童音乐治疗干预过程中的影响研究与实践[J]. 教育观察，2019(41).

6. 昝飞，马红英．言语语言病理学[M]．上海：华东师范大学出版社，2005.

7. 蒋建荣．特殊教育的辅具与康复[M]．北京：北京大学出版社，2012.

8. 陈小娟，张婷．特殊儿童语言与言语治疗[M]．南京：南京师范大学出版社，2015.

小结 ·····▶

本项目从融合教育物理环境和心理环境两个方面，对多动症儿童、情绪与行为障碍儿童及言语与语言障碍儿童如何进行融合教育环境创设提出了一些建议。

任务一，介绍了多动症儿童的融合教育环境创设。多动症儿童融合教育物理环境创设主要包括教室环境、体育活动环境以及教学环境；心理环境创设主要从班级集体氛围营造、心理干预以及教学策略三个方面进行，促进多动症儿童在校园中快乐、健康成长。任务二，介绍了情绪与行为障碍儿童的融合教育环境创设。物理环境创设主要包括学习环境创设以及情绪宣泄室的建立。心理环境创设主要从心理辅导的角度来进行，包括以何种形式开展教学以及如何组织一节心理辅导课。任务三，介绍了言语与语言障碍儿童的融合教育环境创设，主要从言语与语言障碍的定义、物理环境和心理环境创设三个方面来展开。在物理环境创设上，可以从班级座位安排、资源教室的使用、康复辅具的善用方面考虑，为言语与语言障碍儿童提供物理辅助设备，促进其语言的发展。在心理环境的创设上，教师应营造良好的沟通环境、教学环境，选取合适的教学策略有效地进行教学。

后 记

　　几次拿笔又落下，一堆琐事来扰，心总是沉静不下来。望着书桌前的这盆三角梅，开了又败、败了又开。刚在春季绚烂满盆，又在夏季陆续开放，不知是否也与我心灵相契，知道这项工作总算进入了尾声，是多么的艰辛，又是多么的令人动容，默默地为我们欢欣鼓舞。2020 年 9 月，正式启动该项工作，在这段时光中，经历了融合教育学院成立、国内首个融合教育专业申报、小虎子的来临，还迎来了首届 38 个融合教育本科生。紧张不安的生活逐渐沉寂下来，有过哀叹和迷离，但更多的则是激起对生活的热爱，以及对平凡而又认真生活的人们的敬意！我的伙伴们正是这样的人！从接到任务开始，一遍遍商讨、一遍遍打磨，大到全章推倒重来，小到标点反复推敲，可谓煞费苦心，但没有一个人临阵脱逃。在党的二十大上，习近平总书记提出特殊教育普惠教育政策让伙伴们热血沸腾，大家主动要求与时俱进打磨书稿内容。这种精益求精和不断坚持的精神感染着我，也让我愿意抽出更多的时间去思考该书的逻辑和内容架构。似乎一切都刚刚好，饭熟了，香气四溢！

　　作为长期在融合教育领域安营扎寨的我来说，能深刻体会生存权和发展权的重要意义。似乎早已与残疾人群体血脉相融，能感受到残疾人各种柔弱和强大的呼吸。明明知道进校园应该挺直腰板，可总是在临近门口时不自觉含胸驼背；明明知道在同一间教室里接受教育天经地义，却像做错事情的小学生担心麻烦老师，木讷地耷拉着头。在被无数次拒绝之后，我反而精神抖擞，打着数不清是第多少个电话、往返于各种机构之间。在经过五六年的焦虑和折腾之后，我逐渐地坦然接受，并愈发积极向上，不仅自己成了一名专业人士，还联合家长组织各种联盟，帮助其他家长来应对各种问题。对孩子的成长，他们更多的是悦纳！

　　我不禁在想，是什么改变了孩子和家长的生活状态和精神状态。在与社会交织的过程中，唯有自我精神的救赎才能改变自己。作为社会中的大多数的我们，需要理解特殊儿童，并尽可能为他们建构多元的环境。人与环境的关系是有巨大能量的。环境能改变人、塑造人，人也能改变环境、塑造环境。与其说家长在为身有残疾的孩子焦虑，倒不如说在为孩子如何与社会相处而困惑。对于既有的残疾事实，早已在医院等专业机构查清。对大多数家长而言，能够清晰地认识到病理学意义上的特殊性。对于孩子如何与社会相处，却是家长心中的困惑。在传统的医学模式下，人们期待特殊儿童能够通过接受教育、学习技能来武装自己，适应社会的环境；而在社会学模式下，我们发现可以让环境变得更加友好一点、便利一点、包容一点，来适应不同差异的儿童。如何建构社会学意义上的环境，则是我们需要重点考虑的议题之一。基于此，受恩师邓猛教授邀约，我承担了编写《融合教育环境创设》一书的重任。这份沉甸甸的信任，让我如履薄冰，既担心内容设计上不够深入，又担心不够浅显易懂，虽然书稿有些粗糙和不完善，但它为融合教育发展添砖加瓦。

究竟什么才是融合教育的关键呢？融合教育自发端伊始，一直在探索中前进。在我国融合教育发展过程中，出现了两个高峰。第一个高峰是 20 世纪 80 年代末 90 年代初。在普九义务教育背景下，为解决大量特殊儿童无法入学的问题，随班就读成为某种实用主义模式下的有用工具。迄今为止，国家进行了大约 5 轮随班就读改革实验，对智力障碍、听力障碍、视力障碍等进行了大规模的实验。通过实验，不断论证随班就读的有用性，同时不断建构随班就读支持保障体系，并且颁布了《中华人民共和国残疾人保障法》《残疾人教育条例》等政策法规。在该时期，随班就读入学率一路攀升，在 2010 年达到 69.86%。我国在该时期的随班就读工作，既没有现成的技术和方法，也没有理论做支撑，有的只是一腔热血和滚烫的热情。就如朴永馨教授常言"世界上没有任何一个其他国家可以为解决中国几百万残疾儿童教育准备好现成的药方，我国特殊教育的发展模式必须建立在我国特有的国情与文化传统之上"。第二个高峰是 2014 年至今。随着第一期《特殊教育提升计划（2014—2016 年）》的颁布，随班就读从国家政策到具体实践都在不断发生质的变化。我国不仅修订了《残疾人教育条例》（2017 年），还颁布了一系列相应的政策，如《关于加强残疾儿童少年义务教育阶段随班就读工作的指导意见》（2020 年），《残疾人参加普通高等学校招生全国统一考试管理规定》《普通学校特殊教育资源教室建设指南》等。残疾儿童入学率显著提高，由 2014 年的三类残疾儿童约 72% 提高到 2021 年所有残疾儿童约 90%。随班就读人数总量不断增加，而占比却没有显著提升，近年来一直徘徊在 50% 左右。在该时期，涌现了各种新事物、新名词，如卫星班、逆向融合、回流、残疾人教育专家委员会、影子教师、巡回辅导教师、个别化教育计划、送教上门等，其中既有国外的舶来品，也有本土的经验凝结，说明

我国融合教育早已从理念、活动和具体经验向理论、方法和模式进行跨越。

在学科建设上，融合教育的发展既得益于一批年富力强和卓有见识的学者引领，如朴永馨、方俊明、徐白仑、陈云英、肖非、邓猛、雷江华等，也得益于一批出版社的慧眼识珠和鼎力支持，如北京大学出版社、北京师范大学出版社、南京师范大学出版社等，既有理论系列著作，也有实践系列著作。2022年，南京特殊教育师范学院的李拉教授出版了《融合教育学》，助力融合教育学科建设。华中师范大学于2020年成立了融合教育学院，并成功申报国内第一个融合教育本科专业。国内各地也先后成立了融合教育研究院和研究中心等，都在致力于融合教育发展。

融合教育是有生命力的！它是全人类命运共同体的共同愿景，更是无数个在灯火阑珊处守望教育的残疾人的梦想！作为融合教育的从业者，我和李玉影老师多次商议后，集结了国内多所高校教师和一线实践工作者，从环境创设的角度为融合教育发展贡献微薄之力。在该书的体例上，以视觉障碍儿童、听觉障碍儿童、智力障碍儿童、孤独症儿童等障碍类型为划分维度，以无障碍设计和合理便利为基本理念，对标国家政策法规和儿童的实际需求，对他们的生活区、学习区、资源区的环境进行了建构，希望对高等院校的学科教学和有需要的人士有所助益。参与撰写的人员主要有安庆师范大学刘文丽，合肥幼儿师范高等专科学校潘娇娇，中山市特殊教育学校杨萍，合肥市太湖路小学庄慧蒙，厦门市嘉禾学校杨贵茹、邱岚珍，宁夏特殊教育学校程诗婷，深圳市南山区龙苑学校孙静雯、缪泽琳、徐纯、童贝瑜，武汉市第二聋哑学校王小宇，深圳市宝安区星光学校许浩振，厦门市同安区特殊教育学校魏志坤。具体分工为刘文丽、潘娇娇撰写项目一，徐纯、童贝瑜撰写项目二，许浩振、魏志坤撰写项目三，程诗婷、邱岚珍撰写项目四，刘文丽、王小宇撰写项目五，潘娇娇、缪泽琳撰写项目六，杨贵茹、孙静雯撰写项目七，杨萍、庄慧蒙撰写项目八，孙静雯、缪泽琳撰写项目九。与此同时，还得益于很多个人和单位的无私帮助，分别是：孙多（西安星网天线技术有限公司）、邹燕君（珠海市香洲区第十六小学）、武汉市盲童学校、安庆市残疾人联合会等。尤其要感谢江夏区特殊教育学校，这是一所普特融合校，校长王桂梅无偿支持我们的研究和教学工作，为该书稿提供了大量的宝贵资料。全书由彭兴蓬、刘文丽和潘娇娇统稿，另外感谢四川轻化工大学崔娇、研究生陈玲恩、刘婉婷、黄喜玉、施玮凌对本书编写提供的帮助。由于编著者们水平有限，书中难免有疏漏之处，敬请各位同人批评指正。

　　融合教育之花还在继续绽放，已经呈现出燎原之势，为残障人士建构环境意味着融合教育已经实现社会学模式的转变，从"变自己"到"变社会"。无论该环境建构是否符合实际需要，为残障人士服务的理念已经在社会的微观角落中具体呈现，这是融合教育发展至今的巨大进步，同时也希望所有有志于融合教育发展的人士都能参与进来，共同为融合教育发展的第三个高峰贡献智慧。

彭兴蓬

2024 年 12 月